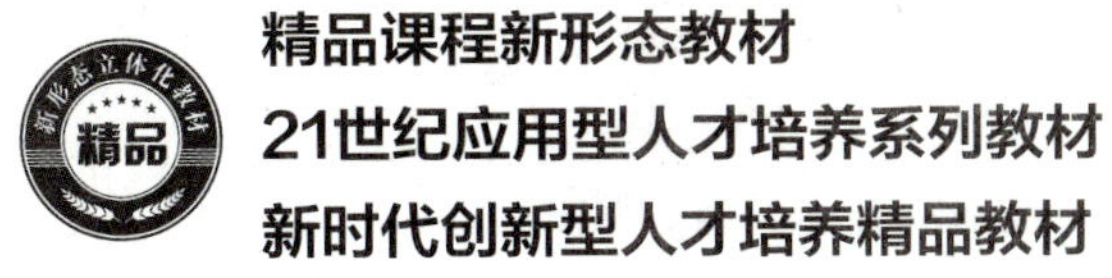

精品课程新形态教材

21世纪应用型人才培养系列教材

新时代创新型人才培养精品教材

商务沟通

主编　胡雪芳　宋砚清

西北工业大学出版社

西　安

【内容简介】 本书共八章，主要内容包括有效沟通、面谈沟通、书面沟通、演讲沟通、求职沟通、职场沟通、会议沟通和多领域沟通等。

本书可作为高等院校商务专业相关课程的教材，也可供商务从业人员阅读参考。

图书在版编目（CIP）数据

商务沟通 / 胡雪芳，宋砚清主编 . —西安：西北工业大学出版社，2022. 1（2025. 1 重印）
ISBN 978-7-5612-8079-9

Ⅰ. ①商… Ⅱ. ①胡… ②宋… Ⅲ. ①商业管理-公共关系学-高等学校-教材 Ⅳ. ①F715

中国版本图书馆 CIP 数据核字（2022）第 017834 号

SHANGWU GOUTONG
商 务 沟 通

责任编辑：万灵芝 陈松涛 装帧设计：尤 岛
责任校对：张 潼
出版发行：西北工业大学出版社
通信地址：西安市友谊西路 127 号 邮编：710072
电 话：（029）88491757，88493844
网 址：www. nwpup. com
印 刷 者：涿州汇美亿浓印刷有限公司
开 本：787 mm×1 092 mm 1/16
印 张：18
字 数：416 千字
版 次：2022 年 1 月第 1 版 2025 年 1 月第 2 次印刷
书 号：ISBN 978-7-5612-8079-9
定 价：45. 00 元

《商务沟通》编委会

主　编： 胡雪芳　宋砚清

副主编： 张　媛　徐　刚　林小毅

编　者： 胡雪芳　宋砚清　张　媛
徐　刚　林小毅

前　言

在人类社会发展历程中，沟通是人类生活的重要组成部分。随着我国市场经济快速发展，人与人之间、组织与组织之间的交往越来越频繁。沟通是一门学问，也是一门艺术。沟通能力被一致认为是21世纪最具核心竞争力的职业能力。商务沟通能力在每个人的职业生涯中扮演着重要的角色，尤其是在当今信息爆炸、瞬息万变的商务环境中，人们更依赖商务沟通知识和技巧在复杂的职场取得成功。商务沟通能力不是人与生俱来的基本能力，是需要经过学习和训练才能培养的职业能力。党的二十大报告指出，“推进高水平对外开放，稳步扩大规则、规制、管理、标准等制度型开放，加快建设贸易强国”。

为了更好地交往、沟通，满足广大高等院校学生和商务人员学习、掌握和提升商务沟通的理论与技巧的需求，同时也为了各类企业进行相关岗位培训，我们编写了本书。

本书共八章，内容包括有效沟通、面谈沟通、书面沟通、演讲沟通、求职沟通、职场沟通、会议沟通和多领域沟通。

本书具有以下特点：

1. 突出实践性。商务沟通是一门理论性与实践性相结合，突出实践性的课程，在编写本书的过程中，我们充分考虑到课程的特色，强调其实践性。全书以一名学生成长为企业员工所需的沟通能力为目标线索，设计了八个学习情景，涉及若干子任务，包括训练、理解沟通理念，学习沟通技能，培养学习者的语言沟通与非语言沟通及沟通礼仪等方面能力和素质。

2. 强调目标性和思考性。在每章内容前设置学习目标，并用精心挑选的案例导入，启发学生思考，融入思政元素。习近平总书记在全国高校思政工作会议上提出，所有课堂都有育人功能，各门课都要守好一段渠、种好责任田，把思想政治工作贯穿教育教学全过程，实现全程育人。本书结合课程教学内容挖掘思政元素，以学生为中心，将课程思政理念真正融入课堂教学中，构建全课程育人格局。

3. 强化实用性。本书突出专业教材的实用性特征，着眼于应用型人才的需要，强化知识的应用性和可操作性。在每章知识后编写“本章小结”“思考练习”，以使该章内容得到细致的落实和真正的掌握。

4. 增加趣味性。本书在编写过程中注重编写体例和形式的生动活泼。在每章知识中穿插了不少案例及案例分析，以增加阅读效果，拓展知识面，进一步强化技能与素养。

全书语言通俗，富含人文关怀，注重合作演练，兼备学术思辨性，可以帮助读者提升其沟通能力，使其掌握沟通艺术，并在知识经济时代大显身手。

在编写本书的过程中，参阅了相关教材、报刊和网络资料，收益颇多，在此谨对相关文献作者表示衷心感谢。

由于水平有限，书中错漏之处在所难免，敬请广大读者批评指正。此外，编者还为广大一线教师提供了服务于本书的教学资源库，有需要者可致电 13811187534 或发邮件至 1176142336@ qq. com。

编　者

目　　录 | CONTENTS

第一章

有效沟通

学习目标

- 理解沟通的基本概念、特点、类型。
- 掌握有效沟通的原则和沟通环节。
- 掌握有效沟通的策略和技巧。

导入案例

沟通可以治愈疾病吗

小刘2017年毕业于国内某知名大学，现在一家即将上市的企业担任中层干部。小刘对工作认真负责，经常加班加点，遇到问题总是以企业大局为重，因此被领导委以重任。

小刘结婚后，为了创造更好的生活条件，对工作更加投入，甚至没日没夜地加班，但没有时间照顾家，常挨岳母的数落。不久，岳母患了半身不遂不能下床，她又哭又喊："我这辈子没做什么坏事，怎么让我得这不能动的病啊，还不如让我死了呢。"小刘回家后，除了给岳母端水喂药外，还耐心地劝她安心养病："妈，您可别胡思乱想。俗话说，天有不测风云，人有旦夕祸福。人吃五谷杂粮，哪有不生病的呢？病来了，就看您能不能战胜它。您是个要强的人，哪能让这点小病吓住呢？再说，现在医学这么发达，您这病肯定能治好的。"

他的话像一剂良药，使岳母的精神好多了，没几个月，她就能下床走动了。她逢人就

说："多亏我的好女婿总给我吃顺心丸，我的病才好得这么快。"

（资料来源：https：//wenku. baidu. com/view/90af515659f5f61fb7360b4c2e3f5727a5e92486. html）

思考讨论：案例中的小刘采用了怎样的沟通方式博得长辈的认可？

思政小课堂

常言道：百善孝为先。孝道是我们中华民族的传统美德。孝道又可分为：小孝致其身安，中孝致其心乐，大孝致其志荣。作为当代大学生如何践行孝道呢？作为子女可以通过多种方式来尽孝道。和父母心平气和地沟通，定期主动问候关心父母，让父母安心是一种孝；懂得爱惜自己的身体，有规律地生活，主动分享生活中的趣事让父母开心也是一种孝；在校期间能参加社会实践，多接触社会，提早规划自己的职业生涯，毕业时找到一份适合自己的工作让父母省心也是一种孝；服从父母的心愿，发愤图强，勤奋读书，不断提升自己的道德素养让父母感到光荣也是一种孝。

沟通是人与人之间交往的桥梁，沟通还是一种技能，是一个人对本身知识能力、表达能力、行为能力的发挥。有效沟通已成为人们生存与发展所必需的基本能力，拥有了沟通能力就等于掌握了成功的钥匙。

沟通是人与人交往的重要环节，沟通是工作、学习、生活中不可或缺的一部分。每个人对于同一件事都有不同的认知和想法，沟通使我们彼此更了解对方的想法，沟通能增进彼此的感情，消除误会，增进对彼此的了解，从而让人际关系更加和谐。

第一节　沟通概述

一、沟通的定义

沟通是人们通过语言和非语言方式传递并理解信息、知识的过程，是人们了解他人思想、情感、见解和价值观的一种双向的互动过程。

沟通是人和人之间进行信息传递的一个过程。在这个过程中，信息发送者和信息接收者都是沟通的主体，信息发送者同时也是信息源。信息沟通可以语言、文字或其他形式为媒介，沟通的内容除了信息传递外，也包括情感、思想和观点的交流。

二、沟通的类型

依据不同的划分标准，可以把沟通划分为不同的类型，如：按照沟通信息的载体可以把沟通分为语言沟通和非语言沟通；按照沟通的规范程度可以把沟通分为正式沟通和非正式沟通；按照信息传播的方向可以把沟通分为上行沟通、平行沟通、下行沟通；按照沟通的反馈性可以把沟通分为单向沟通和双向沟通；等等。下面分别进行介绍。

（一）按照沟通信息的载体划分

按照沟通信息的载体可以将沟通分为语言沟通和非语言沟通，语言沟通又分为口头语言和书面语言。

1. 语言沟通

语言沟通是指利用语言、文字、图画、表格等形式进行的信息传递与交流，其建立在语言文字的基础上，可分为口头沟通和书面沟通两种形式。研究表明口头沟通和书面沟通混合的效果最好，口头沟通其次，书面沟通较差。

（1）口头沟通。以口语为媒介的信息传递，即运用口头表达的方式进行信息的传递和交流。

口头沟通是人们之间最常见的沟通方式，包括演讲、正式的讨论或小组讨论，也包括非正式的讨论以及传闻或小道信息传播等。

口头沟通是所有沟通形式中最直接的方式，它的优点是快速传递和即时反馈。在这种方式下，信息可以在最短时间内被传递，并在最短时间内得到对方回复。如果接收者对信息有疑问，迅速地反馈可使发送者及时检查其中不够明确的地方并进行改正。

但是，口头沟通也有缺陷。信息从发送者一段段接力式传送的过程中，存在着巨大的失真可能性。每个人都以自己的偏好增减信息，以自己的方式诠释信息，当信息经长途跋涉到达终点时，其内容往往与最初的含义存在重大偏差。如果组织中的重要决策通过口头方式，沿着权力等级链上下传递，则信息失真的可能性相当大。

（2）书面沟通。以文字为媒介的信息传递，即运用书面形式进行的信息传递和交流，包括备忘录、信件、报告和其他书面文件等。书面记录具有可以有形展示、长期保存、充当法律依据等优点。

一般情况下，发送者与接收者双方都拥有沟通记录，沟通的信息可以长期保存下去。如果对信息有疑问，过后的查询是完全可能的。对于复杂或长期的沟通来说，这尤为重要，如一个新的投资计划的确定可能需要好几个月的大量工作，以书面方式记录下来，可以使计划的构思者在整个计划的实施过程中有一个依据。

通过书面信息沟通，可以促使人们对自己要表达的东西更加认真地思考。因此，书面沟通显得更加周密，逻辑性强，条理清楚。书面语言在正式发表之前能够反复修改，直至作者满意。书面沟通的内容易于复制、传播，这对于大规模传播来说，是一个十分重要的条件。

相对于口头沟通来说，书面沟通也有一些缺点，书面沟通耗费的时间比较长，另外书面沟通不能及时提供信息反馈，发送者往往要花很长的时间来了解信息是否已经被接收并被准确地理解。

2. 非语言沟通

非语言沟通，指非口头、非书面形式的沟通，即用语言以外的非语言符号进行的信息沟通，包括衣着、动作、表情、手势等体态语言以及警笛、红绿灯、语调、手语、旗语等。

（二）按照沟通规范程度的标准划分

按照沟通规范程度的标准划分，沟通可分为正式沟通和非正式沟通。

1. 正式沟通

正式沟通一般是指在组织系统内，依据组织明文规定的原则进行的信息传递与交流，比如企业内部的会议、报告、演讲、培训等。

2. 非正式沟通

非正式沟通是在组织系统内，相关部门通过正式规章制度和正式组织程序以外的其他各种渠道进行的沟通，一般以交往为基础，通过各种各样的社会交往而产生。

（三）按照信息传播方向的标准划分

按照信息传播方向的标准划分，沟通可分为上行沟通、平行沟通、下行沟通。

1. 上行沟通

上行沟通是自下而上的沟通，指在组织系统中，信息从较低层次流向较高层次的沟通，如下级向上级的汇报、请示等。

2. 平行沟通

平行沟通是水平横向的沟通，指在组织系统中，信息从相同层次流向同样层次的沟通，如企业之间的跨部门沟通，生产部与营销部的沟通。

3. 下行沟通

下行沟通是自上而下的沟通，指在组织系统中，信息从较高层次流向较低层次的沟通，比如企业召开的战略性会议，会议结束后会议精神向各部门、各班组传递的过程。

（四）按照沟通时是否出现信息反馈划分

按照沟通时是否出现信息反馈划分，沟通可分为单向沟通和双向沟通。

1. 单向沟通

单向沟通指在沟通过程中信息发送者与接收者之间的地位不变，一方主动发送信息，另一方只被动地接收信息，没有反馈发生。

单向沟通的优点是沟通的速度快，信息发送者的压力小。它的缺点是接收者没有反馈意见的机会，不能产生平等和参与感，不利于增加接收者的自信心和责任心，不利于建立双方的感情。

2. 双向沟通

双向沟通指在沟通过程中，发送者和接收者的身份不断变换，信息在双方间反复流动，直到双方对信息有了共同理解为止。

双向沟通的优点是沟通信息的准确性较高，接收者有反馈意见的机会，产生平等感和参与感，增加自信心和责任心，有助于建立双方的感情。它的缺点是所需时间长，过程中产生的噪声比较多。

（五）按照沟通者人数划分

按照沟通者人数划分，沟通可分为自我沟通、人际沟通和团队沟通。

1. 自我沟通

自我沟通又称内向沟通，是沟通行为的主客体为同一个，自行发出信息，自行传递，自我接收理解。

2. 人际沟通

人际沟通是个人之间在共同活动中彼此交流思想、感情和知识等信息的过程。

3. 团队沟通

团队沟通是指一个合作型群体内部成员之间发生的所有形式的沟通。

三、沟通的特点

沟通就是传递和接收信息、交流感情和增进了解的过程，在这个过程中体现了沟通的如下特点。

1. 现时性强

沟通双方展开话题进行交流时必须做到思维同步、话题连续、表达灵活。

（1）思维同步，指内部思维和外部表达必须同频同步。古人有云：君子欲讷于言而敏于行。因此，要想做到这点，就必须“心到口到”，“想得快才能说得准”。

（2）话题连续，就是沟通时需要表达连贯，口齿清晰，句句相连，中间不允许有长时间的停顿。否则，就有沟通障碍、理解错误出现。

（3）表达灵活，多样的表达方式有助于听众理解、情感沟通。只有这样，沟通主体间才不会出现沟通误区或理解空白。

2. 留滞性短

所谓留滞性，是指传情达意时，沟通者通过遣词造句等行为对语言编码，诉诸沟通对象的听觉。一般而言，沟通结束，沟通的展现形式也随之结束。

3. 综合性强

“沟通意图的恰当表达”与“沟通意图的准确实现”是沟通中的主要矛盾。“沟通意图的恰当表达”是指沟通主体针对不同语境选用恰当语言形式表达意图，“沟通意图的准确实现”是指沟通客体依赖特定环境对已听语言的字面意义进行加工从而推导出沟通话语的准确含义。

四、沟通的过程

沟通过程就是发送者将信息通过选定的渠道传递给接收者的过程。图 1-1 所示的沟通过程包括信息发送者、编码和解码过程、信息传播渠道、信息接收者等要素。沟通过程中涉及沟通主体（发送者和接收者）和沟通客体（信息）的关系。沟通的起始点是信息的发送者，终结点是信息的接收者。当终结点上的接收者做出反馈时，信息的接收者又转变为信息的发送者，最初起始点上的发送者就成了信息的接收者，沟通就是这样一个轮回反复的过程。

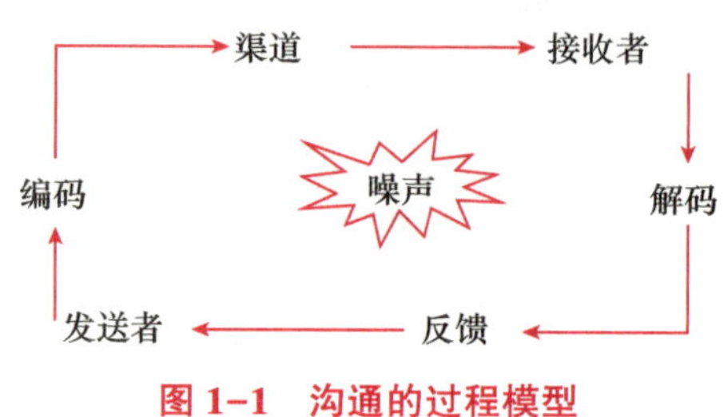

图 1-1　沟通的过程模型

如图 1-1 所示，一个完整的沟通过程包括信息发送者、编码、渠道、接收者、解码、反馈六个环节和一个干扰源（噪声），即所谓的 6+1 模型。

（一）信息发送者

信息产生于信息的发送者，它是由信息发送者经过思考或事先酝酿、策划后才进入沟通过程的。发送者是沟通的起始点，是沟通过程中的主要因素之一，发送者是利用生理或机械手段向预定对象发送信息的一方。发送者可以是个人，也可以是组织。发送者的主要任务是信息的收集、加工及传播。

（二）编码

编码是将信息以相应的语言、文字、符号、图形或其他形式表达出来的过程。虽然我们很少能意识到编码过程的存在，但是编码过程的确十分重要。当幼儿还在牙牙学语时，能看到幼儿在表达的过程中常常有努力思索的表情，其实那是他正在努力选择合适的词语，即编码。通常，信息发送者会根据沟通的实际需要选择合适的编码形式向接收者发出信息，以便其接受和理解。

（三）渠道

随着通信工具的发展，信息发送的方式越来越多样化。人们除了通过语言进行面对面的直接交流外，还可以借助电话、传真、电子邮件、微信、短视频来发送信息。在发送信息时，发送者不仅要考虑选择合适的方式传递信息，而且要注重选择恰当的时间与合适的环境。

（四）接收者

接收者是信息发送的对象，接收者不同的接收方式和态度会直接影响其对信息的接收效果。常见的接收方式有听觉、视觉、触觉以及其他感觉等活动。如果是面对面的口头交流，那么信息接收者就应该做一个好的倾听者。掌握良好的倾听技能是有效倾听的基础。积极地倾听有助于有效地接收信息。

（五）解码

接收者理解所获信息的过程称为解码。接收者的文化背景及主观意识对解码过程有显著的影响，这意味着信息发送者所表达的意思并不一定能被接收者完全理解。沟通的目的就是要使信息接收者尽可能理解发送者真正的意图。信息发送者和接收者采取同一种语言进行沟通，是正确解码的重要基础。完全地理解是一种理想状态，因为每个人都具有自己独特的个性视角，这些个体的差异必然会反映在编码和解码过程中。但是，只要沟通双方以诚相待、精诚合作，沟通就会接近理想状态。

（六）反馈

信息接收者对所获信息做出的反应就是反馈。当接收者确认信息已收到，并对信息发送者做出反馈，表达自己对所获信息的理解时，沟通过程便形成了一个完整的闭合回路。反馈可以折射出沟通的效果，它可以使信息发送者了解信息是否被接收和正确理解。反馈使人与人之间的沟通成为双向互动的过程。

在沟通过程中，反馈可以是有意的，也可以是无意的，如演讲者在登台演讲时就存在一个与观众之间的沟通过程，此时观众可以喝倒彩表示他们对演讲者的不满，也可以在听演讲时通过疲惫与精神不集中这种无意间的神情与表情的流露，表示他们对演讲内容和方式不感兴趣。因此，在沟通中反馈是非常重要的一环，反馈让所有发送者得知对方是否接收与理解自己所发出的信息，并了解对方的感觉。

在沟通过程中，信息接收者应该积极做出反馈，信息发送者也可以主动获取反馈。例如，直接向接收者发问，或通过察言观色来捕捉接收者对所获信息的反应。

（七）噪声

噪声是沟通过程的干扰因素，能够对信息传递过程产生干扰的一切因素都称为噪声。噪声发生在发送者和接收者之间，对信息传递的干扰会导致信息失真，是理解和准确解释信息的障碍。

在沟通过程中，噪声是一种干扰源，它可能有意或无意地交织，会影响编码或解码的正确性，并导致信息在传送与接收过程中变得模糊和失真，从而影响正常交流与沟通。噪声是妨碍信息沟通的所有因素，它贯穿整个沟通过程。因此，为了确保有效沟通，通常要有意识地避开或弱化噪声源，或者重复传递信息以增加信息强度。

应该指出，图 1-1 描述的沟通过程模型只反映有两个人参与的信息交流过程，它是对实际情况的一种抽象化，是对人际沟通中最简单、最具代表性的一对一沟通过程的描述。

五、沟通障碍的分析及消除

沟通障碍普遍存在工作与生活中，沟通的目标是使信息在发送者和接收者之间保持高度的一致，即发送者传递什么内容的信息，接收者就一定能接收到什么内容的信息，且能准确反馈发送者的要求。但是这样的一致性是很难真正实现的，大多数人习惯于从自己的角度、按自己的方式与别人沟通，希望对方按自己的要求去做，但结果往往是沟通无效，发生变故。总之，沟通过程不可避免地普遍存在着各种障碍。

案例 1-1

扁鹊见蔡桓公的故事

有一次，扁鹊来到了蔡国。蔡桓公早就听说有关扁鹊的传闻，就把扁鹊当作贵客接待。一天，扁鹊上朝时发现蔡桓公气色不太好，知道他肯定是得了病，便对蔡桓公说："大王，您已经有了病，好在病情不严重，只是在皮肤表层，您得及早治疗哇！不然会一天天加重的。"

蔡桓公不当回事，说："我感觉挺好的，怎么会有病呢？"扁鹊刚一退下，蔡桓公便对身边人说："医生都贪图钱财，把没病的人说成有病，借机骗钱，又可显示他们医术高明，真是可恶。"左右的人都点头称是，随声附和。

过了几天，扁鹊又来拜见蔡桓公，说："您的病已经侵入到血脉里了，再不治会恶化的。"蔡桓公仍旧不肯医治，满脸不高兴地说："我什么病都没有，不劳先生操心。"又过了些天，扁鹊第三次拜见蔡桓公说："您的病已经深入肠胃了，再耽误就来不及了。"蔡桓公听了，不但没理睬扁鹊，反而一怒之下扬长而去。

没过几天，扁鹊再拜见蔡桓公。他还没来到蔡桓公面前，就凭借自己多年的治病经验判断出蔡桓公已经病入膏肓，无药可救了，于是他转身而去。蔡桓公看到扁鹊的举动大惑不解，派人追上去问扁鹊："您拜见蔡桓公，为什么离着老远就跑开了呢？"

扁鹊回答说："病在皮肤和肌肉之间的时候，我用汤药和热敷的方法可以把病治好；病扩展到血脉里我可以用针灸来治；就算是病情已经深入肠胃了，我用药酒也能治好。但蔡桓公一直不肯听从我的劝告，拒绝医治，现在已经病入骨髓了，药力根本无法奏效。别说是我，就算是掌管生死的神仙来了也没有用了，我还有什么好说的呢？"说完就转身离开了。

不久，蔡桓公果然发病了，这时他才想起扁鹊的话，派人去请扁鹊，但扁鹊已经逃离了齐国。蔡桓公忌讳别人说自己有病而不愿意让医生看病，任凭病情发展，最后终于病死了。

（资料来源：http：//www. lizhigushi. com/lizhixiaogushi/a7776. html）

案例点评：

这是一则有名的历史故事，案例中的扁鹊作为信息发送者在沟通过程中没注意沟通的场所和沟通的方式，不了解信息接收者蔡桓公的想法，因而没有劝告成功。同时，信息接收者蔡桓公作为一国之君高高在上，自认为自己身体健康，非常忌讳别人说自己有病，更不愿意去看病，因而即使有名医扁鹊再三提醒，但最终还是耽误了治疗的时机而去世。

（一）沟通过程中的障碍分析

在实际生活或工作中，从信息发送者到信息接收者的沟通过程并不都是畅通无阻的，其结果也并不总是如人所愿。由于诸多沟通要素的存在，尤其是各种干扰源的存在，因此沟通过程中会出现各种障碍，导致沟通失败或无法实现沟通目的。沟通障碍是指沟通过程中的某些干扰因素的存在，导致信息在传递过程中出现的扭曲、失真或中止。沟通过程中的障碍主要有以下几种。

1. 发送者障碍

信息发送者的情绪、感受、倾向、判断力、表达力等都会影响信息的传递效果。在商务沟通中，信息发送者发送信息的目的、方式、能力，以及时间、经验局限、信息过滤等都体现出主观性发送的特征，尤其表现在以下几个方面。

（1）发送者的表达能力。传递信息的过程受信息发送者表达能力的影响。若发送者口齿不清、语无伦次、闪烁其词，或词不达意、文理不通、字迹模糊，都会产生噪声并造成传递失真，使接收者无法了解要传递的真实信息。发送者不清楚自己要说些什么，对即将要传递的信息内容、交流的目的不明确，这是沟通过程中遇到的第一障碍，也将导致沟通的其他环节无法正常进行。信息发送者在传递信息时力求表达清楚完整，要明确中心思想，思维严谨，措辞恰当，不用模棱两可的词语，在知识经验上有差异时，要进行信息改编，使接收者能够理解，易于接收。

（2）发送者的态度和观念。发送者本人对沟通对象所持有的态度和固有的观念会产生思维定式，或是信息发送者根据不正确或不充分的信息形成了对他人的片面甚至错误的看法与认识，即沟通偏见。这种先入为主的偏见会影响信息发送者的情绪和态度，进而影响沟通效果。如案例 1-1 中的蔡桓公因为对医生有偏见，认为医生都喜欢说别人有病，因而忽视扁鹊的再三提醒而最终病逝。

2. 接收者障碍

沟通过程中，信息能否被正确理解，这与信息接收者存在密切关系，在信息接收环节的障碍主要由信息接收者的接收能力决定，主要有以下造成障碍的因素。

（1）对信息过度加工。接收者在信息交流过程中，有时会按照自己的主观意愿，对信息进行“过滤”和“加工”。如在组织中，由决策层向管理层和执行层所进行的下行沟通，由于经过逐级领会而“添枝加叶”，因此所传递的信息或被断章取义，或者面目全非，从而导致信息的模糊或失真。

（2）知觉偏差。接收者的个人特征，诸如个性特点、认知水平、价值标准、权力地位、社会阶层、文化修养、智商、情商等将直接影响到对被知觉对象即传送者的正确认

识。人们在信息交流或人际沟通中，往往习惯于以自己为准则，对不利于自己的信息要么视而不见，要么熟视无睹，甚至颠倒黑白，以达到防御的目的。

（3）心理障碍。由于接收者在人际沟通或信息交流过程中曾经受到过伤害或有过不快的情感体验，造成“一朝被蛇咬，十年怕井绳”的心理定势，对传送者心存疑惑、怀有戒备，或由于内心恐惧、忐忑不安，就会拒绝接收所传递的信息，甚至抵制参与信息交流。

3. 媒介通道障碍

沟通通道的问题也会影响到沟通的效果。沟通通道障碍主要有以下几种。

（1）选择沟通媒介不当。比如对于重要事情，口头传达效果较差，因为接收者会认为“口说无凭”“随便说说”而不加重视。

（2）几种媒介相互冲突。当信息用几种形式传送时，如果相互之间不协调，会使接收者难以理解传递的信息内容。如领导表扬下属时面部表情很严肃甚至皱着眉头，就会让下属感到迷惑。

（3）沟通渠道过长。发送者把信息传送到接收者的过程中，中间环节太多，容易使信息损失较大。

（4）外部干扰。信息沟通过程中经常会受到自然界各种物理噪声、机器故障的影响或被另外事物干扰，也会因双方距离太远而沟通不便，影响沟通效果。

案例 1-2

公主心中的月亮

一个小公主病了，她娇憨地告诉国王，如果她能拥有月亮，病就会好。国王立刻召集全国的聪明智士，要他们想办法拿月亮。

大臣说：“它远在三万五千里外，比公主的房间还大，而且是由融化的铜所做成的。”

魔法师说：“它有十五万里远，用绿奶酪做的，而且整整是皇宫的两倍大。”

数学家说：“月亮远在三万里外，又圆又平像个钱币，有半个王国大，还被粘在天上，不可能有人能拿下它。”

国王又烦又气，只好叫宫廷小丑来弹琴给他解闷。小丑问明一切后，得到了一个结论：如果这些有学问的人说的都对，那么月亮的大小一定和每个人想的一样大一样远，所以当务之急便是要弄清楚小公主心中的月亮到底有多大多远。于是，小丑到公主房里探望公主，并顺口问公主：“月亮有多大?”“大概比我拇指的指甲小一点吧！因为我只要把拇指的指甲对着月亮就可以把它遮住了。”公主说。

“那么有多远呢?”“不会比窗外的那棵树高！因为有时候它会卡在树梢上。”“用什么做的呢?”“当然是金子！”公主斩钉截铁地回答。

比拇指指甲还要小，比树还要矮，用金子做的月亮当然容易拿啦！小丑立刻找金匠打了个小月亮穿上金链子，给公主当项链，公主很高兴，第二天病就好了。

（资料来源：https：//mp. weixin. qq. com/s/RbtI22u4tuXPd3P_ g9SJQQ）

案例点评：

案例中的信息发送者小公主想拥有一个属于自己的“月亮”，该信息发送给接收者国王，国王则利用自己的权力以权威的渠道传递给信息接收者，但信息接收者大臣、魔法师、数学家在解码过程中都按照自己的专业思维去解码，造成了沟通障碍，于是得到了不可能实现拥有月亮的结论。而小丑则通过换位思考，与信息发送者公主进行直接沟通，消除了沟通的渠道障碍，并换位思考进行了正确解码，从而解决了沟通的障碍。

其实，在日常生活中类似的沟通障碍普遍存在，特别是在生产型企业，只有通过与客户及消费者的深度沟通才能掌握客户需求，从而生产出畅销的产品。

（二）消除沟通障碍的策略

1. 建立多种沟通渠道

为了提高沟通效率，沟通双方应该建立多种渠道进行沟通。比如，在企业中管理者应该着手建立多渠道的沟通方式，以确保不同思想、性格的下属员工可以通过可行的渠道向管理者反映问题。比如对于“直抒己见”型员工，可以采用面谈的方式进行沟通和交流，管理者可以抽出时间主动找到这种类型的员工，将其请到办公室，耐心听取对方的意见。在这个过程中不要轻易以各种理由中断谈话，否则会让下属员工觉得上司对谈话的内容不够认可，同时也是对员工不够尊重的表现。而对于“羞涩内向”型的下属，则可以通过公开自己的电子邮箱、在公司设立经理信箱等方式向下属员工征询意见，同时还可以接受大家的短信建议，并鼓励下属发声，这样就可以通过简洁的书面语言了解员工的想法，寻求合理化建议。

2. 注意沟通双方的差异

信息发送者必须充分考虑接收者的年龄、性别、性格特点、知识背景、社会阅历等状况，相应调整自己的沟通方式、措辞或是服饰仪态。美国通用电气的总裁杰克·韦尔奇在管理该企业期间，经常进入生产一线进行观察与调研，考虑自己的总裁身份，他采用传纸条的方式与工人沟通，减轻信息接收者（工人）的心理压力从而得到真实有效的信息。

3. 使用合适的语言和文字

沟通过程中根据沟通的目的、沟通对象的特点使用合适的语言文字准确地表达自己的意思和情感，即使用接收者容易听懂并能理解的语言传递信息。比如一位四川籍的司机习惯于使用方言与人交流，但面对记者采访时就不能使用方言来讲话，而应该使用普通话与之交流。

4. 注意非语言信息

非语言信息往往比语言信息更能打动人。因此，如果你是发送者，必须确保发出的非语言信息能强化语言的作用。如果你是接收者，同样要密切注视对方的非语言提示，从而全面理解对方的思想、情感。

5. 积极倾听

积极倾听要求站在沟通对象立场上，运用对方的思维架构去理解信息。积极倾听的原则包括以下四个方面：专心、移情、客观、完整。移情就是应该去理解说话者的意图而不是局限于自己理解的意思。而且在倾听时，应客观倾听内容而不迅速加以价值评判。完整则要求听者对发送者传递的信息有一个完整的了解，既获得传递的内容，又获得发送者的价值观、情感信息；既理解发送者的言中之义，又发掘出发送者的言下之意；既注意其语言信息，也关注其非语言信息。

6. 充分利用反馈机制

许多沟通问题是由于接收者未能准确把握发送者意思造成的，如果沟通双方在沟通中积极使用反馈这一手段，就会减少这些问题的发生。信息发送者可以通过提问以及鼓励接收者积极反馈来取得回馈信息，当然，信息发送者也可通过仔细观察对方的反应或行动来间接获取反馈信息。

第二节　有效沟通

在生活中，不同的人由于沟通能力的差别，往往会有不同的沟通效果。有的人能够和别人愉快地交流，还能顺利地将信息传递出去；有的人想尽办法也难以与他人产生默契，彼此间的交流常常受挫；有的人在短时间内就可以将事情讲清楚，而且能够顺利地说服他人；有的人往往耗费很长时间也无法把事情的来龙去脉说清楚。根据不同的沟通效果，我们将沟通分为无效沟通和有效沟通。

有效沟通是指表达的一方准确传达了信息，而接收信息的一方也准确接收，了解了内容，并且做出适当回应。在沟通的过程中，信息传递和回应比较顺畅，能让沟通双方处于相对和谐的沟通氛围和状态中。

案例 1-3

谈薪资的秘诀

小王和小李是大学同学，毕业后同时进入了某科技公司的销售部工作，销售部经理是一位心直口快且语言犀利的人，非常在意下属的沟通能力。他俩经过 3 个月的学习与训练熟悉了工作流程，适应了公司的环境，按照公司的规定满 3 个月工龄的员工是有资格涨工资的，且同一批进入公司的应届生已经有好几个都涨了工资。

小王和小李也都希望领导能给自己涨工资。于是踏实肯干且性格耿直的小王，兴冲冲跑进领导办公室，和领导进行了如下的沟通：

小王：“经理，我要涨工资。”

经理：“为什么？”

小王："我们同来的人都涨工资了，我也要涨工资。"

经理："别人加班有累吐血你也要累吐血吗？别人工作有猝死你也猝死吗？"

小王："你说话太难听了，哼！"

小王碰了一鼻子灰，气冲冲地离开了领导办公室。

小李在校期间经常参加社会实践活动，并经常组织、参加学校的各项集体活动，具有较强的沟通能力，他第二天也进入领导办公室，和领导沟通涨工资的事情，他的沟通过程如下：

小李："经理，给你汇报一下我的工作。"

经理："你说吧。"

小李："本月我签了 3 个单，超出上个月的 10%，在新人里排名第二。"

经理："那挺不错呀！"

小李："如果下个月我的业绩再翻一倍，您给我一个奖金或者工资 10% 的增长可以吗？"

经理："好，没问题，我们销售部就需要这样有目标有自信的年轻人！"

（资料来源：根据微信公众号"职场小钢炮"《这些江湖秘技让你在职场少奋斗 10 年》改编）

案例点评：

案例中的小王和小李的教育背景完全相同，但在面对同一问题与人沟通时产生了明显的差异。小王在沟通中围绕自己涨工资的这一目标，直接提出自己的要求，当被问及原因时直接说出来自己听到的消息，因此被领导驳回。而小李因为具备较多的沟通经验，面对涨工资的目标精心设计了沟通的逻辑，利用换位思考的方法，先汇报自己的业绩，再提出自己努力的目标，再巧妙地设问："如果我的业绩翻倍能否涨工资？"这种沟通方式既向领导展示了自己的业绩和能力，且给予对方一个回旋的余地，与沟通对象之间建立了良好的沟通关系，同时也实现了自己的沟通目标。

案例中小王的沟通属于无效沟通，而小李的沟通则属于有效沟通。麦肯锡公司的一项研究表明：管理人员平均每天要花 89% 的时间在沟通上。如此重要又耗时耗力的沟通工作如何才能有效呢？

一、有效沟通的内涵

有效沟通是通过演讲、会见、对话、讨论、信件等方式将思维准确、恰当地表达出来，以促使对方更好地接受。

做到有效沟通须具备两个条件。首先，信息发送者清晰地表达信息的内涵，以便信息接收者能确切理解；其次，信息发送者重视信息接收者的反应并根据其反应及时修正信息的传递，消除不必要的误解，两者缺一不可。

有效沟通能否成立关键在于信息的有效性，信息的有效程度决定了沟通的有效程度。信息的有效程度又主要取决于以下两个方面。

（一）信息的透明程度

当一则信息应该作为公共信息时就不应该存在信息的不对称性，信息必须是公开的。公开的信息并不意味着简单的信息传递，还要确保信息接收者能理解信息的内涵。如果以一种模棱两可的、含糊不清的文字语言传递一种不清晰的、难以使人理解的信息，对于信息接收者而言没有任何意义。另一方面，信息接收者也有权获得与自身利益相关的信息，否则有可能导致信息接收者对信息发送者的行为动机产生怀疑。

（二）信息的反馈程度

有效沟通是一个动态的过程，一方面信息传递是流动的，而且会随着沟通过程的变化而变化，另一方面，沟通过程中的情感交流是相互的，且需要明确地表达出来。因此，有效沟通是一种动态的双向行为，而双向的沟通对信息发送者来说应得到充分的反馈。只有沟通的主、客体双方都充分表达了对某一问题的看法，才真正具备有效沟通的意义。

二、有效沟通的原则

有效沟通是能在对的时候向对的人传达对的信息，对方理解后做出期望中的回应，打个电话、发个传真、写封邮件也是沟通，但是如果对方并没有接受你的信息，那沟通还是无效的、失败的。日常生活与工作中，如果沟通双方在立场、角度、观点等因素方面不同，对事件、问题的看法肯定有差异，因此进行良好的沟通是非常必要的。人们不仅要跟家人沟通，同时也要跟同事沟通；不仅是对具体事件进行沟通，同时也要对思想观点进行沟通，这样才能减少、消除双方的分歧达到沟通的最佳效果。为了达到有效沟通的目的，在沟通的过程中要掌握好沟通的原理，同时也要注意有效沟通的原则。

（一）诚信度原则

诚信是沟通的基础和前提，作为一个人必须具有足够的诚信，才能够取得他人的信任，这对保持良好的沟通具有重要影响。试想，一个自身拖拉的人，在沟通中要求别人雷厉风行则难以服众。因此，在沟通时一定要拿出足够的诚信才行。

（二）明确性原则

当沟通所用的语言和传递方式对方能够理解时，我们就认为它是明确的信息。明确的信息才能起到沟通的效果，所以，沟通过程中要尽量运用通俗易懂的语言，用别人能够理解的语言来表达自己想说的信息。

（三）良好氛围原则

在有些企业里，管理者往往重硬件轻软件。一说信息沟通，就是要花钱购买计算机系统，建立电脑网络，实际上，创造一个有利于沟通的氛围比硬件更重要。从一些成功企业的实践来看，企业各成员间的互相尊重，才是有效沟通的基础。上级管理人员充分尊重表达的意愿，才能打消下级的顾虑，使之愿意进行交流。此外，对通过有效沟通进行管理创新的成员进行适当的鼓励，也是十分必要的。

案例 1-4

善于沟通的刘助理

一位客户打电话过来，说想要签一份订单，市场部把相关报告交给总经理助理小刘，刘助理看了看报告，原来是一家以前与本公司有过业务来往但最后关系破裂的客户。刘助理知道，总经理比较情绪化，他很有可能由于双方以前的关系而拒绝这项业务。

于是，刘助理没有立刻向总经理汇报，而是等到总经理心情不错的时候，来到他的办公室。

总经理看见刘助理进来，问："有事吗?"

刘助理说："不是公司的事情，只是自己有点私事，没地方说。"

总经理说："怎么？跟我商量?"

刘助理回答说："是啊。前段时间，上学时候一个关系不怎么样的同学突然说想跟我合伙进行一项投资。我已经计算过了，没啥风险还能赚钱，的确不错，我现在就是在犹豫要不要跟他合伙。"

"这还用想?"总经理哈哈一笑，"以前的事情过去就过去了，赚钱是投资的目的!""嗯，总经理你说得是。对了，这里有一份市场部交来的报告。"刘助理说。结果，总经理顺利地同意了客户的要求。

（资料来源：谷静敏，穆崔君. 商务沟通与礼仪［M］. 东营：中国石油大学出版社，2016.）

案例点评：

案例中的刘助理，根据自己对总经理性格的了解，通过启发对方想象，巧妙地弱化了紧张氛围，实现了沟通的目的。

（四）适当性原则

有效沟通必须将有意义的信息，通过适当的沟通渠道，由一个主体传送给另一个主体。有了真实的信息需要沟通，也有渠道可以将信息传送给他人，但这还不能保证沟通的有效性，其原因在于不同的信息对于沟通渠道的选择有要求。真实的信息，如果选择了不恰当的渠道进行传递，就会造成信息扭曲，导致沟通受阻。比如上级对下级传达信息的方式就因人、因场合而不同，如果方式选择错误，则可能引起沟通问题。

案例 1-5

陶行知的教育故事

陶行知是著名的教育家，他创办晓庄学校，培养了无数英才，开创了现代教育的新理

念和新模式。

一次，某个学生拿泥块砸了其他同学。陶行知看到后，让这个学生放学后去校长室。放学后，学生早早地来到校长室门口，陶行知过了一会儿才出现。他把学生叫到面前，递给他一块糖说："这是奖励你的，因为你来得早。"

学生惊讶地看着陶行知，不知道说什么好。

陶行知接着又拿出一块糖，说："我还要奖励你，因为我让你不要砸同学的时候，你马上停下来了。"

这下，学生的脸红了起来。

"最后我还要给你一块糖，"陶行知说，"因为你是为了不让那些同学欺负女同学，才用泥块砸他们的，对不对？"

这下，该学生的眼泪流了下来，他边哭边说："校长，你批评我吧，我认识到自己的错误了。"

（资料来源：百度文库：https：//wenku. baidu. com/view/6002724efe4733687e21aa1a. html）

案例点评：

案例中的学生砸同学事件，教师往往会采用惩罚教育的手段惩戒学生，从而让学生惧怕犯错。而陶行知校长却反其道而行之，用心了解事件的起因，并根据学生的特点，采用适当的方法，让学生从内心深处认识到自己的错误，并主动承认了自己的错误。该案例充分说明在沟通中坚持适当性原则的重要性。

（五）完整性原则

信息由适当的发送者发出，通过适当的渠道传递，并且也由适当的人接受了，沟通是否就一定能有效完成呢，答案是不一定的。这是因为，由于各种原因和各种因素的干扰，信息在传递的过程当中，会人为地变形或损耗。如果这种情况发生，接收到的信息已经不是发送者所发出的同一信息，那么就有可能发生沟通失误或误解信息。

案例 1-6

主持人与小朋友的沟通

一位知名主持人问一名小朋友，问他说："你长大后想要当什么呀？"小朋友回答说："我要当飞行员！"主持人接着问："如果有一天，你的飞机飞到太平洋上空，所有引擎都熄火了，你会怎么办？"这位小朋友想了想说："我会先告诉坐在飞机上的人绑好安全带，然后我挂上降落伞跳出去。"当在现场的观众笑得东倒西歪时，主持人继续注视着这孩子。没想到，孩子的两行热泪夺眶而出，于是主持人继续问他说："你为什么要这么做？"小孩的答案透露出孩子真挚的想法，"我要去拿燃料，我还要回来救大家！"

（资料来源：http：//www. doc88. com/p-902977549529. html）

案例点评：

上述案例充分说明，听话不要听一半。听别人说话时，你真的听懂了他的意思吗？如果不懂，就请听别人说完吧。因此，信息在传递时必须保持内容的完整性。

（六）互动原则

沟通是互动的，不是一方的事，需要双方共同参与。共享说话权利是互动的前提。互动是如何形成和建立的？需要你承认沟通对象的存在，甚至了解他的特征和需求才能有效地互动，所以有时候你与人沟通，互动产生了。互动的效果为什么不好？就是因为你没有了解沟通对象的需求和特征，没有针对他的需求和特征进行有效的互动。

三、有效沟通的环节

沟通无处不在、无时不在。沟通使人与人之间心灵相通，有了沟通才能拉近人与人之间的距离。沟通能力强的人比较容易得到别人的帮助，比较容易办成事情，不容易引起误会，办事效率比较高。虽然人与人之间的沟通能力差异很大，但它并非与生俱来，而是通过后天的学习和培训获得的，只要你能够拥有沟通的意识和心态，掌握沟通的技巧和方法，并勤加练习，你也可以成为沟通大师。

案例 1-7

一名汽车推销员的故事

乔·吉拉德是世界上著名的推销员，连续 12 年荣登吉尼斯世界纪录大全世界销售第一宝座，他所保持的世界汽车销售纪录，连续 12 年平均每天销售 6 辆车，至今无人能破。

他也是全球最受欢迎的演讲大师，曾为众多世界 500 强企业精英传授宝贵经验，来自世界各地数以百万的人们被他的演讲所感动，被他的事迹所激励。他入职初始，曾经有过这样一次经历。

有一次，乔花了近一个小时才让他的顾客下定决心买车，他所要做的仅仅是让顾客走进自己的办公室，然后把合约签好。当他们向乔·吉拉德的办公室走去时，那位顾客开始向乔提起了他的儿子。“乔，”顾客十分自豪地说，“我儿子考进了普林斯顿大学，我儿子要当医生了。”“那真是太棒了。”乔回答。两人继续向前走，乔却看着其他顾客。

“乔，我的孩子很聪明吧，他还是婴儿时，我就发现他非常聪明。”“成绩肯定很不错吧？”乔应付着，眼睛在四处看着。

“是的，在他们班，他是最棒的。”

“那他高中毕业后打算做什么呢？”乔心不在焉。

“乔，我刚才告诉过你的呀，他要到大学去学医，将来做一名医生。”

“噢，那太好了。”乔说。

那位顾客看了看乔，感觉到乔太不重视自己所说的话了，于是，他说了一句“我该走了”，便走出了车行。乔·吉拉德呆呆地站在那里。下班后，乔回到家回想着一整天的工作，分析自己做成的交易和失去的交易，并开始分析失去客户的原因。

次日上午，乔一到办公室，就给昨天那位顾客打了一个电话，诚恳地询问道："我是乔·吉拉德，我希望您能来一趟，我想我有一辆好车可以推荐给您。"

"哦，世界上最伟大的推销员先生，"顾客说，"我想让你知道的是，我已经从别人那里买到车啦。"

"是吗?"

"是的，我从那个欣赏我的推销员那里买到的。乔，当我提到我对我儿子是多么的骄傲时，他非常认真地在听。"顾客沉默了一会儿，接着说，"你知道吗？乔，你并没有听我说话，对你来说，我儿子当不当成医生并不重要。你真是个笨蛋！当别人跟你讲他的喜恶时，你应该听着，而且必须聚精会神地听。"

（资料来源：武洪明，许相岳. 职业沟通教程［M］. 北京：人民出版社，2017.）

案例点评：

案例中的推销员乔·吉拉德在初次进入汽车行业进行推销工作与客户沟通时，未能全身心倾听客户想要表达的意思而失去了成交的机会，从而形成了无效沟通。从案例中可以看出有效沟通四个环节少不了。倾听、表达、提问、反馈四者当中，倾听是相当重要的一环。

（一）倾听

懂得倾听的人才会获得朋友，因为你分担了他的烦恼；懂得倾听的人更容易成功，因为你可以获得更多信息。因此倾听是有效沟通的重要组成部分，只有让人愿意并快乐地说出自己的观点和想法，你才能获得他的信任。

1. 倾听的概念

倾听属于有效沟通的必要部分，以求思想达成一致和感情的通畅。广义的倾听包括文字交流等方式，其主体是听者。倾听与听是两个互相联系而又有区别的概念，听是人体听觉器官对声音的接收和捕捉，是人对声音的生理反应，是人的本能，带有被动的特征。狭义的倾听是指凭助听觉器官接受言语信息，进而通过思维活动达到认知、理解的全过程。而倾听则是一种特殊形态的听，它必须以听为基础。第一，它是人主动参与的听，人必须对声音有所反应，或者更确切地说，人必须思考、接收、理解，并做出必要的反馈。第二，它必须是有视觉器官参与的听，没有视觉的参与，闭上眼睛的听，不能称为倾听。在倾听的过程中，必须理解别人在语言之外的手势、面部表情，特别是眼神和感情的表达方式。

因此，我们把倾听定义为：在对方讲话的过程中，听者通过视觉和听觉同时作用，接受和理解对方的思想、信息及情感的过程。

2. 倾听的作用

根据统计数据，在工作和生活中，人们平均有40%的时间用于倾听。古今中外，对于倾听都是一致肯定的，处于信息爆炸的当代，倾听更是不可或缺的法宝。

（1）倾听对他人是一种鼓励。倾听能激发对方谈话欲，让说话者感到自己的话有价值，他们会乐意说出更多有用的信息，好的倾听者会促使对方产生更深入的见解。更深入的见解会使双方都受益，这种鼓励也是相互的。当别人感觉你在以友好的方式听他讲话时，他会全部或部分解除戒备心理，并会反过来更有效地听你的讲话，更好地理解你的意思。你的有效倾听也常常使对方成为认真的倾听者。

（2）倾听可以改善关系。认真倾听通常能改善人们的关系。这样能给说话者提供说出事实、想法等心里话的机会。倾听的时候，你将更好地理解他们，而你对他们的讲话感兴趣会使他们感到愉快。这样，你们的关系会改善。人们大都喜欢发表自己的意见。如果你愿意给他们一个机会，他们立即会觉得你和蔼可亲、值得信赖，这样，倾听就使你获得友谊和信任。仔细听他人讲话会给你一个线索，了解他们是如何想的，他们认为什么重要，他们为什么说他们现在正在说的话。你并不一定喜欢他们，更不一定会赞成他们，但理解会使你们相处得更好。关键就在于认真倾听是给人留下良好印象的有效方式之一。

（3）倾听可以使你获取重要信息，做出有效决策。通过倾听我们可了解对方要传达的消息，感受对方的感情，并据此推断对方的性格、目的和诚恳程度。倾听可以使你能够适时和恰当地提出问题，澄清不明之处，或是启发对方提供更完整的资料。为了解决问题和更有效地做出决策，尽可能多地获取相关信息是十分必要的。倾听有助于你得到说话者拥有的全部信息。仔细倾听常常使他们继续讲下去并促使他们尽其所能举出实例。当你掌握了尽可能多的信息之后，就可以更准确地做出决策了。倾听是获取信息的重要方式。报刊等资料是了解信息的重要途径，但受时效限制，倾听可以得到最新信息。交谈中有很多有价值的信息，有时它们常常是说话人一时的灵感，甚至于他自己都没有意识到，但对听者来说却有启发。这些信息不认真倾听是抓不住的。所以有人说，一个随时都在认真倾别人讲话的人，可在闲谈之中成为一个信息的富翁，这可以说是对古语“听君一席话，胜读十年书”的一种新解。

（4）倾听可以锻炼自身能力和掩盖自身的弱点。通过仔细倾听，可以减少对方防卫意识，形成增加认同、产生同伴乃至知音感觉的沟通过程，倾听者可以训练以己推人的心态，提高思考力、想象力、客观分析能力。俗话说：“沉默是金”“言多必失”。沉默可以帮助我们掩盖若干弱点。例如，如果你对别人所谈的问题一无所知，或未曾考虑，或考虑不成熟，倾听就可以掩盖你的无知，掩盖你准备不充分的事实，你就获得了思考的机会。

（5）倾听可以调动人的积极性。善于倾听的人能及时发现他人的长处，并创造条件让其长处得以发挥作用。倾听本身也是一种鼓励方式，能提高对方的自信心和自尊心，加深彼此的感情，激发对方的工作热情和负责精神。美国企业家玫琳·凯是玫琳凯化妆品公司的创始人。现在她的公司已拥有 20 万职工。但她仍要求管理者记住倾听是最优先的事，而且，每个员工都可以直接向她陈述困难，她也抽出时间来聆听下属的讲述，并做好记录。她还非常重视他们的意见和建议，在规定时间给予答复，由此满足了他们的自尊心和一吐为快的愿望，调动了他们的积极性。

（6）倾听使你善言和更有力地说服对方。只有善听才能善言。可以想象，如果在对方

发言时你就急于要发表自己的观点，根本无心思考对方在说些什么，甚至在对方还没有说完的时候就在心里盘算如何反驳，交谈是难以合拍的。只有善听才能更好地说服别人：你能从他的讲话中发现他的出发点和弱点，是什么让他坚持己见，从而找到说服对方的契机；你的认真倾听会让人感到你充分考虑了他的需要和见解，增加了他认同你的可能性。

（7）倾听有助于解决问题。这里面有三层含义：第一，积极倾听可使管理者做出正确决策。尤其对于缺乏经验的管理者，倾听可以减少错误。例如，松下幸之助创业之初，公司只有 3 个人，因为其注意征询意见，随时改进产品，确立发展目标，才使松下电器达到今天的规模。玫琳·凯创业之初，公司只有 9 个人，由于她善于倾听意见，按顾客的需要制作产品，所以企业的效益一直在同行中处于领先地位。第二，人们仔细地互听对方的讲话是解决异议和问题的最好办法。这并不意味着他们必须相互同意对方的观点，他们只需表明他们理解对方的观点。第三，仔细倾听也能为对方解决问题，很多人在生活中都会遇到不需要回答的问题，遇到一个认真的倾听者，就能在倾听中解决的问题。例如，当你遇到一个在两份工作上难于做出选择的朋友时，你只需在他时而激昂、时而平静的两个职业利弊分析的陈述中静静地倾听，偶尔在关键的地方予以启示就会起到画龙点睛的作用。虽然也许你没提供什么建议，但他会觉得你给了他宝贵的意见，帮他完成了艰难的选择。因为他什么都想到了，你不会比他想得更多，你所能做的只是倾听。

3. 倾听的类型

从倾听的效果上，可以将其分为以下几种类型：

（1）听而不闻。这种倾听是心不在焉的，别人讲别人的，自己想自己的。听而不闻的人只是在应付或敷衍了事，没有主动参与到沟通过程中，更不会给讲话者以交流、反馈，给人以被轻视、不被尊重的感觉。

（2）选择倾听。这种倾听只对自己感兴趣的部分予以倾听，其他部分则不理不睬。这种倾听往往会忽略很多重要的信息，从而造成沟通过程不畅，影响沟通效果。此外，也是对讲话者的不尊重。

（3）专注倾听。这种倾听是对所有的信息都认真倾听，比前两者都有效，但这种倾听关注了对方讲话的内容和信息本身，而忽视了对方的情感，因而不能捕捉到对方表达的全部信息。

（4）有效倾听。这种倾听是真正主动参与沟通。它聚焦讲话内容，并把感观、感情和智力的输入综合起来，寻求其含义和理解，把注意力从自己转移至讲话者，不带偏见，不做预先判断，积极反馈，使讲话者从你的参与中受到鼓励。它不仅用耳朵，更用眼睛、脑和心。

4. 有效倾听的原则

有效倾听不仅是用耳朵去听，而且要全身心投入对方话语的意境中进行思考和适时反馈使对方感受到你在听。有效倾听应该遵循“三心五到”原则：

（1）要耐心。在对方阐述自己的观点时，应该认真听完，并真正领会其意图。听到与自己意见不一致的观点或自己不感兴趣的话题，或者因为产生了强烈的共鸣就禁不住打断对方或做出其他举动致使他人思路中断都是不礼貌的行为。当别人正在讲话时，不宜插话，如必须打断，应适时示意并致歉后插话。插话结束时，还要立即告诉对方“请您继续讲下去”。倾听时还应注意自己的仪表，不应从自己的举止或姿态中流露出不耐烦、心不在焉的意思，因为这样会伤害对方的自尊。

（2）要专心。在倾听对方说话时，应该目视对方，以示专心。语言只传达了部分信息，要真正了解对方，还应注意对方的神态、姿势、表情以及声调、语气等非语言的变化。同时，以有礼而专注的目光表示认真聆听，对对方来说也是一种尊重和鼓励，可以使其感到自己谈话的重要性和必要性。

（3）要热心。在交谈中，强调目视对方、认真专心地倾听，并不是说倾听者完全被动、安静地听。在交谈时，如果面无表情、目不转睛地盯着对方，便会使对方怀疑自己的仪表或者讲话有什么不妥之处。因此，倾听者在听取别人的谈话后，可以根据情境，或微笑，或点头，或发出同意的应答声，甚至可以适时地插入一两句提问如“真的吗？”“哦，原来是这样。那后来呢？”等。这样就能够实现讲话者与倾听者之间不断的交流，形成心理上的某种默契，使交谈更为投机。

（4）“五到”原则。“五到”原则也叫“五位一体”原则，具体是指耳到（用耳听）、眼到（用眼看）、嘴到（用嘴问）、脑到（用脑思考）、心到（用心感受）。

5. 有效倾听的技巧

要提高倾听的有效性，本章给出如下几方面的建议。

（1）明确倾听目的。你对要倾听的目的越明确，就越能够掌握它。事先为谈话进行大量的准备，这样可以促使我们对谈话中可能出现的问题或意外有个解决的思路；同时可以围绕主题进行讨论，你的记忆将会更加深刻，感受更加丰富。这就是目的越明确，效果越显著。

（2）排除干扰。在倾听时，要排除干扰，不要让噪声、情绪影响到倾听的效果，不仅要听到对方所说的内容，还要听清楚对方所讲的中心思想，关注内容，捕捉要点。

（3）进入集中精力的精神状态。随时提醒自己沟通到底要解决什么问题。听话时应保持与谈话者的眼神接触，但对时间长短应适当把握，如果没有语言上的呼应，只是长时间盯着对方，那会使双方都感到局促不安。另外要努力维持大脑的警觉，保持身体警觉则有助于使大脑处于兴奋状态，专心地倾听不仅要求有健康的体质，而且要使躯干、四肢和头处于适当的位置，比如有的人习惯把头稍偏一点来集中精神。全神贯注，意味着不仅用耳朵，而且用整个身体去听对方说话。

（4）采取开放式姿势，让身体参与。人的身体姿势会暗示他对谈话的态度。自然开放性的姿态，代表着接受、容纳、兴趣与信任。交叉双臂是日常生活中普遍的姿势之一，一般表现出优雅，富于感染力，使人自信十足。但这常常自然地转变为防卫姿势，当倾听意见的人采取此势，大多是持保留的态度。既然开放式姿态可以传达出接纳、信任与尊重的信息，而“倾听”的本意是“向前倾着听”，也就是说，向前倾的姿势是集中注意力、愿

意听倾诉的表现，所以二者是相容的。交叉双臂跷起二郎腿也许是很舒服的姿势，但往往让人感觉这是一种封闭性的姿势，容易让人误以为不耐烦、抗拒或高傲。

对对方的讲话要给予积极的回应，如赞许地点头、关注的目光、对谈话感兴趣的表情、微笑等。

（5）配合回应，语言参与。用各种对方能理解的动作和表情，表示自己的理解，如微笑、皱眉、迷惑不解等表情，给讲话人提供准确的反馈信息，以利于其及时调整。

在对方讲话的过程中要适当地表示理解，如“对”“是这样”“有道理”等，对于有疑问或没有听清的地方要及时提问，如“你刚才说的……”“你的意思是……”“我有点不清楚，您能再解释一下吗?”“您能举个例子吗?”“后来怎么样?”等。

（6）换位思考，思想参与。在有效倾听的过程中，要站在讲话者的角度去思考，选择对方能理解和接受的方式倾听反馈。思想参与也叫同理心倾听，是有效倾听的最高层次。同理心是指在人际交往过程中，能够体会他人的情绪和想法、理解他人的立场和感受，并站在他人的角度思考和处理问题。同理心倾听要求倾听者要保持良好的精神状态，要全神贯注地观察讲话者的变化，要善于归纳讲话者的语言，要理解而不评价、思考而不挑剔，它的出发点是为了了解而并非为了回应。

总而言之，有效倾听不能是被动的，而应该是主动的——光用耳朵不行，还要用心去理解；光理解还不行，还要做出各种反应，以合乎礼仪，调节谈话内容和洽谈气氛，促进沟通顺利进行。

（二）表达

在现代社会，由于经济的迅猛发展，人们之间的交往日益频繁，语言表达能力的重要性也日益增强，语言表达能力成为现代人才必备的基本素质之一。企业对人才的要求不仅要有新的思想和见解，还要在别人面前很好地表达出来；不仅要用自己的行为对社会做贡献，还要用自己的语言去感染、说服别人。

1. 有效口头表达的特征

在进行商务沟通活动的过程中，作为沟通的发起者要想确保沟通的有效性，必须注意以下基本特征。

（1）准确。在沟通过程中要使用准确的语言，我国的语言内涵丰富，特别是在重要的场合需要字斟句酌地陈述自己的观点。比如，当你想引用某一数据说明某种现象的时候，所引用的数据必须是真实准确的，如果沟通对象发现你提供的信息有误，就会对你警觉，沟通甚至会陷入僵局。

（2）清晰。语言表达的过程中的清晰性特征有两层含义。其一是指表达的内容要有逻辑性，要有一根主线贯穿始终，切忌随意堆砌。其二是表达清晰，在口头表达中要注意不能病句不断，语病连篇，要使用正确的句子将自己的观点完整流畅地表达出来，使人形成整体的认识。

（3）简洁。清晰不等于简单，一定要在清晰的基础上追求简洁。良好的商务沟通追求简洁，追求以少量的话传递大量的信息。无论是同董事长、高级总裁还是客户、一般员工进行沟通，简洁都是一个基本要求。每一个人的时间都是有限的、有价值的，没有人喜欢不必要的、烦琐的沟通。简洁不是指在形式上采用短句子，也不是指在内容上省略重要信息，而是指“字字有力”。

（4）活力。活力意味着生动，从而易于被人记住。人们在工作中要进行大量沟通。根据心理学的规律，人们通常对某个念头或信念只能保持短时间的关注。根据记忆的规律，人们只能保存对于接触到的信息的部分回忆。因此，在沟通中的精神不集中或淡忘都是很正常的现象。“活力”的特征就是使你的表达让人难以忘怀。

2. 有效表达的技巧

在商务沟通要提高沟通的有效性，有效表达自己的观点，需要掌握以下的技巧。在沟通过程中表达要紧扣主题，条理清晰、重点突出，要根据沟通对象的特点选择恰当的表达方式，合理运用肢体语言，提高声音素质，融入情感。

（1）紧扣主题、条理清晰、重点突出。沟通的目的就是要告诉对方某种观点，无论选择何种谈话方式，运用哪种沟通技巧，如果抛开最终的沟通目的，那么你的话都是毫无生命力的。因此沟通一开始，就要紧扣沟通主题，围绕沟通目的，通过适当的举例，围绕中心思想展开交流。这样才能把沟通内容引入到预期的设想之中，达到沟通目的。

紧扣主题的同时，也要注意讲话的条理必须清晰。要做到这一点，就要将说的话梳理清晰，不要一股脑地往外搬。我们在日常交谈中，就要注意所讲问题的条理化，尽量言简意赅，重点突出。

讲话时，自然也有重点和非重点之分。我们谈话是为了达到某一目的，而这个目的可以用简洁的语言表达出来，那些围绕这一目的而谈的事例、客套话等，都是围绕这一目的服务的。

案例 1-8

一次当众指责的沟通

漂亮聪慧的张小姐大学毕业一年多，在一家广告公司担任广告策划，工作利落，深得上级赏识。

一次，上级交给她一项重要的工作，就是按上级的既定思路拟订一个详细的广告策划方案。这是一家大型房地产公司的项目，该项目对本公司的发展极为重要。为此，上级先提出了策划思路，让她按这个思路拟订广告策划方案。

张小姐很不解，她想：“以前顶多是上级提个要求，自己拟订的广告策划方案都能得到上级称赞，难道现在上级对自己不够放心，不相信自己的能力？”而且她发现上级的思路有一个致命的错误，做出的广告策划方案肯定会遭到客户的拒绝。

于是，张小姐找到上级。当时上级正在和公司领导开会，她当着众人的面直截了当地说：“你的思路根本不对。”这让上级感到很难堪。结果，上级把拟订广告策划方案的工作

交给了张小姐的同事。

尽管最终的广告策划方案不是按上级预先的思路拟订的，但张小姐的那位同事没有像她那样直接顶撞上级，而是私下同上级做了沟通，上级主动修正了原有的思路，结果自然是皆大欢喜，不久这位同事被晋升业务经理，而这个职务是之前为张小姐准备的。

（资料来源：张海军，戚牧．商务沟通与礼仪［M］．北京：科学出版社，2020.）

案例点评：

案例中的张小姐是毕业一年多的职场年轻女性，曾因工作能力强而受到上级赏识，但本案例中却犯了一个致命的错误：在公司领导开会的公开场所，当众指责上司，这不仅使上司尴尬，让现场的领导对她的印象大打折扣，更让自己失去了晋升的机会。因此，在沟通过程中，要根据沟通的对象、环境和场合选择正确的沟通方式。

（2）选择正确的表达方式。在沟通过程中要根据沟通对象的特点选择正确的表达方式，特别是需要公开发表意见的时候，首先要对听众群体有所了解，针对他们的特征选择他们能接受的方式表达观点。表达的过程中，一定要结合听众需求，在互动的过程中，听众的疑问部分最好能够慢慢地详解，这样才能够达到一定的效果。同时结合适宜的表达方式恰当阐述所要表达的内容，千万不要太过于官方，一定要浅显易懂，这样听众才能够对你的陈述感兴趣，否则就会导致你的表达没有效果。如果你的沟通对象是一位严谨的年长学者，在沟通时应该以体现尊重的传统的沟通方式，多用“请教”“您”之类的敬语与其沟通；如果你的沟通对象是朝气蓬勃的年轻人，你应该选择开放的沟通方式，如使用网络用语与之交流可以产生共鸣。

（3）合理运用肢体语言。人们在沟通的过程中，会有意无意地做一些肢体动作，这些信息是非常重要的非语言信息，它们往往传达出人们内心世界的真实活动。心理学研究表面，人与人之间的交流，有55%的信息是通过肢体语言发出的。肢体语言通常是人下意识的举动，因此它很少存在欺骗性。在日常生活中，与同事进行沟通交流时，同时运用口头阐述和肢体语言来传递你的信息，对方会更加愿意相信我们的肢体语言。这也就是说，合理运用自身的肢体语言，更能获得对方的认可，也更容易取得对方的信任。

我们都知道，一位出色的讲师，一位知名的谈判高手，一位具有影响力的商人，在沟通时都会伴随着不同程度的肢体语言，并且随着语言的重要程度，肢体动作也会发生变化，因此，合理运用肢体语言，能让你的谈话更有层次感，更能获得对方的认同。

在沟通中除了从耳朵获得的信息外，表情、眼神、姿态、手势、衣着以及社交距离等每一处细微的动作中也能获得信息。除语言外的所有表现手法，都称为肢体语言。乐观积极的肢体语言，会给人留下一个好的印象；而做出消极怠慢的肢体语言时，会给对方留下一种厌恶的感觉。合理运用肢体语言传递感情主要体现在以下几方面：

①面带笑容，热情开放。在进行语言表达时，面部表情是非常重要的，面带笑容能给人一种亲切感，可以一定程度地解除对方对你的防备心理，热情开放可以让对方觉得你是一个性格开朗的人，后续的沟通才不会显得唯唯诺诺，小心翼翼，生怕一句不适时的话，引起双方的尴尬局面，也有利于双方更加深入地交谈。

②掌心张开，双眼平视。人在紧张时，手会不经意地握拳，眼睛不自觉地往地上看。当你掌心张开，双眼平视时，你会惊奇地发现，之前的紧张情绪，会得到一定的舒缓，你能从中找到一丝的信心，说话就会更有底气。与对方的谈话也能得到更加平等的回应，否则对方就会占得先机，你想重获主动权就相对困难了。

③身体前倾，腰杆笔直。当你的身体前倾时，你的谈判就成功了一半，说明你已经占据了主动，身体前倾更有利于聆听对方，让自己的位置更占优势，但是身体前倾不等同于压制对方。笔直的腰杆会让你更加有自信，也会让你在交谈中更加有气势，给人一种刚正不阿的感觉，这对你的谈话也是非常有帮助的。

④眼神坚定，昂首挺胸。语言表达时，眼神的作用也是非常重要的，一个坚定的眼神，能给对方一种无法抗拒的魅力，也能给人一种不可阻挡的锋芒。在交谈中，给对方一个坚定的眼神，会让对方更加信任你，也能让对方感受到你的真诚。昂首挺胸给人一种不可阻挡的感觉，在与人交谈中你也会信心满满，以这种积极的态度与人交谈，你会有意想不到的收获。

（4）提高声音的素质，融入真实的情感。声音的素质主要包括音调、音量、速度、语调四个方面。在研究声音素质问题之前，有必要搞清人的发音机理。发音是横膈膜、肺、气管、胸部肌肉以及声带、舌头、嘴唇、胸腔、口腔、头腔等综合作用的结果。横膈膜、胸肌、肺、气管等运动产生的空气，带动声带振动，产生基音，基音通过喉、舌、唇、齿等形成的不同通道和阻碍产生不同的元音、辅音、音节。基音通过胸腔、口腔、头腔等的共鸣作用得到放大和美化。

①音调。音调高的声音给人细、尖、刺耳等感觉。音调低则给人粗、深等感觉。音调的物理成因是声带不同的振动程度从而形成不同的声音频率。

②音量。音量的大小给人以声音强弱的不同感觉。音量的物理成因是声振动的振幅不同。讲话要根据具体情况的不同选择合适的音量。合适的音量取决于环境，主要应考虑以下三点：第一是讲话的地点状况。这主要考虑的是室内或室外，小屋子或大演讲厅，传音好或传音不良，有回声或没有回声。一般来说，室内、小屋子、有回声时可选取小音量。第二是听众人数的多少。人越多，音量宜越大些。第三是噪声的大小。噪声大时，音量宜大一些。

③速度。讲话速度对你发出的信息会产生影响，例如，快速的讲话给听众一种紧迫感。适度的紧迫感对于理解是有用的。但是，一直快速地讲话，话语像洪流一样喷涌而出，则有不良作用：一则使你难以把每一个字都读准，使人不能完全听清；二则使人没有思考的余地，难以完全理解；三则会使听众转移注意力。

速度的合理控制要掌握以下三点：第一，在公共场合讲话要快于平时谈话的速度。但又不能太快，否则会使听众厌倦或抓不住讲话者的思路。第二，要根据语句的重要性来变换速度，不重要的词和词组快一些，重要的则说得慢一些。第三，适当地使用停顿。停顿时间过长，你会失去听众，恰当使用停顿则有助于听众了解你的思想，消化吸收你说的话，有助于讲话突出重点。

④语调。音调、音量、速度的变化，即语调的变化，也影响听众接收的信息。语调的变化通常与讲话者的兴趣或要强调的意思相联系。抛开你所说的话不算，你的语调就可能不自觉地流露出你的态度和感情，流露出你对听众的态度，对所讲内容的态度。

由于语调可表现出喜怒哀乐，同样的话用不同的语调说出可以表示不同的意思。例如，对于别人已完成了全部程序工作的陈述，你用一个“好”字来回答，由于语调不同，可以有不同的含义：干得好，含表扬之意；终于干完了，含批评之意；我知道了，中性，不加评议。不懂得这一点可能会使你在无意之间给听众留下不好的印象或不经意流露出你内心的秘密和真实想法。无论是在非正式场合还是在正式场合，语调的重要性都是一样的，一定要注意不要让语调违背你的态度和感情，除非你恰好是想利用这一点来进行暗示。

在沟通过程中合理进行音调、音量、速度、语调的变化，不仅会体现讲话者的情感，也会使语言表达更加丰富，沟通氛围变得轻松和谐。

（三）提问

如果你想与沟通对象建立良好的关系或者深入了解对方的想法，就需要学会提问。提问能使沟通更具有含金量，在沟通过程中，恰当地提出问题，与对方交流思想、意见，有助于人们相互沟通。沟通的目的是获取信息，是知道彼此在想什么，要做什么。适时、适度地提问，不仅能够促进、鼓励讲话人继续谈话，从对方谈话的内容、方式、态度情绪等方面获得更多的信息，而且能够促进双方和谐关系的建立，因为这样的提问往往有尊重对方的意味。

1. 提问的层级

在现实生活中，提问表现为以下四种层级：轻松提问、劣质提问、沉重提问和优质提问。

（1）轻松提问。轻松提问一般是日常中经常用的，核心目的是“改善两者之间的关系，收集相关信息式的使用方式”，比较适合初次见面或者切入正式话题之前的预热交流。

一般提问的是对方乐意回答、习惯并且能轻易回答的问题，比如兴趣爱好，成功体验等。例如初次见面的时候可以说：“好久不见，你又瘦了，这件衣服真漂亮，穿在你身上简直像换了个人，哪里买的?”

（2）劣质提问。劣质提问一般是沟通最不融洽的一种状态，导致提问者与被提问者关系恶化，主要表现有两个方面。一种是把自己的价值观或者主观思想强加于人，对被提问者“穷追猛打”，致其萎靡不振，比如“那个功能为什么没有上线?”“开发为什么没有做出来?”“你为什么连这点小事儿都没有做好?”“你上班在这儿，为什么住那么远的地方?”其实这些背后是为了表现提问者自己的优秀而已，内心已经有了问题的答案，目的是显摆自己。在工作中经常出现这种情况，当团队某个人工作没有做好时，领导习惯性直接发问，不注意场合，不注意原因，大庭广众地进行逼问，貌似展示自己威力，其实是领导力低下的一种表现。

另一种是没有考虑到与对方的关系，毫无意义地追寻对方的私事，容易让对方产生“我为什么要告诉你?”的反感情绪，从而导致沟通出现无话可说的尴尬局面。这种情况多数在社交场合出现，比如朋友约会聚餐，几个人酒过三巡、菜过五味后便开始调侃，其实有的人与你并不太熟，切记一定不要多言多语，你认为的俏皮话，在别人看来更像是“没教养的提问”。

（3）沉重提问。沉重提问是被问者不想回答，但关系到发现或者行动，核心目的是与被问者共享，帮助被问者实现目标。比如询问“那件事办得怎么样?”“最近学习怎么样?”“听说你又跳槽了，换的工作怎么样?”这些问题需要建立在互相了解、对方愿意回答的基础上，而非直接询问，避免造成“别人不想回答，自己尴尬”的局面。

（4）优质提问。这是一种最高级的表现，如前文所说，能让被问者不假思索地回答，从而让提问变成一种有效的沟通。优质提问能让提问变得有发现，并激发行动力，也能让沉重的提问和内容，变得别人乐意回答，是一种高情商的表现，优质提问的内容应当是新的角度，是被问者真正渴望得到的东西。

为了实现有效沟通，在进行提问时一般以轻松提问作为入口，尽量多地使用优质提问，避免沉重提问和劣质提问。

2. 提问的技巧

提问是有效沟通的一个重要环节，恰当的提问使沟通顺畅，人际关系和谐。提问的技巧因为沟通场景和沟通环境不同而各有差别。下面以职场为背景罗列了职场员工提问的技巧。

（1）提问前仔细思考，有意义的提问。提问之前，需要仔细思考，而不是应急反应地随意提问。因为每一次的沟通都体现了自我形象，留给别人成熟睿智还是毛糙唐突的印象完全在自己，尤其在与上级或资深人士沟通的过程中，这点更为重要。

举例说，老板认为某位经理的项目排期不甚合理，于是在会上提示他需要考虑另外一些核心因素，这时他立即反驳说：“那其他相关人的日程都无法更改怎么办?”这样的提问未免有些疏于思考，体现了自己的思考力、沟通力、整合资源的能力、应变能力以及克服困难的能力等都较弱。

（2）边看边问，边听边问。在望闻问切中，问排行第三，说明要先打好望和闻的基础，并且在问的同时也要以望和闻为主，即多看多听，少说少问。有准备地提问时，也不是按部就班把事先准备好的问题一股脑儿地都搬出来，而是多看多听多沟通，随着看到、听到以及交流到的情况及时做出调整；这时，可能有的问题就不用再提出了。所以提问是否有水平，其实从某种程度上是在检验观察和倾听的水平。当然这与积极参与讨论并不矛盾，例如在团队建设活动中的脑力激荡的环节，则需要发挥能动性、创造性，多提出好的点子，即便有时可能只起基础的作用。

（3）先提问题，再说背景。这一点对不少人都是很大的挑战。企业中许多高层领导者们普遍提出这样的一个苦恼，即下属不会汇报和提问。他们希望的是一分钟之内把核心问题说清楚，而大多的员工都是用倒叙法，从最初的背景信息开始讲，一五一十地把来龙去

脉交代得尽量详细，令亟须知道结果或核心问题的老板听得一团雾水，不知所云；有时发生紧急事件，只得马上去处理，则这次汇报就搁浅了。

对于提问，正确的做法是第一句话先把问题亮明，最好在20个字之内完成，如果有必要再介绍关键的背景情况，通常来讲，最好整理出三个以内的要点，以支持问题或结论。接下来通过观察发现还有必要再陈述更具体的某些方面信息，才需要继续说明。这是一个金字塔结构，从塔尖到塔底分三层，而不是倒金字塔结构。

举一个典型的例子：某销售部门在做年度合作方的评价盘点，一位员工走访了某合作方企业回来之后向老板汇报，传统的做法是从与合作方一见面开始说起，而金字塔式的结构是先说综合评价是多少分，接下来说为什么。如果需要给合作方提供必要的支持，寻求老板的批示，则需要先说需要老板提供的支持是什么，然后再说原因及必要背景信息。

（4）带着好奇心提问。观察容易出现先入为主的情况，问也是一样，所以需要暂时把自己的成见放在一边才能对探讨的内容产生兴趣，也才能提出高质量的问题。

例如某部门有位非常能干的资深员工张某，因为他能力强，所以得到很多人的信任，重要的责任和项目都愿意交给他，因而他每天也忙得不亦乐乎。有一些职场新人很仰慕他，很想向他学习请教，但每次看到他的工作状态便不好意思打扰。张某也一直用习惯的方式与新人沟通，认为他们应该和自己一样聪明，所以也用短平快的方式回答他们的问题，但实际上对于新人来讲是消化不良的。这时，新人其实可以找合适的时机带着好奇心提问，“您是怎么做到那么棒的呢?”“您在遇到这样的问题通常是怎么思考的呢?”引发张某思考自己独到的经验和方法。

（5）根据自己身份提问。作为职场新员工可以多一些提问，初来乍到的优势主要是时间，所以可以趁着别人认为自己是新人而在尽量短的时间内把不懂的东西搞懂，时间越长优势就越小，大家总会原谅一个新人在短期内由于信息不充分或经验不足而犯的错误。而随着时间的推移，人们会认为新人应该上手了，这时如果再提简单问题恐怕就会对评价产生影响，当然，最终影响的是自己发展的速率。所以新人可以充分利用这个难得的优势，但务必聪明地学习，及时总结知识和经验，学会举一反三。作为职场老员工（来公司时间相对较久的），则要适当提问，虽然可以不耻下问，但忌讳提“愚蠢”问题。谨慎地思考，尝试了多种努力之后，才可以试着提问，因为一个简单的提问会引起大家对你的负面评价。

（四）反馈

反馈是指信息、反映等的返回，可能是意见也可能是建议。反馈是沟通的过程中或沟通结束时的一个关键环节，不少人在沟通过程中不注意、不重视或者忽略了反馈，结果沟通效果打了折扣，不少人在沟通中都以为对方听懂了自己的意思，可是实际操作过程中却发现与自己原来的意思大相径庭。

四、有效沟通的技巧

沟通不仅是一门科学，更是一门艺术。有效沟通是指信息发出者发出的信息与信息接收者接收的信息在内容上能达到相互一致或基本上相接近。只有使信息接收者最终做到了正确的理解，才能说这次的沟通是有效的，否则沟通则是无效的。因此，学习和掌握有效沟通的技巧就显得格外重要。

（一）沟通前做适当的准备

在沟通前和沟通对象说明沟通原因、沟通目标、提供相关资料。事先做好准备可使沟通更有效。进行重要的谈话时，不能仅靠临场发挥，而要在谈话之前把沟通的目的、方式以及沟通的技巧在脑海中做一番精心的设计，这样在沟通时才能有条不紊，沉着冷静地进行。准备过程要注意以下两个问题。

第一，切忌逐字逐句地背词说话。因为沟通交流时说不定有什么新的话题出现，预先写的词当然满足不了沟通的要求，一旦忘词就无法进行下去了。第二，要汇集整理。虽然在准备过程中不能逐字逐句背诵，但可以把要讲的内容汇集整理成条理化的提纲，这样就可以在沟通过程中按照整理好的思路有条不紊地进行。

（二）使用恰当的沟通节奏

面对不同的沟通对象，或面临不同的情境，应该采取不同的沟通节奏，这样方能事半功倍，否则，可能造成严重的后果。如在一个刚组建的项目团队中，团队成员彼此会小心翼翼，相互独立，若此时采取快速沟通与参与决策的方式，可能会导致失败。一旦一个团队或组织营造了学习的文化氛围，即组建了学习型组织，就可以导入深度会谈、头脑风暴等开放式的沟通方式。

（三）考虑接收者的观点和立场

沟通者必须具有同理心，能够感同身受、换位思考，站在接收者的立场、以接收者的观点和视野来考虑问题。若接收者拒绝其观点与意见，那么发送者必须耐心、持续地做工作来改变接收者的想法，传送者甚至可以反思：我自己的观点是否正确？

（四）充分利用反馈机制

在沟通时要避免出现只传递而没有反馈的状况。一个完整的沟通过程必须包括信息接收者对信息做出反应，只有确认接收者接收并理解了传送者所发送的信息，沟通才算完整与完成。要检验沟通是否达到目标，发送者只有通过获得接收者的反馈才能确定，反馈可采用提问、倾听、观察、感受等方式。

（五）以行动强化语言

中国人历来倡导言行一致。用语言说明意图仅仅是沟通的开始。只有将语言转化为行动，才能真正提高沟通的效果，达到沟通的目的。如果说的是一套，做的又是一套，言行不一致，这种所谓的沟通的结果是可怕的。在企业中，传达政策、命令、规范之前，管理

者最好先确定自己能否身体力行。

（六）避免一味说教

有效沟通是彼此之间的人际交往与心灵交流。仅仅试图用说教的方式与人交往就违背了这个原则。当发送者一味打算全面传达其信息时，很难对接收者的感受、反响做出反应。发送者越投入，越专注于自己要表达的意思，越会忽略接收者动作或情绪、情感方面的反应，其结果必然引发接收者对其产生反感并进而产生抵触情绪。在企业中向上级汇报时，要用数据说话，事实不是个人好恶，数据则可以实事求是。有高管理水平的亚马逊公司建立了用指标定义的企业文化，一切可量化的数据是支撑其业务和做出决策的关键。

（七）坚持练习

“一日不练手生，三日不练口生。”所有的沟通技巧都是在经常锻炼中巩固的，离开锻炼而大谈沟通技巧是毫无作用的空谈。这就要求我们在平时要抓住每一个能够锻炼的机会，勤加练习。当众讲话的时候不要胆怯，而是要有锻炼自己的意识。当今许多演说家、评论家、演员，无一不是靠着平时辛辛苦苦地练习，才达到目前演说水平的。

第三节　有效沟通的起点：自我沟通

案例 1-9

乞丐与玫瑰花的故事

有一个卖花的小姑娘在卖完大部分的玫瑰花之后，发现天色已晚，所以决定早点回家，她发现手上还有一朵玫瑰花没有卖掉，这时她看到路边有一个乞丐，于是就把那朵玫瑰花送给了乞丐，开开心心地回家了。

这个乞丐从来没有想过居然会有这么好的事情发生在自己身上，从来没有想过居然会有女孩给自己送来玫瑰花，当真是太阳从西边出来了，也许乞丐从来没有用心爱过自己，也没有接受过别人对自己的爱。于是他做了一个决定，当天不行乞，回家！

回到家之后，他在家里找出一个瓶子装上水，然后把花插在瓶子里，静静地欣赏着玫瑰的美丽。忽然他似乎想到什么，马上把花拿出来，把瓶子拿去洗干净后再把花放在瓶子里！原来他突然间觉得，这么漂亮的花怎么能随意插在这么脏的瓶子里，所以他决定把瓶子洗干净，这样才配得上这么美丽的玫瑰！

做完这些工作后，他又坐在边上静静地欣赏着美丽的玫瑰，突然间他感觉这么漂亮的花和这么干净的瓶子怎么能放在这么脏乱的桌子上，于是他开始动手把桌子擦干净，把杂物收拾整齐！

处理完之后他又坐在边上静静地欣赏眼前的一切，突然间他感觉到这么漂亮的玫瑰和这么干净的桌子怎么能放在这么杂乱的房间里呢？于是他做了一个决定，把整个房间打扫一遍，把所有的物品摆放整齐，把所有的垃圾清理出房间……

突然间整个房间因为有了这朵玫瑰花而变得温馨起来！这时他仿佛忘记了自己所在何处，正在陶醉时，突然发现镜子中反射出一个蓬头垢面、不修边幅、衣衫褴褛的年轻人，他没想到自己居然是这个样子，这样的人有什么资格待在这样的房间里与玫瑰相伴呢。

于是他立刻去洗澡，洗完之后找出几件虽然显得有点旧，但稍微干净的衣服，刮完胡子之后，把自己从头到脚整理了一番，然后再照照镜子，突然间发现一个从未有过的年轻帅气的脸出现在镜子中！

这时候，他突然间觉得自己也很不错，为什么要去当乞丐呢？这是他当乞丐以来第一次这样问自己，他的灵魂在瞬间觉醒了，“其实我也很不错”，看看房间中的一切，再看看这朵美丽的玫瑰，他当下立刻做出了一个人生中最重要的决定！

他决定第二天不再当乞丐，而是去找工作。因为他不怕脏和累，所以第二天他很顺利就找到了一份工作，或许是因为他心中盛开的玫瑰花激励着他，随着他的不懈努力，几年后他成了一个非常有成就的人！

不要让自己沉沦在失败的边缘，赶紧寻找到你生命中那支美丽的玫瑰，立即让自己开始做小小的改变，你变了，你的世界就变了！

（资料来源：https：//www. sohu. com/a/78427053_ 397613 2016-05-30）

案例点评：

案例中的青年因为一支玫瑰花而激发了内心的动力，通过自我沟通，不断地自我反省和自我突破，最终从沦落街头的乞丐成为社会的成功人士。玫瑰花是外因，而他自身的思想、心态的转变是内因，这个转变过程就是自我沟通过程。

毫无疑问，保持良好的自我沟通状态有助于把握自己的情绪和心态，乐观向上的情绪和心态必定会对自己的行动产生正面积极的影响，从而使自己在人生目标的追求中，保持昂扬的斗志，积极进取，迈向成功。显然，良好的自我沟通能力是有效沟通的起点和关键。

一、自我沟通的概述

（一）自我沟通的概念

自我沟通也称为内向沟通，即信息发送者和信息接收者为同一行为主体，自行发出信息，自行传递并自我接收和理解的过程。

（二）自我沟通的过程

一般意义的沟通是发生在人与人之间的信息传递过程，自我沟通却是发生在同一行为主体身上的自我意识沟通。通俗地说，自我沟通就是自己与自己对话。自我沟通的过程如

图 1-2 所示。在自我沟通过程中，通过自身的独立思考、自我反省、自我知觉、自我激励、自我冲突以及自我批评，进而达到自我认同，实现内心平衡。良好的自我沟通，可使自己积极主动地排解那些消极负面的情绪，使自己保持良好的心境、乐观的情绪以及理智清醒的状态，这是实现卓越人生的坚实基础。由此可见，自我沟通的过程是一个认识自我、提升自我和超越自我的过程。

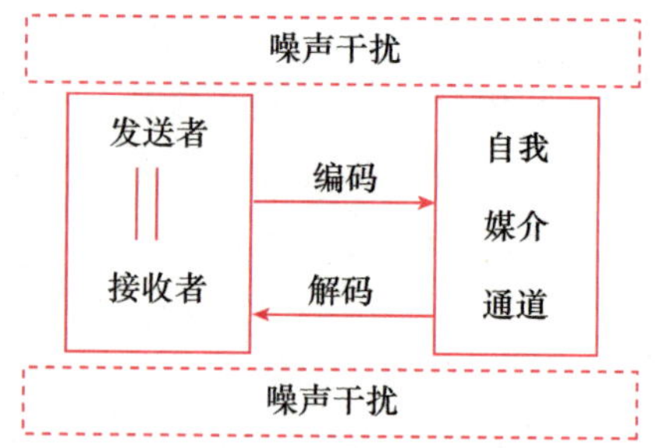

图 1-2 自我沟通的过程

自我认识是一个深度反省自己的过程，我们要学会在与别人的比较和他人的态度中了解自我。例如，从事销售工作，要学会在与销售明星的比较中认识自己与对方的差距，评价自己当前工作绩效，另外还要与过去自己的工作绩效进行比较。

自我提升首先要接纳自我，增强对自己的觉察，从内心深处接受自己的缺点和优点，使自己达到一种和谐状态，只有这样才有可能接纳他人。其次，要走出去，从“小我”中走出去，去关心他人、关心社会，走向“大我”，只有这样，身心才会真正得到提升。最后，要保持自信，以积极的态度对待自己，不要动辄自我贬低、妄自菲薄，让机会白白丢失。

自我超越，一方面要拓展自我比较和交际的范围，不仅要与自己所属小群体中的人进行比较，还要与不同水平的跨群体的人进行比较。另一方面，要敢于挑战自我，为自我潜能的开发创造条件。另外，还要具有毅力和决心，不要以“我不擅长”或“我不行”做借口，要大胆尝试，哪怕失败了也要坚信有成功的一天。

（三）自我沟通的特征

自我沟通的过程处处体现了自我性的特征：主体和客体是统一的，同时承担信息编码和解码的工作；目的在于说服自我，尤其在自我认识和现实需求发生冲突时表现得更明显；反馈来自自身，信息的传递、接收、反馈同时发生；自我心理暗示成为媒介通道。在这个特殊的沟通环节中，追求一致、避免偏差是自我沟通的优势，但理想和现实之间总是存在差距，每个沟通主体都有一些思维定式，它们束缚了沟通主体的思想和行为，阻碍了沟通活动的顺畅进行，从而产生许多错误、迷惑和苦恼。自我沟通就是要突破束缚，认清事实，转换观念，进行成功的信息传递与接收。

案例 1-10

姚明赛前为什么不刮胡子

“完成旗手任务那天我得收拾得干干净净的，因为那是大场面。从那天开始，如果中国男篮打不进八强，我就半年不刮胡子！”这是姚明在败给拉脱维亚队后立下的誓言，也是低调的中国男篮队员第一次提出“进八强”的口号。记者问姚明真的半年不刮胡子能怎么样？姚明一愣："大不了变成土著。"

此前的三场钻石杯赛中，中国男篮击败了多年不胜的澳大利亚队，接着大胜欧洲弱旅瑞典队，这让中国男篮信心大增。姚明甚至说："别说八强，如果我们打疯了，我还想拿奖牌呢。"

"我把这话说出来，就成了众矢之的，所有人都会看着我。对手很强，不光是塞黑和阿根廷，西班牙和意大利都很强。但我想我说出了这个话，我自己就会为了八强而拼命，我的队友们看到我拼命，也会跟着我拼命的。我们男篮历史上两次进八强都是拼进去的，我想我们也该拼了。"姚明握了握拳头。

（资料来源：http：//news. hexum. com/2009-01-19/113552930. html）

案例点评：

显然，姚明以蓄须这样一种自我激励、自我暗示的独特方式对自己进行鼓励和鞭策，使自己在赛场上以最佳的竞技状态拼搏。事实上，很多大牌体育明星比赛时都有特殊的癖好，例如西班牙足球运动员劳尔必须先迈右脚入球场等。运动员在赛前用一些特殊的方式鼓励自己，可以看作积极的自我暗示。这种自我暗示的行为方式就是自我沟通的一种表现。

二、自我沟通的主要障碍

与人际沟通相比，自我沟通常常因表现在不经意之间而容易被人所忽视。因此，有人认为自我沟通实在是一件极平常的事而无须做专题讨论，更有人认为人际沟通也许比较困难，而自我沟通就不那么玄妙了，谁还不知道自己是谁呢？作为一个正常人，有谁会自己跟自己说话呢？正是由于存在上述误区，自我沟通过程中常常会出现以下障碍。

（一）缺乏自我认知

由约哈里窗模型（见第五章求职沟通）可知，人们对自我认识存在盲区和未知区，即人们对自我的认识是不完整的，如自己有哪些优点和缺点？自己有什么特长和爱好？自己适合做什么工作？自己具有什么样的个性？每个人的盲区和未知区的大小是不同的，有些人通过在人际沟通的过程中关注别人的反馈来增进对自我的认识，进而缩小盲区。然而，由于个性差异或个人经历的不同，有的人性格内向，情感内敛，不善与人沟通，因而很难缩小自我认识的盲区。显然，"我"与"陌生的我"进行对话并不是一件容易的事。

（二）人生没有目标

设置目标是自我沟通、自我激励的一个重要环节。人生目标的树立与追求是认识自我、激励自我的内在驱动力。如果一个人在自己的职业生涯中既没有志向也没有目标，做一天和尚撞一天钟，得过且过，很难想象他会对生活和事业充满激情。人生没有目标，缺乏激情，是自我沟通的最大障碍。

（三）疏于理性思考

自我沟通也是一个自我反省的过程，通常需要独处静思，需要对自我认知进行梳理。

只有保持头脑冷静，自我沟通才能见成效。然而，有的人生性急躁，或身处感情的旋涡，难以摆脱压抑的心理状态，对外界的正面信息持逆反心态，表现得冲动急躁，或内向孤僻，不愿进行理性思考。显然，要做好自我沟通，必须克服这种情绪。

三、自我沟通的策略

自我沟通是人际沟通和群体沟通的基础，要做好人际沟通和群体沟通，首先必须做好自我沟通。事实上，自我沟通的目的就是为了更好地进行人际沟通和管理沟通。作为一名优秀的管理者，理应具备良好的自我沟通能力。一般说来，自我沟通能力与个人的成长阅历和自我修炼的程度密切相关。以提高自我沟通能力为目的的学习和培训主要包括以下几个方面。

（一）自我认知

老子说过：“知人者智，自知者明。”正确地认识自我是自我沟通中的关键，也是演好自身角色、实现自我目标的重要前提。也许有人会问：人自出生就一直在感知自我，难道有谁还不了解自我吗？其实，认识自我并非易事。因为我们看待自己与别人看待我们是有差异的，而且我们往往并不完全了解内在的自我、真实的自我。

正确地认识自我有助于我们给自己准确定位。我们可以通过不断学习和实践，深刻地体会自我，客观地认识自我，看清自己到底在追求什么，全面认识自己的能力、地位、优点、缺点、偏见、态度、价值观和领悟能力，从而给自己准确定位，迅速找到自己的社会价值，扬长避短，充分发挥自己的最大潜能。

（二）自我暗示

暗示是采用含蓄的方式，如通过语言、行动等刺激手段对他人或自己的心理、行为产生影响，使他人或自己接受某一观念，或按某一方式进行活动。自我暗示是通过自己的认知、言语、想象等心理活动向自己发出刺激，以影响自己的情绪和意志的一种心理方法。运用自我暗示进行自我沟通，目的就是通过调动自身潜在的力量激励自我、调节自我、重塑自我，使自己处于最佳精神状态。如乒乓球运动员在挥拍大战对手的过程中，时常握拳呐喊，以鼓斗志。又如一些驾驶员出车前，在车窗前悬挂平安吊坠以求平安。凡此种种，都是通过自我暗示对自己的心理和行为产生激励作用。应该指出，自我暗示具有双重性，既有积极的自我暗示，也有消极的自我暗示。前者有助于激励自我，振奋精神；后者则使人意志消沉，丧失斗志。在运用自我暗示做自我沟通时，应多用积极的自我暗示鼓舞自己的斗志，多以积极向上的思想、语言提示自己，尽量避免消极的自我暗示。例如，当你遇到不快的事情时，应告诉自己“不要去想它”“忘记过去的不快”。如果我们期待成功，就要对自己说：我一定会成功。如果你要做一个自信的人，可以对自己做出一些积极的自我暗示：走路昂首挺胸，说话铿锵有力，做事时果断利索。事实表明，积极的自我暗示有利于激发自己的潜能，潜移默化地引导自己走向成功。

（三）自我激励

自我激励指的是使自己具有一股内在的动力，向所期盼的目标前进的心理活动过程。自我激励可以表现在自我约束以克制冲动和延迟满足，或通过自我鞭策保持对学习和工作的高度热忱。心理学家对人类行为的研究表明，没有受到激励的人，其能力仅发挥了20%~30%，而受到激励后，其能力的发挥相当于激励前的3~4倍。通常，这种激励可以通过本人对自身的鼓励或由外部的激励来实现。但外部激励毕竟是有限的，多数成功者的经历表明，强烈的自我激励是成功的先决条件。人们在前进中需要勇气与力量，人的内心常常存在着需要激励的欲望。如果没有激励，人们就会缺乏热情，丧失信心。因此，在自我沟通中，我们要经常自我激励，鼓舞斗志。2008年在上海举办的特奥会的口号“你行，我也行”就是自我激励的一个例子。人生就像一个大舞台，虽然有时会有人为我们鼓掌喝彩，但我们真正需要的还是来自内心深处持续不断的自我激励和潜在力量。

（四）自我调适

自我调适指的是个体为了不断地提高自身的社会适应能力，对自身的认识、情感、行为等心理因素进行调整的过程。

人们在人际交往中，常常会遇到自我能否适应社会的问题。尤其是在离开学校进入社会工作的阶段，自我行为习惯与新的环境之间必定存在差异，由此而产生自己内心在适应环境方面的强大压力。要消除这种压力，使自己尽快适应外部环境，就必须自我调适。如何进行自我调适呢？

1. 正视自我，正确评价自我

使自己的心理处于平衡状态，本质上就是使自己与环境处于适应状态。正确认识自己是使自己的心理保持平衡的重要因素，也是决定自己与环境相适应的重要前提。如果一个人自视高傲，或自感卑微，都会影响其与自身周围人的人际关系。因此，我们在生活和工作中应不断反省自我，正视自我。既要充分了解自己的优点，又要正确认识自身的不足。唯有如此，才能保持自己的心理平衡，使自己以一种健康乐观的心态适应环境。

2. 认识环境，顺应环境

到了一个新环境（如一个新的团队），你就要去了解它、认识它，尤其是要了解自己所处的环境有哪些变化和特点，针对这些变化和特点，明白自己应该做出哪些自我调整。柏拉图说过：“决定一个人心情的，不在于环境，而在于心境。”要想拥有好的心境，就要正确认识自我，客观地认识环境并接受它。人们常说，我们改变不了天气，但可以调节自己的心情。通过自我调适，顺应环境，使自己保持积极向上的精神状态。

3. 换位思考，宽以待人

在自我沟通的过程中，以自我调适的方式去适应环境，本质上就是调整好人与人之间

的关系。人的一切行为都是建立在人际关系的基础之上的，保持良好的人际关系是自我调适的重要内容。在与人交往的过程中，凡事都应保持一颗平常心，严于律己，宽以待人，超然物外，洒脱处之。学会运用换位思考的方法，常以积极的视角去审视那些令人不快的人和事，使自己的内心感到平衡。

总之，应充分认识自我，充分认识自身与环境的关系，通过调适自我，使自己始终保持积极乐观的情绪，努力克服消极的情绪，从而不断增强对环境的适应能力。

（五）自我超越

自我超越是指对自我行为惯性的突破。在社会生活中，由于受世界观、价值观、行为逻辑等因素的影响，个人会形成某种积习，这种积习有时会严重地限制自我上升的空间。因此，必须把自己从这种束缚中解放出来，才能够不断获得发展和进步。自我超越是个人成长过程中自我提升的最高境界。通过建立个人愿景、保持创造力、坦然面对真相和运用潜意识，便可实现自我超越。一个具有自我超越意识的人，在追求卓越人生的过程中，一定会树立自己的理想与心中的目标。在自我沟通的过程中，头脑中的理想与心中的目标便是认识自我、激励自我的内在动力与精神支柱。为了实现理想和目标，人们会积极主动地调适自我，反省自我，并在重新认识自我的过程中不断激励自我，从而实现自我超越。由此可见，建立目标、树立理想，既是自我挑战，更是对自己持续不断的自我激励。

案例 1-11

尼克·胡哲：从一无所有到一无所缺的人生

1982 年 12 月 4 日，胡哲出生于澳大利亚墨尔本。他天生没有四肢，只有左侧臀部以下的位置有一个带着两个脚指头的小“脚”。尽管身体残疾，但父母并没有放弃对他的教育。胡哲的父亲是一名工程师，母亲是一名护士。在他 6 岁时，父亲教他如何用身体仅有的“小鸡脚”打字。而母亲则为他特制了一个塑料装置，好让他学会“握笔”写字。8 岁时，胡哲的父母把他送入小学。因身体残疾，胡哲饱受同学的嘲笑和欺侮。10 岁时，他曾试图在家中的浴缸溺死自己，但没能成功。在胡哲 19 岁的时候，他打电话给学校，推销自己的演讲。被拒绝 52 次之后，他获得了一个 5 分钟的演讲机会和 50 美元的薪水，开始演讲生涯。

2003 年他完成了大学学业，2005 年出版 DVD《生命更大的目标》，同年被提名为“澳大利亚年度青年”。2008—2009 年间胡哲两次来到中国各所高校举行演讲，2010 年出版自传式书籍《人生不设限》。2011 年做客香港凤凰卫视电视沟通性节目《鲁豫有约》。2013 年 5 月 14 日开启东南亚巡回演讲，2014 年出版书籍《坚强站立：你能战胜欺凌》。2015 年出版书籍《爱情不设限》。

尼克·胡哲的幽默演说，受到许多人的追捧，更是激励了一代人积极面对人生。自从胡哲 19 岁进行第一次演讲之后，他的足迹开始遍布全世界，与数千万人分享他的故事和经历。他的听众中有学生、教师、商界人士、专家、市民等。他在世界各大电视节目中讲述他的故事。

胡哲与他的听众分享远见与远大梦想的重要性，把他在世界各地的经历作为例子，鼓励人们要思索今后的前景并且要跳出现有的环境去展望未来。他教人们要停止把阻碍看作是麻烦、困难，相反地应该把它们看作是自身成长并学习的机会。

（资料来源：https：//www.meipian.cn/128tibd9 2018.01.26）

案例点评：

尼克·胡哲是一名四肢残缺的残疾人，通过良好的自我沟通能力及不懈的努力，他成为世界有名的演讲家，成就了自己的人生目标，是典型的成功案例。

自我沟通是人际沟通的基础，它涵盖了自我认知、自我暗示、自我激励、自我调适及自我超越等方面。自我沟通会受到来自外部和自身的影响，但最主要的影响还是在于自身。通过有效的自我沟通，我们可以正确认识自我和激励自我。持续不断、积极的自我沟通会帮助我们树立目标，准确定位，以乐观积极的态度直面困难，渡过难关，迈向成功。

本章小结

沟通不是万能的，但没有沟通是万万不能的。沟通是人与人之间进行信息传递的一个过程，具体的定义有多个版本，沟通也有多种分类标准和方法。在现实沟通实践中还经常会出现来自发送者、接收者及媒介引起的沟通障碍影响沟通的效果。

有效沟通已成为人们生存与发展所必需的基本能力，有效沟通的具体环节包括倾听、表达、提问和反馈四个环节，其中倾听是有效沟通的基础和前提条件，准确表达是信息传递的保障，提问是提高有效沟通的润滑剂，及时准确地反馈则是最终实现沟通的目的。有效沟通的技巧贯穿于各个环节，最后落实在行动中，勤加练习能提高沟通技能。

良好的自我沟通能力是有效沟通的起点和关键，也是人际沟通的基础。通过建立有效的自我沟通信念，有利于正确认识自我和激励自我，树立积极乐观的自我价值，最终超越自我达到自我现实的状态，为今后的幸福人生奠定基础。

一、单项选择题

1. 沟通是人和人之间进行信息传递的（　　）。

   A. 方法　　B. 过程　　C. 渠道　　D. 模式

2. 在沟通过程中，发送者发出的信息是（　　）。

   A. 原始信息　　B. 已解码信息

   C. 对方可以理解的信息　　D. 含有接收者思想的信息

3. 在沟通过程中将信息以相应的语言、文字、符号、图形或其他形式表达出来的过程，属于沟通过程中的（　　）阶段。
A. 编码　　B. 解码　　C. 反馈　　D. 发送
4. 建立在语言文字的基础上的沟通分为口头沟通和（　　）两种形式。
A. 书面沟通　　B. 肢体语言沟通
C. 语言沟通　　D. 书信沟通
5. 以下不属于非语言沟通的是（　　）。
A. 衣着　　B. 动作、表情
C. 语音文字　　D. 手势
6. 在正式沟通中，上行沟通是指信息向上传递，以下不属于上行沟通的是（　　）。
A. 向上级领导汇报工作　　B. 向主管说明情况
C. 与办公室同事讨论解决方案　　D. 向组长申请任务
7. 非正式沟通是指正式组织途径以外的信息流通程序，一般由组织成员在感情和动机上的需要而形成。它的优点不包括（　　）。
A. 弥补正式沟通渠道的不足　　B. 传递正式沟通无法传递的信息
C. 容易引起谣言　　D. 减轻正式沟通渠道的负荷量
8. 有效沟通是一种动态的双向行为，而双向的沟通对信息发送者来说应得到充分的（　　）。
A. 信息　　B. 反馈　　C. 信任　　D. 理解
9. 单向沟通的缺点是（　　）。
A. 沟通的速度快　　B. 信息发送者的压力小
C. 面向的人比较多　　D. 没有反馈的机会
10. 倾听是一种特殊形态的听，它必须以听为基础是指（　　）。
A. 多器官参与的听　　B. 用耳朵听
C. 没有视觉参与的听　　D. 闭上眼睛听
11. 在沟通过程中，除语言外的所有表现手法，都称为（　　）。
A. 无声语言　　B. 肢体语言
C. 礼仪语言　　D. 态势语言
12. 人的身体姿势会暗示出他对谈话的态度。自然开放性的姿态不代表（　　）。
A. 接受　　B. 兴趣　　C. 信任　　D. 排斥
13. 心理学研究表面，人与人之间的交流，有（　　）的信息是通过肢体语言发出的。
A. 38%　　B. 7%　　C. 55%　　D. 12%
14. 如果你想与沟通对象建立良好的关系或者深入了解对方的想法，就需要学会（　　）。
A. 提问　　B. 倾听　　C. 反馈　　D. 表达
15. 沟通行为的主客体为同一个，自行发出信息，自行传递，自我接收理解，这种沟通是（　　）。
A. 自我沟通　　B. 单向沟通　　C. 双向沟通　　D. 多向沟通

二、多项选择题

1. 按照信息传播方向的标准划分，沟通可分为（　　）。

A. 上行沟通　　B. 单向沟通

C. 双向沟通　　D. 平行沟通

E. 下行沟通

2. 沟通的特点有三个，分别是（　　）。

A. 互动性　　B. 持续性

C. 现时性强　　D. 留滞性短

E. 综合性强

3. 信息接收环节的障碍主要由信息接收者的接收和接受的能力决定，其造成障碍的因素主要包含（　　）。

A. 对信息过度加工　　B. 知觉偏差

C. 心理障碍　　D. 外部干扰

E. 发送者的表达能力

4. 有效沟通的环节主要包括（　　）。

A. 倾听　　B. 表达

C. 复述　　D. 提问

E. 反馈

5. 自我沟通是人际沟通的基础，它涵盖了（　　）方面。

A. 自我认知　　B. 自我暗示

C. 自我激励　　D. 自我调适

E. 自我超越

三、简答题

1. 简述有效沟通的策略。
2. 结合自己的经历，谈谈自我沟通的策略。

面谈沟通

学习目标

- 理解面谈的基本概念、特点及常见的面谈类型。
- 掌握面谈计划的制订与实施。
- 掌握商务面谈的基本技巧。

导入案例

新客户初次拜访

媒介顾问：小李（《××时报》媒介顾问）

客户：某房产公司市场总监刘先生（广告决策人）

电话邀约回顾：小李看到某房产广告，邀约该广告负责人刘先生见面洽谈《××时报》广告事宜，刘先生以工作繁忙没有时间为由屡次拒绝拜访。小李最后以顺便路过刘先生公司，并只占用20分钟时间为由，终于获得了与刘先生的见面机会。

拜访目的：推荐《××时报》，挖掘需求，争取意向客户

媒介顾问：刘先生你好！谢谢你在百忙之中抽出时间来跟我见面，这是我的名片（边递名片边做自我介绍）。

客户：你好！我这会儿正好在赶份报告，你说吧，有什么事？

媒介顾问：好的，我们《××时报》是一份……（媒体介绍）。

客户：（打断了媒介顾问的介绍）。这样吧你留一份资料在我这儿，我有需要会打电话给你的。

媒介顾问：好的，而且我们报纸的价格也很便宜！

客户：好的，再见不送了！

（资料来源：https：//wenku. baidu. com/view/22d8c586f6ec4afe04a1b0717fd5360cba1a8db6. html）

思考讨论：媒介顾问的拜访目的达到了吗？为什么？

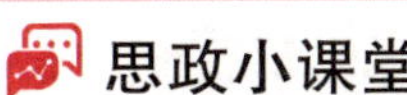

思政小课堂

社会责任

社会责任就是在一个特定的社会里，每个人对其他人的伦理关怀和义务。具体来说就是社会并不是无数个独立个体的集合，而是一个相辅相成不可分割的整体。尽管社会不可能脱离个人而存在，但是纯粹独立的个人却是一种不存在的抽象。没有人可以在没有交流的情况下独自一人生活，因此我们一定要有对他人负责，对企业负责，对社会负责的责任感。作为社会大集体的一员，融入社会，成为社会大机器良性运作的一颗螺丝钉，发挥自己的功效，就是履行了自己的社会责任。而不仅仅是为自己的欲望而生活，这样才能使社会变得更加美好。案例中的媒介顾问就是在履行他对企业的责任。

在人们的生活和工作中，除了非正式谈话，面谈可以说是最经常用的沟通方式，它经常在组织中发生，如人们通过面谈以获得一个职位、通过面谈去收集信息以完成工作、上级通过和下属面谈检查他们的业绩并给予建议和指导。

第一节 面谈概述

一、面谈的概念与特点

（一）面谈的概念

面谈作为一种最为普遍的沟通方式，经常被人们使用。它属于谈话的范畴，但面谈是一种特殊的谈话。实际上对于面谈的概念，人们并无统一认识。最典型的是两种认识：狭义理解，面谈等同于面试求职；广义理解，面谈等同于听人说或对人说。

所谓面谈，即指任何有计划的和受控制的、在两个人（或更多人）之间进行商务沟通、参与者中至少有一个人是有目的的，并且在进行过程中双方互有听和说的谈话。

依据定义，面谈不是普通的谈话，不同于闲聊、打招呼等，它是为了达到预定的目的而有组织、有计划开展的交换信息的活动。而闲聊等普通谈话很多时候是没有明确目的的。这一本质区别也就说明面谈是一项目的明确的活动，在面谈之前进行周密的计划和安排是很有必要的。

案例 2-1

销售达人的面谈技巧

作为配件销售的温某，在得知某汽车生产商要采购大量配件，负责人是彭某时，他马上约了彭某面谈。见面后，彭某就告诉他："我正在采购的是一批关键零件，质量相当重要。"

温某说道："我知道贵公司一向以高质量著称。我们公司也是一个讲究质量的企业，以前也和其他一些知名的汽车生产商打过交道。"彭某说："那你们给知名汽车生产商提供的都是什么配件？"温某回答："各种各样的配件都有。您知道，知名企业对质量的要求几乎达到了吹毛求疵的地步。与名企合作，当时有 5 家备选的供应商，他们花了 3 周分别考察了这些供应商。我们也没有想到，最后跟我们公司签订了两年合约。"彭某对此也有了兴趣，他问道："为什么最后选择了你们呢？"

"我们的加工工艺和生产流程都是最先进的，这就确保了我们的使用时限长。同时，他们也很满意我们的售后承诺。所以，最后我们成了赢家。"最后彭某和温某约定第二天进行具体的签约事宜。

（资料来源：安贺新. 推销与谈判技巧［M］. 4 版. 北京：中国人民大学出版社，2018.）

案例点评：

在上述案例中，销售员温某围绕面谈的目的，运用面谈的技巧促成了签约事宜。在面谈过程中当客户对产品有质疑时，温某巧妙地将与其他知名企业的合作案例摆在客户面前，并以真实具体的数据描述之前成功的案例，阐述了他们企业的优势所在，使客户打消了合作的顾虑，赢得了客户的信任。

（二）面谈的属性

依据定义，面谈具有如下属性：

（1）目的性：参与面谈的一方或双方有明确的目的。（why）

（2）计划性：谈什么（what）、何处谈（where）、何时谈（when）、与谁谈（who）、如何谈（how）等都要有预先的计划。

（3）控制性：至少有一方处于控制地位，或者由双方共同控制。

（4）双向性：面谈必须是相互的，而不是单向的教训和批评。

（5）即时性：面谈一般要求沟通双方即时对沟通信息做出反应。

在这五个属性当中，目的性是最基本的属性，其他的四个属性是为实现目的性而服务的，如果要实现目的，就要求有计划和控制，这是显而易见的；实现目的也离不开双方或多方交换信息和对对方的信息做出反馈，即双向性和即时性。没有相互的谅解便达不成统一，实现不了面谈的目的，没有对方谈话的即时反应，就不可能达成一致。

因为目的性的存在，面谈就有了成效之分。依据面谈的结果，可将面谈分为成功的面谈和失败的面谈。对于闲聊等形式的非正式面谈，由于没有明确的、事先规定的目的，只是为谈而谈，就不存在成功或失败的问题，或者说不需要或不便于用成败来衡量、判别它们。与对方打次招呼引起了回应，谈不上成功；对方不理睬，也不必做出失败的判断。一次闲聊很投机，有知识上的收获，一般不会用成功来描述；一次闲聊话不投机半句多，引起争执，谁也不会用失败来责备自己。对于面谈而言，则情况完全不同。如果面谈达到了或者基本达到了目的，面谈就是成功的，或者说进行了一次成功的面谈；如果面谈没有达到目的或者说离目的相距遥远，一般会判断面谈是失败的，或者说进行了一次失败的面谈。

本章的导入案例中，媒介顾问在面谈过程中有些环节处理是有问题的，很明显是次失败的面谈。如果要成功达到面谈的目的，要注意考虑到客户的需求。

案例 2-2

新客户初次拜访

媒介顾问：刘先生你好，谢谢你在百忙之中抽出时间来跟我见面，这是我的名片（一边递名片一边做自我介绍）。

客户：你好你好！我这会儿正好在赶份报告，你说吧，有什么事！

媒介顾问：刘先生是否对我们的媒体了解，需要我简短地介绍一下吗？

客户：有听说过，你留份资料在我这儿，我有需要会打电话给你的！

媒介顾问：好的，那在我离开前我能耽误你几分钟问几个楼盘的问题吗？

客户：可以的，你问吧！

媒介顾问：楼盘目前的销售情况怎么样？

客户：不好，只卖出去了 1/3，问的人多买的人少。

媒介顾问：广告打出去效果好吗？

客户：也不好，关键是价格便宜，想买房子的人看得比较多。

媒介顾问：是的，我认同。但要想广告效果好，除了硬广告之外还需要做些版面上的针对性主题策划和线下活动，这样才会吸引读者眼球，给你的楼盘带来人气，刘先生是否也这样认为呢？

客户：是的，能这样是最好的。不好意思，我还有事情我们改天再聊。

媒介顾问：好的，针对我们的想法，我回去做个方案，下周我再来拜访你，你看怎么样？

客户：我很忙，估计没有时间，你把方案发我邮箱吧！

媒介顾问：好的，我下周上半周发给你，下半周我们再约个时间碰面，刘先生再针对

方案给我些建议，你看方便吗？

客户：好吧！那下周再联系，再见，不送了。

（资料来源：https：//wenku. baidu. com/view/af8d3e146edb6f1aff001fc0. html）

案例点评：

媒介顾问在面谈过程中先问客户是否了解自己就职的媒体，客户的回答是“听说过”，并让他留份资料，有需要给他打电话并下逐客令之后，媒介顾问转而问客户最关心的楼盘销售情况，从而将话题再次引入媒体广告，且特别强调自己能提供帮助楼盘吸引眼球提升销量的方案，方案发客户邮箱并约定下次修改方案的时间，本次拜访的目的达到。

引申思考：

如果刘先生在回答楼盘销售情况的时候，回答是“还可以”，说广告效果“蛮好的”，媒介顾问该如何处理？

案例点评：

1. 媒介顾问首先需要解决的问题是营造面谈气氛，如果客户在赶报告，媒介顾问可以这样讲：你赶报告需要多长时间，我可以等你完成报告以后，我们再沟通。

2. 如果客户还是坚持你先讲什么事情的话，媒介顾问可以这样讲：我来拜访你有两个目的，和刘经理交换一下名片，我们相互认识下：我姓李，做《××时报》的一手房广告，服务过其他大客户。听朋友讲，刘经理负责的这个项目目前刚刚开盘，正是需要做媒体推广的时候，现在房子都不太好卖。也许我们这样一份专业的媒体能帮助经理的项目找到更多的投资性买家。选择专业媒体，就是选择对专业买家做推广，你看你能给我多长时间呢？

二、面谈的类型

面谈的种类有很多，如招聘、绩效评估、劝告、训导、解聘、上岗、咨询、数据收集、发布指示等。归纳起来包括信息收集类面谈、雇佣选聘类面谈和解决问题类的面谈。

（一）信息收集类面谈

这是一种与谈话最类似的面谈。当人们需要得到帮助时，或者在人们缺少有关某个话题的事例时也可以设计这种面谈以帮助摆脱困境。

根据这种面谈的特点，人们需要特别关注两个问题：

第一，关于被面谈者的选择。人们可以自己选择被访者。这要基于两个因素：谁能给面谈人提供他所需要的信息和谁愿意给面谈人提供这些信息。例如，假定某组织正在考虑实施弹性时间工作表，该组织员工小张被指定要求写一份可行性报告。尽管小张可以从同事那里得到一些有关时间安排的想法，但如果小张能找到一位弹性时间方面的专家面谈则更好。但是，当小张需要知道这种变化的收效如何时，小张最好还是和同事们面谈，而不是找专家面谈。

第二，充分考虑这种面谈及谈话的特点。因为信息收集面谈很像一般的谈话，被访者可能没有意识到访谈的意图，要保证被访者围绕正题并响应面谈人的问题会比较困难。因此，作为面谈人（访谈者）必须灵活地对待被访谈者并适应他。比如，选择能鼓励说话的自然环境，创造轻松的气氛等。一般来说，漏斗型顺序在信息收集面谈中能起到很好的作用，它能马上引出主题信息和被访谈者对该主题的感受。当面谈人准备就某一话题会见许多人或者评价他们的回答是否一致时，选择倒漏斗型顺序也许更好。

（二）雇佣选聘类面谈

这类面谈的目的是确定求职者是否适合进入本组织，特别是是否具有从事该项工作的技能。

问题应涉及四个一般性话题：以前的工作经历，教育和培训的背景，个性特征，参加过的相关活动和兴趣。

问题的设计也应考虑一些特殊性。可以依据组织对成员的一般要求标准来设计问题。例如，对于两次工作经历当中的间隔期应设计问题。对于过于笼统的工作经历，要设计问题，如对于“我有多年在领导岗位工作的经历”应问“几年了”“什么岗位?”“具体领导责任?”等问题。此外，一定要有一些涉及具体经历的问题，如“你能告诉我一个你曾经成功实现预定目标的确切时间吗?”而且，一定要注意问题的平衡性：如问一些正面信息，也问一些反面信息。这些特殊问题都是公司准确选拔人才所必需的。

（三）解决问题的面谈

顾名思义，这类面谈旨在通过交互式沟通，以达到解决某个问题的目的。在这类面谈中，面谈的双方对面谈的顺利进行起着同等重要的作用。虽然访谈者的主要职责是陈述事实和寻找解决问题的方式方法，但同时要意识到被访谈者在其中所担负的重要角色。由于在解决问题的面谈中，被访谈者一般是问题中的相关者，甚至是关键性人物，解决问题的方案有赖于被访谈者的认同，而问题的最终解决也离不开被访谈者的参与。因此，这类会谈最需要面谈双方以平等的方式参与其中，也最需要面谈沟通技巧的应用。

其他一些常见类型在各章讲述中都会有所体现，这里不再列举，这里的简单表述只是为了提醒大家注意，一般的面谈技巧在不同类型的面谈中会有各具特点的表现，在具体运用这些技巧时，应灵活运用。

案例 2-3

研发部勤奋的梁经理

研发部梁经理才进公司不到一年，工作表现颇受主管赞赏，不论是专业能力还是管理绩效，都获得大家肯定。在他的缜密规划之下，研发部一些延宕已久的项目，都在积极推行当中。

部门主管李副总发现，梁经理到研发部以来，几乎每天加班。他经常第2天来看到梁经理电子邮件的发送时间是前一天晚上10点多，接着甚至又看到当天早上7点多发送的另一封邮件。这个部门下班时总是梁经理最晚离开，上班时第1个到。但是，即使在工作量吃紧的时候，其他同仁似乎都准时走，很少跟着他留下来。平常也难得见到梁经理和他的部属或是同级主管进行沟通。

李副总对梁经理怎么和其他同事、部属沟通工作觉得好奇，开始观察他的沟通方式。原来，梁经理是以电子邮件交代工作。他的属下除非必要，也都是以电子邮件回复工作进度及提出问题，很少找他当面报告或讨论。对其他同事也是如此，电子邮件似乎被梁经理当作和同仁们合作的最佳沟通工具。

但是，最近大家似乎开始对梁经理这样的沟通方式反应不佳。李副总发觉，梁经理的部属对部门逐渐没有向心力，除了不配合加班，还只执行交办的工作，不太主动提出企划或问题。而其他各主管，也不会像梁经理刚到研发部时，主动到他办公室聊聊，大家见了面，只是客气地点个头。开会时的讨论，也都是公事公办的味道居多。

李副总趁着在楼梯间抽烟碰到陈经理，以闲聊的方式得知小主管和梁经理工作相当认真，可能对工作以外的事就没有多花心思。李副总也就没再多问。

这天，李副总刚好经过梁经理办公室门口，听到他打电话，讨论内容似乎和陈经理业务范围有关。他到陈经理那里，刚好陈经理也在说电话。李副总听谈话内容，确定是两位经理在谈话。之后，他找了陈经理，问他是怎么一回事。明明两个主管的办公室相邻，为什么不直接走过去说，竟然是用电话谈。

陈经理笑答，这个电话是梁经理打来的，梁经理似乎比较希望用电话讨论工作，而不是当面沟通。陈经理曾试着要在梁经理办公室谈，而不是当面沟通。但梁经理不是用最短的时间结束谈话，就是眼睛还一直盯着计算机屏幕，让他不得不赶紧离开。陈经理说，几次以后，他也宁愿用电话的方式沟通，免得让别人觉得自己过于热情。

了解这些情形后，李副总找了梁经理聊聊，梁经理觉得效率应该是最需要追求的目标。所以他希望用最节省时间的方式，达到工作要求。李副总以过来人的经验告诉梁经理，工作效率重要，但良好的沟通绝对会让工作进行顺畅许多。

（资料来源：https：//wenku. baidu. com/view/d7ce73ab10661ed9ac51f37b. html）

案例点评：

作为管理人员，不仅需要扎实的业务技能和专业知识，而且需要良好的沟通能力与内部员工沟通、与客户沟通，处理各方面的关系等，这些都离不开良好的沟通技巧。但案例中的梁经理显然忽视了沟通的重要性，尤其是面谈沟通的重要性，仅仅是一味强调工作效率。面谈是指组织中有目的、有计划地通过两人或多人之间面对面的交互式谈话而交流信息的过程，是一种高效的沟通方式。梁经理看似每天非常辛苦地工作：第一个到办公室，最后一个离开办公室，用最节省时间的电话方式与员工交流，但效果远不如面对面沟通，而且还降低了组织内部的凝聚力。面谈沟通看似小事，实则意义重大，面谈沟通通畅，工作效率自然会提高，忽视面谈沟通，工作效率势必下降。研发部的梁经理想要提高工作效率一定要多与员工进行邮件这种书面沟通形式之外的面谈沟通。

第二节 面谈计划的制订与实施

成功的面谈不是自然发生，而是参与者一方或双方认真计划和准备的结果。好的面谈者和被面谈者是训练出来的，并非天生的。他们在面谈过程中自然、放松的举止似乎是不假思索地做到的，而事实上他们常常已经事先做过有意识的分析，并在面谈过程中对所发生的一切小心地加以控制。

案例 2-4

一次失败的绩效面谈

刘经理：小张，有时间吗？

小张：什么事情，头？

刘经理：想和你谈谈，关于你年终绩效的事情。

小张：现在？要多长时间？

刘经理：恩……就一小会儿，我 9 点还有个重要的会议。哎，你也知道，年终大家都很忙，我也不想浪费你的时间。可是人事部门总给我们添麻烦。

小张：……

刘经理：那我们就开始吧。

（于是小张就在刘经理放满文件的办公桌的对面，不知所措地坐了下来。）

刘经理：小张，今年你的业绩总的来说还过得去，但和其他同事比起来还差了许多，但你是我的老部下了，我还是很了解你的，所以我给你的综合评价是 3 分，怎么样？

小张：头，今年的很多事情你都知道的，我认为我自己还是做得不错的呀，年初安排到我手里的任务我都完成了呀，另外我还帮助其他同事的很多工作……

刘经理：年初是年初，你也知道公司现在的发展速度，在半年前部门就接到新的市场任务，我也对大家做了宣布的，结果到了年底，我们的新任务还差一大截没完成，我的压力也很重啊！

小张：可是你也并没有因此调整我们的目标啊?!

秘书直接走进来说：刘经理，大家都在会议室里等你呢！

刘经理：好了好了，小张，制订目标计划什么的都是人事部门要求的，他们哪里懂公司的业务！现在我们都是计划赶不上变化，他们只是要求你的表格填得完整好看，而且，他们还对每个部门分派了指标。大家都不容易，你的工资也不错，你看小王，他的基本工资比你低，工作却比你做得好，所以我想你心理应该平衡了吧。明年你要是做得好，我相

信我会让你满意的。好了，我现在很忙，下次我们再聊。

小张：可是头，去年年底评估的时候……

刘经理没有理会小张，匆匆和秘书离开了自己的办公室。

（资料来源：https：//mp. weixin. qq. com/s/PXPcYFgPL7nCzdTbdvuosA）

案例点评：

上面的案例是企业常见的绩效反馈面谈场景，绩效反馈面谈是上下级沟通的渠道，成功的绩效面谈对企业、管理者和员工都有帮助。通过绩效反馈面谈可以让员工知道自己的业绩成果，管理者可以了解员工的自我评价及对考核结果的看法，最终形成一致意见，有利于管理者根据企业战略调整考核方案，也有利于员工根据企业战略目标制定自己未来的职业目标。

上述案例显然是一次失败的绩效面谈。主要体现在以下几方面。

第一，刘经理没有做好充足的准备，没有制订面谈计划。在绩效面谈之前，管理者应该做好如下事情：

1. 确定好面谈时间。选择双方都有空闲的时间，尽量不要安排在刚上班或下班，时间尽量避开整点，确定后要征询一下员工的意见，并要提前 3 天通知员工。

2. 选择好面谈场所。尽量选择不受干扰的场所，要远离电话及其他人员，避免面谈中途被打断，场所一般不宜在开放的办公区进行，最好是小型会议室或接待室。

3. 准备好面谈资料。准备好员工评价表，员工的日常表现记录，员工的定期工作总结，岗位说明书，薪金变化情况等。整理出员工本阶段的最大优点和亟须改进的几点不足，这样面谈时有针对性。

4. 拟定好面谈程序，计划好如何开始、如何结束，面谈过程中先谈什么、后谈什么，以及各阶段的时间分配。

很明显，案例中的刘经理只是在当天临时通知，而且留出来的时间也有限，无法做到深入沟通并发现问题。刘经理准备十分不充分，办公桌上海堆满了文件，让人没有这是一次很正式沟通的感觉。

第二，刘经理的面谈偏离目标，缺乏绩效改进建议和对员工的激励。刘经理只一味地针对小张不足之处进行提醒，却没有进一步制定绩效改进的建议。虽然员工明白了自己的问题，却依然没有方向进行改进，实现不了绩效反馈对工作改进的作用。从面谈的内容中我们发现，小张在工作上还是有许多值得夸奖的地方，但是刘经理却没有正面而直接地进行鼓励，这势必引起小张不满的情绪。

第三，刘经理的面谈方法欠佳，忽视对方的反馈。在面谈过程中刘经理一味地指责抱怨，就如同刘经理表示的那样“人事部门总给我们添麻烦！”，让员工感到企业部门之间不和谐，绩效考核是形式主义。当刘经理给小张评分 3 分时，小张并不满意，觉得这个分数给低了。但是，刘经理却是自己说了算的态度，不理会小张，也不听小张对自己的辩护。双方没有达成一致，也导致了绩效不公正的情况出现，带来了这次失败的绩效面谈。

因此，面谈人（访谈者）不能随意对待每一次面谈，必须建立确保面谈成功的观念，增强对面谈的责任感。为此，面谈人应注意以下几方面的问题。

1. 对面谈要制订计划和策略。面谈时，沟通双方以口头语言作为沟通的媒介，应针对沟通对象的特点，选择相应的沟通策略。面谈与一般沟通一样，同样要针对沟通对象的特点（受众策略分析），结合自身特点（沟通者策略分析），选择相应的信息编码策略、媒体策略和信息反馈策略。

2. 面谈较笔头沟通有更高的要求。面谈作为面对面的口头沟通，在信息组织和表达（信息编码技巧）方面较笔头沟通更有技巧性。这一方面是由于面谈的即时性特征，它更需要快速的反应、灵活的信息组织技巧、及时的受众分析技能；另一方面是因为在人们日常的沟通中，口头沟通的可能性和发生频率要比笔头沟通大得多，正如人们可以一月不动笔，但不能一天不开口讲话那样。这就给人们提出了挑战：如何把自己培养成为一位成功的面谈者？这个问题的解决与否很大程度上也决定了一个人的职业成功与否。

3. 要抓好面谈的每一个环节，确保面谈的成功。面谈分为准备或计划、实施两个阶段。准备或计划阶段又分为确立面谈目的、设计问题、安排面谈结构、安排环境、预计可能出现的问题及其回答五个步骤。面谈的实施又分为开始、展开、结束等步骤。

4. 掌握常见面谈类型中的面谈技巧。针对不同的沟通对象沟通策略也会各有特点，这是共同的沟通原理在不同情况下的具体运用和表现。人们应该熟练掌握不同的具体技巧。

一、面谈计划的制订

（一）确立面谈目的

面谈人若想成功地进行某次面谈，一定得在面谈之前先问自己这样的问题："我为什么要与那个人谈""我想要达到什么目的"。这些问题解决了，面谈人才可能解决面谈的策略、时间、地点等问题。

面谈的目的范围广泛，又非常具体，可概括如下。

（1）信息的传播、获取、探求发现。如教师与学生的面谈、记者与采访对象的面谈、市场调查、民意测验、学术讨论等，信息一般可分为六类：

①描述性信息——要求被面谈者提供看到过或经历过的某些事的信息，被面谈者被问到的问题可能很多。

②知识真实性信息——要求被面谈者对他所掌握的信息做出说明（例如面谈者与某行业内行或专家进行的面谈）。

③行为状况信息——由被面谈者解释其从前、现在和预估将来的行为。

④态度及信念信息——揭示态度、性格、抱负和动机的一种较主观的信息，代表了被

面谈者对事物的评价（好与坏）和是非观，例如“我认为那可能是真的，但是……”“我相信所有的工作人员应该……”。

⑤情感信息——这类信息揭示反映个体的身体和（或）情感情况，例如“我讨厌不尊重我的人对我吆三喝四”“我真是太喜欢这项新工作了”等。

⑥价值观信息——这类信息传达了回答者非常珍视的长期形成的信念体系，例如“一个人的基本品质是承担义务，也就是在困难的情况下心甘情愿地坚持工作，把事情办好。没有这点，其他条件都是假的”。

（2）改变对方的信念或行为，如产品推销，训导、劝告、绩效评估等。

（3）解决问题，如面试、申诉等。

（4）寻求对策，如讨论等。

（二）设计问题

问题是面谈中获取信息的基本手段，在面谈中极为重要。

1. 设计问题的原则

第一，依据面谈目的。问题来源于目的，有什么样的目的就会有什么样的问题，问题的设计是为达到面谈目的服务的。

第二，依据被面谈者的特点组织语言，使对方能听懂，加强相互之间的有效沟通。

2. 设计问题所应考虑的具体方面

（1）综合运用开放式问题和封闭式问题，获取各具特点的信息。

问题来源于访谈者的目的，它是在面谈中获取信息的基本手段。任何访谈者都会提问，只有精心准备的访谈者才能提出有效的问题，从而获取他们所需的信息。在问题的准备时，很重要的一点是根据被访问者的特点组织语言，要用对方能懂的语言，加强相互之间的有效沟通，准确传达信息。在具体问题设计上，可采用两种类型的问题：开放式问题和封闭式问题。这两类的问题可以取得不同的效果，获取各具特点的信息。

开放式问题，如“你的工作干得怎样”或“新的规章对部门士气影响怎样”，一方面可以引出一般性的信息，而且可以让被访者感到谈话过程无拘无束。因为开放式问题允许被访者自由谈论他们有何感受，他们优先考虑的是哪些问题，以及他们对某一问题了解多少。另一方面，开放式问题有利于发展沟通双方相互间的关系。但要记住，开放式问题往往回答比较困难，特别是在被访者滔滔不绝时，话题可能会不着要点。开放式问题也很耗时，频繁使用会使访谈者很难控制面谈进程。

封闭式问题，如“你最后一次在哪里就职”或“你是愿意在项目 A 还是项目 Z 中工作”，这样的问题有助于引出你需要的特定信息。封闭式问题限定了被访者可能给出的回答。它们适用于当访谈者时间有限或想要弄清开放式问题的某一点信息的时候。何时使用开放式/封闭式问题的建议见表 2-1。

表 2-1 何时使用开放式/封闭式问题的建议

开放式问题适用场合	封闭式问题适用场合
• 了解被访者优先考虑的事情 • 让被访者无拘束地讨论他的看法 • 明确被访者的知识深度 • 弄清被访者表述能力怎样	• 节省时间、精力和金钱 • 维持、控制面谈的形势 • 从被访者处获取非常特定的信息 • 鼓励被访者完整描述一个特定事件 • 鼓励腼腆的人说话 • 避免被访者泛泛而谈

（2）确定问题的结构或问题的顺序。

最常见的提问顺序有三种：第一种从一般到特殊，从大方面问起逐步缩小范围，称为“漏斗型”。第二种从特殊到一般，从小方面问起逐步扩大范围，称为“倒漏斗型”。第三种是各个不相关问题的平衡组合，称为“隧道型”。它适用于只要求获得对各种问题的最初答案，而不要求做进一步了解的情况。

漏斗型：从一般到特殊。

①有关在大楼内禁止吸烟的规章，你认为怎么样？

②这些规章公平吗？

③这些规章是否限制了员工的抽烟，实施状况如何？

倒漏斗型：从特殊到一般。

①这些在大楼内禁止吸烟的规章怎样限制了员工的抽烟状况？

②这些规章公平吗？

③对于有关在大楼内禁止吸烟的规章，你认为究竟怎么样？

这两种顺序是用一系列相关问题进行深入的了解。

（3）安排问题的结构。

安排问题的结构是将问题排定到不同的话题、子话题之下，形成一个体系，构成一个面谈指南，具体指导面谈的展开。

如果面谈指南是非结构化的，那么访谈者就得把指南仅仅当作进程使用。例如，一个指导面谈的非结构化面谈指南，可能简单列举几个一般性问题来讨论，如“关于工作和公司，他喜欢什么、不喜欢什么”“他为什么要走”“有什么改进的建议吗”。在非结构化面谈中，需要鼓励被访者尽可能完整地回答访谈者的问题。

如果面谈指南是结构化的，访谈者只要读一下指南上的问题并记录被访者的回答。

如果面谈指南是半结构化的，访谈者就得根据特定情况在每个话题下列举的几个推荐问题中选取合适的问题，表 2-2 给出了一个半结构化指南的范例。

表 2-2 一个半结构化面谈的问题范例

教育	工作经历	自我评价
• 你的专业吸引你的地方在哪里？ • 在大学里对你最有影响的经历是什么？ • 对你来说最难掌握的学科是什么？为什么？ • 假如你重新开始上大学，你会选择什么课程？ • 你与同学和老师们相处时你遇到哪些困难？ • 你从课外活动中学到了什么？	• 你是怎样得到现在的工作的？ • 什么职责占用了你的大部分时间？ • 对于你的工作你最喜欢和最不喜欢的部分是什么？ • 你碰到的最大的挫折和最大的愉悦是什么？ • 你的主管的哪些方面是你喜欢和不喜欢的？ • 你的工作曾受到哪些批评？	• 对于我们的行业和公司你知道哪些？ • 我们的产品或服务有什么地方使你感兴趣？ • 你的长期职业目标是什么？ • 你的强项和弱点是什么？ • 你曾做过什么？ • 你认为在一个好的公司里是什么决定了一个人的进步？ • 今年你自我提高的计划是什么？ • 在你的生活中，最重要的三件事是什么？

案例 2-5

丁肇中的“不知道”

中央电视台的《东方之子》栏目曾对诺贝尔物理学奖获得者丁肇中进行了一次专访，丁教授面对记者紧追不舍的一个简单问题，连续几个“不知道”，令人感慨。

记者提的是这样一个问题：“我感觉您对自己每一个人生阶段都有很明确的选择。比方说小时候对科学、对科学家感兴趣；大学的时候，就锁定了要研究物理。每做一个实验也是力排众议，自己坚持下来。一个人怎么能够每一次选择都能这么坚定和正确呢？”这位记者想要获得的答案谁心里都明白，因为在太多的名人访谈中，这样的问题显然都是为对方作秀进行的铺垫。然而，丁肇中的回答却是：“不知道，可能比较侥幸吧！”

记者不死心，又追问道：“在这里面没有必然吗？”丁肇中依然回答：“那我就不知道了。”记者还是不死心，又问：“怎么才能让自己今天的选择在日后想起来不会后悔呢？”丁肇中依然回答：“因为我还没有后悔过，所以我真的不知道。”记者无奈：“我发现在咱们谈话过程中，您说得最多的一个词就是‘不知道’。”丁肇中这次做了正面回答：“是！不知道的你是绝对不能说知道的，我们那里这是绝对不允许的。知道就是知道，不知道的你不要猜。”

（资料来源：https：//iask. sina. com. cn/b/4912235. html）

案例点评：

沟通实践规则的不同制约了记者成功地采访丁肇中教授。记者是囿于规定的采访范式，而丁教授则实事求是地做出回答。二者的不合拍，并不是丁教授的不配合，而是记者在设计问题时不能因人而异，采访时不能灵活应变。

（三）面谈环境的安排

面谈地点会对面谈的气氛和结果产生较大影响。如果在办公室或单位会议室进行面谈，创造的是一种正式的氛围。如果在一个中立的地点（如餐馆）进行面谈，气氛就会轻松些。环境的选择取决于访谈者面谈的目标。最重要的一点是，访谈者应努力在有助于实现他所寻求的交流环境中进行面谈。

（四）预计各种可能出现的问题，做好应对准备

当访谈者准备面谈时，应当考虑可能遇到哪些问题、被访者可能怎样回答提问、被访谈者又会提出什么异议或问题、被访者的个性以及在面谈中的地位（支配地位还是被支配地位）、预计需要花费多长时间提问等问题。每一次面谈都可能会遇到从未有过的状况，如果访谈者能对这些情况做些提前安排，在实际面谈时，其结果就会比仓促上阵要好得多。

表 2-3 列出了面谈问题的准备清单，由此可见情景分析法（5W1H）在面谈中的应用。

表 2-3　面谈准备的问题清单

为什么（Why）： （1）面谈的主要类型是什么？ （2）究竟希望实现什么？ （3）你寻求或传递信息吗？如果是，那是什么类型的信息？ （4）该面谈寻求信念和行为的转变吗？ （5）要解决问题的性质是什么？
与谁面谈（Who）： （1）他们最可能的反应/弱点是什么？ （2）他们有能力进行你所需要的讨论吗？
何时何地（When & Where）： （1）面谈在何地进行？在你的办公室还是他们办公室？还是其他地方？ （2）它可能被打断吗？ （3）在一天的什么时间进行？ （4）面谈前可能发生什么？ （5）你在这件事中处于什么位置？ （6）需要了解事情全貌，还是只需提示一下迄今为止的最新情况？
谈什么（What）： （1）确定需要包括的主题和提问？ （2）被问问题的类型？
怎样谈（How）： （1）如何能实现你的目标？ （2）你应如何表现？ （3）以友好的方式开始和直接切入主题哪种好？ （4）你必须小心处理、多听少说吗？ （5）先介绍一般性问题再介绍具体问题，还是先介绍详细信息再介绍一般性问题？ （6）如何准备桌椅？ （7）如何避免被打扰？

二、面谈的实施

实施面谈的过程中要坚持两条原则：一是尽量开诚布公；二是建立良好的会谈气氛，建立双方和谐的关系以及建立建设性的气氛，即相互影响、开放式的气氛。面谈的实施分为开始、展开、结束三个阶段。

案例 2-6

一次成功的绩效面谈

面谈背景：某公司总经理吴某在年底对员工进行绩效考核后与客户经理张某进行了绩效面谈。

吴总：小张，这两天我想就你近来的绩效考核结果和你聊一聊，你什么时候比较方便？

张某：吴总，我星期一、二、三准备接待公司的一批重要客户，星期四以后事不多，您定吧。

吴总：我星期五也没有其他重要安排，那就星期五上午九点怎样？

张某：没问题。

星期五之前，吴总认真准备了面谈可能用到的资料，他侧面向张某的同事了解了张某的个性，并对面谈中可能会遇到的情况做了思考。在这期间，张某也对自己一年的工作情况对照考核结果进行了反思，并草拟了一份工作总结和未来发展计划。

（星期五上午九点，公司小会议室宽敞明亮，吴总顺手关上了房门，在会议桌一侧坐下，张某侧坐在吴总右侧。）

吴总：小张，今天我们打算用大约一个到一个半小时的时间对你过去半年的工作情况做一个回顾。在开始之前，我想还是先请你谈一谈你认为我们做绩效考核的目的是什么？

张某：我觉得绩效考核有利于对优秀的员工进行奖励，特别是在年底作为发放奖金的依据。不知我说得对不对，吴总？

吴总：你的理解与我们做绩效考核的真正目的有些偏差，这可能主要是由于我们给大家解释得不够清楚。事实上，我们实行绩效考核，最终是希望在绩效考核后，能通过绩效面谈，将员工的绩效表现——优点和差距反馈给员工，使员工了解在过去一年中工作上的得与失，以明确下一步改进的方向；也提供一个沟通的机会，使领导了解部属工作的实际情况或困难，以确定可以提供哪些帮助。

张某（不好意思地）：吴总，看来我理解得有些狭隘了。

吴总（宽容地笑笑）：我们现在不又取得一致了吗？我们现在逐项讨论一下。你先做一下自我评价，看看我们的看法是否一致。

张某：去年我的主要工作是领导客户服务团队为客户提供服务，但是效果不是很令人满意。我们制定了一系列的标准（双手把文件递给吴总），但满意客户的数量增幅仅为

55%，距离我们80%的计划相去甚远。这一项我给自己“合格”。

吴总：事实上我觉得你们的这项举措是很值得鼓励的。虽然结果不是很理想，我想可能是由于你们没有征询客户建议的缘故，但想法和方向都没有问题。我们可以逐步完善，这项我给你“优良”。

张某：谢谢吴总鼓励，我们一定努力。

吴总：下一个。

张某：在为领导和相关人员提供数据方面，我觉得做得还是不错的。我们从未提供不正确的数据，别的部门想得到的数据我们都会送到。这一项我给自己“优秀”。

吴总：你们提供数据的准确性较高，这点是值得肯定的。但我觉得还有一些有待改善的地方，比如，你们的信息有时滞后。我认为还达不到“优秀”的等级，可以给“优良”。你认为呢？我想给你总的评价应该是B+，你觉得呢？

张某：谢谢，我一定会更加努力的。

吴总：下面我们来讨论你今后需要继续保持和需要改进的地方，对此你有什么看法？

张某：我觉得我最大的优点是比较富有创造性，注重对下属的人性化管理，喜欢并用心培养新人。最大的缺点是不太注重向上级及时汇报工作，缺乏有效的沟通。我今后的发展方向是做一个优秀的客服经理，培养一个坚强有力的团队，为公司创造更好的业绩。

吴总：我觉得你还有一个长处，就是懂得如何有效授权，知人善任；但有待改进的是你在授权后缺乏有力和有效的控制。我相信，你是一个有领导潜力的年轻人，你今后一定会成为公司的中坚力量。

张某：好的，谢谢吴总。

（资料来源：https：//mp. weixin. qq. com/s/PXPcYFgPL7nCzdTbdvuosA）

案例点评：

这是一则非常成功的绩效面谈沟通的案例，案例中的吴总充分运用了面谈技巧与下属张某进行了一次高效的绩效面谈，主要的优点如下。

第一，留出充足的时间进行绩效面谈，做好充足的准备。我们可以看到吴总和张某首先提前确定了沟通的时间，并有认真做好准备，吴总甚至还从侧面了解到张某的个性，并对面谈中可能会遇到的情况做了思考；而张某也做了一份工作总结和未来发展计划。以上的行为都确保了绩效沟通的成功。

第二，在沟通前让双方都明确时间和流程的安排，可以有效地控制这次绩效沟通。

第三，采用问句的形式，加强了沟通中的互动性，听取对方的意见，形成了良好的沟通环境和氛围。

第四，以事实为依据，有说服力。最后也才能很好地令双方达成共识。

第五，注重激励。吴总不仅认可张某的优点，还针对其不足也给予鼓励。例如，当张某自评“合格”时，吴总仍然给了张某一个“优良”，有效地进行了激励。另外，在最后还指出了张某的长处，进行了正面的激励，并以积极的方式结束面谈。确保了对下属的有效激励和沟通。

从上面的案例中我们总结了以下实施面谈的技巧。

（一）面谈准备

准备是面谈成功的重要环节，充分的准备工作可以有效地缩短面谈的时间，提高面谈的效果。这部分内容在面谈计划里有所说明。

（二）面谈的展开

1. 营造和谐气氛

被访谈者进入面谈场所以后，访谈者首先就应该有意识地努力为有效面谈创造良好的沟通氛围。在面谈开始前，一般不要采取单刀直入的方式（除非面谈目的本身需要向被访谈者传递压力），或首先提出棘手敏感的问题，而应运用可以引起双方感情共鸣、交流的轻松话题和语言来开启面谈之门。如畅谈面谈的目的、议事日程安排、进展速度，面谈人员的组成情况等，也可以谈论双方感兴趣的题外话，还可以回忆往日合作成功的欢乐、感受等。在双方通过轻松的交谈感情已见趋近，气氛比较和谐的情况下，一方才可试探性地选择一些相同或近似的正式话题进行交流，以此由表及里，由浅入深地循序渐进展开正式面谈。

2. 说明面谈目的

在必要的营造放松和谐的气氛之后，访谈者应以简洁、清晰的方式向被访谈者说明面谈的目的、步骤与进度安排、面谈的期望等。对于访谈者而言，切不可因为这只是举手之劳或自认为面谈目的显而易见而将其忽视或者省略。除非由于某些特殊的面谈目的而有意不向被访谈者透露这些信息，否则，面谈目的没有明示或单凭访谈者的主观臆断，常常会造成被访谈者对面谈摸不着头脑，从而使面谈的效果大打折扣。

3. 提问与回答

面谈过程的控制是通过控制提问的方式来实现的。提问的方式可以分为两大类：一类是限定性提问，另一类是非限定性提问。所谓非限定性提问，针对开放式问题，是指回答者拥有比较大的选择余地的提问方式。例如：“你对这个问题有什么看法？”非限定性提问给予被提问者较大的自由回答空间，容易制造轻松、平等的谈话气氛。

所谓限定性提问，针对封闭式问题，是指回答者只有非常有限的选择余地的提问方式。提问的限定性越强，提问者对面谈过程的控制程度就越强。限定性提问方式主要包括直接提问、选择性提问、引导性提问、另有用意的提问、提示性提问、重复性提问、深入调查性提问、假设提问。

（1）直接提问。直接提问是指对于所提出的问题，回答者回答很少，通常只有一个明确答案的提问。例如，“你叫什么名字”就是一个非常典型的直接提问。直接提问比较适合于寻求某个客观事实或者确定资料时使用，可以获得十分明确的信息资料。直接提问的不足之处是提问方式比较生硬、直接，连续使用多次后往往会使被访谈者有受审的感觉，不够融洽，双向沟通不够。

（2）选择性提问。选择性提问是指提问者已经明确给出了关于问题的几个备选答案，回答者只能从中进行选择的提问。选择性提问比较适合于提问者对问题有比较多的了解，需要被访谈者迅速给出答案的情形。选择性提问可以使获得信息的过程变得更为简单，直接。选择性提问的不足之处是，如果提问者对问题的可能答案归纳不全或者归纳方式不科学，将使被提问者处于没有合适答案而又不得不选择的窘困境地。

选择性提问的一种极端形式是是非问题提问。即访谈者对问题给出了两种完全相反的答案，要求回答者必须做出选择。由于是非问题严重限制了被访谈者回答问题的自由，如果使用不当，将使所获得的信息丧失使用价值。例如，如果要求每一个人就“他是不是一个好人”做出回答，由于两者之间的界限不是十分明确，答案将是十分不准确的。

（3）引导性提问。引导性提问是是非问题提问的一种特殊形式。它与是非问题提问的区别在于访谈者在提问之前已经设定好了答案，只是希望被访谈者说出来。例如，“你不认为我们最近的工作很出色吗？”就是一个典型的引导性提问，其中的“你不认为”就是引导性提问的一种标志性语言。采用引导性提问，访谈者可以牢牢掌握谈话的进程和方向，但是会给被访谈者一种强行接受答案的感觉。一旦被访谈者给出相反的答案就会引起沟通双方的对抗。

（4）另有用意的提问。另有用意的提问也是是非问题提问的一种特殊形式。在另有用意的提问中，访谈者使用某些特殊的字眼暗示问题的答案。从而使被访谈者无论给出是与否的答案，都会使自己处于很不利的境地。例如，“你认为我们应该接受这个愚蠢的想法吗？”“你昨天干了坏事吗？”都属于这种提问。对于前者。如果回答“我们不应该接受这个愚蠢的想法”，就很可能陷入对方的圈套，丧失了表达自己意见的机会；如果回答“我们应该接受这个愚蠢的想法”，则又暗示自己很愚蠢。对于后者，如果回答“我昨天没干坏事”，就可能给人一种你在其他时间干过坏事的感觉；如果回答“我昨天干了坏事”，则更加对自己不利。很明显，另有用意的提问给了被访谈者很大的心理压力，是访谈者控制谈话进程、压制被访谈者气势的一种重要方法。要打破访谈者的这种企图，被访谈者就要把回答重点放在那些特殊的字眼上。对于第一个问题，可以回答“我并不认为这个想法很愚蠢”，对于第二个问题可以回答“我从不干坏事”。

（5）提示性提问。提示性提问是向被访谈者提出建议的一种提问方式，它一般采取祈使句的形式，例如，“请谈谈你对这个问题的看法”。这样做主要是为了给不知所措的被访谈者一些建议。

（6）重复性提问。重复性提问是指访谈者根据自己对被访谈者阐述问题的理解所提出的寻求确认的提问方式，例如，“你的意思是说你做错了吗？”重复性提问是保证有效沟通的一种重要形式，通过寻求对方的直接反馈，可以保证理解的准确性。

（7）假设性提问。假设性提问是指假定一种情况，向被访谈者征询答案的一种提问方式。例如，“如果你的一位好朋友在经济上遇到了困难，你会解囊相助吗？”这种提问方式的作用在于一旦被访谈者做出了某种回答，或者会遇到某种道义上的遣责，或者会被对方作为要挟的条件。例如，在上述例子中，如果回答“不会”，就很容易给人不义的印象，

如果回答“会”，则其中的假设可能很快就会变成现实。

（三）面谈结束

由于面谈具有明确的目的性，因此结束面谈时要注意做好三件事。

（1）简要总结面谈的结果或者重复自己的看法。长时间的谈话会使双方头昏脑胀，甚至双方分别做出了哪些让步、取得了哪些共识都记不太清楚了。因此，为了有效保证面谈的成果，在面谈结束时应总结面谈的成果或者重复自己的看法。

（2）感谢被访谈者的参与。无论结果如何，面谈双方都付出时间与努力，对这点要充分理解，因此，在面谈结束时向对方表示感谢，有助于双方在今后建立更加紧密的关系。

（3）商定下一次的会面或下一步的行动，一次面谈不一定能够解决全部问题，有必要在面谈结束时商定下一次的会面时间和地点。即使面谈有了一定结果，也要考虑实施和评估的问题，这都需要在面谈结束时约定。

案例 2-7

实习生小王的工地面谈

小王是一名在校大学生，他在一家保险公司的营销部实习。当地一家建筑公司打算为职工购买人身意外伤害保险，部门经理派小王去洽谈业务。

小王下课后没换衣服，穿着运动服就动身了。出门前给建筑公司的经理打了个电话，但刚说完见面的时间手机就没电了。

小王在嘈杂的建筑工地找到了该公司的负责人刘经理，这是一位50多岁的男子，他见面后埋怨小王：“你怎么比约定的时间早来了半小时，我在工地的工作还没做完呢。”小王赶紧解释由于自己手机的原因，导致对方没听清时间。随后小王做了简单的自我介绍，但他的话大部分被轰鸣的机器声掩盖了。

后来刘经理和小王在会议室进行了商谈。小王为了消除刘经理的疑虑，说自己是保险公司的全权代表，并出示了证明，刘经理看了看他没说话。小王开始向对方阐述公司专门挑选的保险产品，讲解了“重大疾病”“基本保额”“足交”“趸交”等专业词语内涵，而刘经理依然是面无表情。在谈到保险的保额价格时，看到刘经理有了兴趣，小王告诉他这些险种的保价比较高，如果购买的份额多会有其他的优惠，比如赠送短期内的单项保险。但刘经理却要求小王继续降价，还要求他出示相关保险资料。交谈期间小王不止一次请求刘经理重复他的话，因为小王听不清刘经理浓重的方言。

一小时后，刘经理并没有表示购买保险的意图，但示意保险公司的经理可以改天再来交涉。

（案例来源：https：//www. 51xuexiaoyi. com/timu/f5a02390d7874b00. html）

案例点评：

商务面谈是一个互动沟通的过程。面谈准备是面谈成功的重要环节，充分的准备工作可以有效地缩短面谈的时间，提高面谈效果，也可以避免面谈中可能出现的尴尬情况。小王的工地专访面谈失败在于：首先，小王没有做好充分的准备工作，如没换正装、手机没有充电、没有对目标客户进行充分的了解和分析等；其次，没有选择好面谈场所，一个舒适宽敞，通风明亮的环境有利于面谈双方保持清醒的头脑，有效提高时间利用效率，小王却在嘈杂的工地进行业务商谈严重影响了面谈的进行；再次，面谈时间安排不恰当，这也会影响面谈的质量。小王没考虑到刘经理的工作安排，比约定时间提前半小时，而且面谈时间过长，历时一个小时也没收到效果。在面谈实施过程中，尽管面谈场地后被移至会议室，小王并没有站在客户刘经理角度去考虑问题，小王阐述和回答问题的方式都让刘经理不感兴趣，甚至刘经理对其都不够信任，认为小王不能代表保险公司帮助其解决给员工购买保险问题，而且小王因听不清刘经理浓重的方言而多次请求刘经理重复他的话也让刘经理不舒服。

第三节 商务面谈的基本技巧

面谈是管理中最常用的工具，用以满足不同的管理要求。有能力的管理者必须掌握大量的面谈技巧，并能将其运用到不同的环境之中，展开不同类型的面谈。面谈的技巧一般要根据面谈目的、面谈对象和环境进行选择和适当的变化，但对于面谈的共性的技巧而言主要体现为下述六点。

一、主动倾听

主动倾听是在面谈双方交流中增进理解的互动过程。良好的倾听并不是被动的行为，它需要听者付出努力、全神贯注并做出回应。

主动倾听由两个重要部分组成：信息澄清，也就是理解信息的内容；同感回应，即对信息中的情感部分予以认可。倾听者必须心耳并用，既用耳听内容，又用心“听”情感。当倾听者做出回应时，他所表达的是对刚才听到的话的总体含意的理解。通常，倾听者一方并不会提出自己的观点，而仅仅是对听到的话的含意做出简单的回应或者加以总结。

如果你持续、主动地倾听某人的讲话，实际上就是传递了这样的信息：你对他这个人非常感兴趣，认为他的感受很重要，而且尊重他的想法（即使你并不赞同他的想法）。此外，你还很重视他的付出，理解他的思想，并且认为他的话值得聆听。最后还能让对方感觉到你的确是一个值得信赖、可以坦诚交流的人。

二、注重复述

复述是指把所听到的他人所说的内容尽可能准确地复核一遍。在复述时使用倾听者自己的语言，以表示你不但在听，而且听懂了。复述的基本形式包括澄清，鼓励性插话和做小结。

（一）澄清

澄清常采用的具体形式是“您的意思是……”“我可以这样理解……”等。

通过澄清能让你把思路集中于具体的细节，而不是停留在一知半解上。

（二）鼓励性插话

鼓励性插话是指尽可能用简短的插话来使对方不断地往下说。

方法一：如实地复核对方所说的某个词或某个短语。

方法二：不作声只点头，或者附和式地说“哦”“嗯”“是”“行”和“好”等，适当附和可以消除对方的敌对心理。

（三）做小结

在讨论某一段落或在面谈结束之前，把你们所说的内容做个小结是高效且非常实用的技巧。这种小结把双方同意采取的行动或决定在结束之前再做一次澄清性的核查。如：“让我们来回顾一下，看看我的理解是否正确……”

三、措辞简洁、得当

面谈中，访谈者应力求做到措辞简洁、得当，因为被访谈者从访谈者的措辞中可以看出访谈者的知识水平、思维方式和个人价值观等，从而决定对其的态度是尊重还是轻视。要想做到措辞简洁、得当，访谈者就应做到以下四点。

（一）言语不能模棱两可和似是而非

特别是提与职业、专业有关的问题时，一定要确切，不要不懂装懂，以免说出幼稚可笑的话，一般来说，在面谈之前，访谈者对被访谈者进行一定的了解和分析，从而决定使用哪类专业词汇。

（二）要针对谈话对象的特点因人施语

语言是人与人交流的桥梁，但其前提是交流的双方要使用“同一种语言”。言辞对路，可以事半功倍，言辞不对路可能事倍功半，甚至是对牛弹琴、毫无成效。例如，高雅华丽的辞藻，加上不时出现的新名词和外语，可能令大学生倾倒，但会使文化程度不高的群体如坠雾中。因此，访谈者要学会对不同的人说不同的话，才能真正做到措辞得当。

（三）避免过多地使用“我”

西方古代哲学家苏格拉底曾说过，不要说“我想”，而多说“你想呢?”交谈中那种不停使用“我”、随时随地说“我”的人常常令人生厌。讲话者必须随时留意观察听者的反应，及时调整谈话方式，才能收到更好的面谈效果。

（四）采用呼应式交谈以巧妙引导话题

成功的面谈是一个相互应答的过程，自己的每句话都尽可能应该是对方上一句话的继续，要给对方提供发言的余地，不要滔滔不绝，长篇大论，使人插不上话；并要巧妙地引导话题，使双方所谈的内容与你的目的有关。

四、善于提问

有些问题可以直截了当地提出来，例如："你对公司的人员结构、岗位设置有什么看法？""你认为你在上一年的工作中有什么收获？"有些问题则不可直截了当地提出，而要婉转、含蓄一点。例如，了解应聘者以前的收入情况、向工作中出现失误的员工了解情况等。另外，在询问时一定要注意语气语调，语气语调的使用能够反映一个人的交谈状态。例如，访谈者用质问的语气提问，会给人种居高临下的感觉，引起被访谈者的反感；访谈者的语调中缺乏高潮，语气平缓，则被看成冷漠、孤傲。因此，访谈者应学会正确使用语气语调，力争给人一种诚挚、谦逊的感觉。

五、巧用身体语言

成功的面谈不仅依靠语言的表达艺术，还要借助于身体语言的恰当使用。语言较多地显示着内在的思想和智慧，身体语言则更多地显露着外在的风度和形象。恰当地调动姿势和动作来帮助自己"说话"，会使你的表达更加富有魅力。

身体语言能弥补有声语言的不足，它通过有形可视的、具有丰富表现力的各种动作和表情，协助有声语言将内容准确无误地表达出来。视、听作用双管齐下，能给听者完整、确切的印象，辅助有声语言更好地表情达意。如面谈时，眼睛对对方的注视能够激发对方的谈话欲，能够让对方集中精力认真听取谈话，也能让对方感觉到受到尊重；采用正确的面谈坐姿，能体现出对双方面谈的重视和面谈内容的重要性。

六、重视做笔记

不管你的目标设定、面谈计划、问题提问和倾听回答工作做得多么无懈可击，你仍会发现做出理想的、合理的判断有难度，因为你无法精确地记住面谈过程中被访谈者发言的内容。研究表明，同在面谈中做笔记的经理们相比，那些仅仅依靠记忆做决定的经理做出的决定其精确程度和严肃程度都较低。美国 LIMRA（Life Insurance Marketing and Research Association，人寿保险市场与研究协会）的一项研究测试了经理们对面谈中被访谈者的谈话内容能回忆起多少。在面谈之前，每位经理拿到一份面谈指导、一支铅笔及一张纸，并要求他们像真的主持面谈一样行事。接着对这 40 位经理放了一盘 20 分钟的面谈录像带。录像带放完以后，对经理们进行了 20 道题的测验。测验中所有的问题都直接针对录像带中的内容。有些经理一题未错，有些经理则 20 道题几乎错了 15 道。平均错题数为 10 道。

这就是说，经理中有半数不能准确地回忆起 20 分钟面谈中提供的信息。那些在测验

中答题正确的经理正确使用了面谈指导，并做了笔记。评价被访谈者时，那些准确程度较低，也就是那些没有做笔记的经理给被访谈者打的分要高于那些准确程度较高的经理。掌握信息不充分致使准确度低的访谈者意气用事，只看到他们对被访谈者感兴趣的一面。这项研究表明做笔记同有计划、组织的面谈指导结合使用对于提高面谈有效程度十分必要。

访谈者应当连续做笔记以确保获取充分的信息并记下要点，以避免访谈者重视的东西给被访谈者留下线索。记录面谈中的所有事实将帮助访谈者以后做评估并为更进一步的面谈提供背景材料。访谈者不必把笔记做得十分整洁或者记录完整的句子。笔记的内容应有组织，应包含充分的信息以便访谈者使用。

案例 2-8

李某的求职面谈

李某在××公司担任培训师已经十余年了。当年她找工作时，××公司才有两年的历史，规模也大不如现在。当时××公司给她的反馈是：“虽然我们眼下不打算招聘培训师，但你还是可以马上把简历寄过来，因为我们总是在挖掘人才。”

翌日，在××公司刘总的办公室里，秘书拿来了李某的简历，并说：“我告诉她和您面谈的话得预约，可她执意要见您。”刘总扫了眼简历，发现还不错，但没有什么过人之处，他感觉她有点咄咄逼人，但出于礼貌，他还是接见了李某，就在他见到她的一瞬间，他发现女孩本人比她的简历更打动人。

她的从容淡定、明亮的嗓音、充满朝气的举止、优雅的姿态和真诚的笑容，无一不在流露出自信，体现出才能。就在见面握手的那 30 秒钟，刘总感觉，自己已经进一步了解了超过简历之外的那个李某。

他们面谈了半个小时，两个月后，李某如愿以偿地被录取了。

（资料来源：https：//www. doc88. com/p-7873347635120. html）

案例点评：

在求职面谈过程中，语言的表达能够直接地反映出自身的基本情况，对面谈起到重要的影响，但身体语言的表现在某种情况下却能起到至关重要的作用。李某就是通过在面谈前表现出的明亮的嗓音、充满朝气的举止、优雅的姿态、真诚的笑容和自信从而打动刘总的，并最终取得求职面谈的成功。

本章小结

面谈不等于对话，是一种特殊的对话。面谈的定义使面谈具有五个不同属性。五个属性中，目的性是最基本的，它使面谈又有了成败之别。

面谈的第一个环节是做好准备，制订面谈计划。这里主要是指抓住面谈目的、设计问题、安排环境、准备应对可能的问题。面谈的第二个环节是实施面谈，包括开始、展开、结束三个阶段。面谈的基本技巧运用于不同类型的面谈，会有不同的表现特色。

在商务面谈中，面谈双方要注重运用主动倾听、注重复述、恰当措辞、善于提问、巧用身体语言和重视做笔记等面谈技巧来提高面谈的效果，使面谈目的能够有效地实现。

一、单项选择题

1. 面谈沟通是指运用口头表达方式来进行（　　）。

   A. 对话　　B. 信息的传递和交流

   C. 说话　　D. 对质

2. 面谈沟通中，问的技巧关键在于（　　）。

   A. 把握时机　　B. 沟通对象

   C. 沟通内容　　D. 沟通方式

3. 在面谈的（　　）要阐明面谈目的。

   A. 准备阶段　　B. 开始阶段

   C. 结束阶段　　D. 实施阶段

4. 以下不属于沟通准备阶段的工作是（　　）。

   A. 确定时间　　B. 确定地点

   C. 确定内容　　D. 确定时段

5. 在面谈的交流阶段，交流信息是面谈的关键阶段，它占据大约（　　）的时间，主要用于获取信息、传递信息和阐明信息。

   A. 70%　　B. 80%

   C. 90%　　D. 95%

6. 面谈计划一般在面谈的（　　）阶段进行。

   A. 结束阶段　　B. 准备阶段

   C. 实施阶段　　D. 完成阶段

7. 当面谈接近尾声的结束阶段，双方不应该（　　）。

   A. 达成协议　　B. 握手告别

   C. 滔滔不绝　　D. 达成一致意见

8. 制定面谈计划时，使用 5W1H 的方法，不包括（　　）。

   A. where　　B. why

   C. what　　D. whose

9. 在与普通客户的面谈实施过程中，不能谈及对方的（　　）。

   A. 工作内容　　B. 教育背景

   C. 个人隐私　　D. 工作情况

10. 面对面沟通是指运用（　　）方式来进行信息的传递和交流。
    A. 书信　　B. 口头表达
    C. 微信　　D. 电话
11. 面谈具有目的性、控制性、即时性、计划性和（　　）。
    A. 单向性　　B. 双向性
    C. 指导性　　D. 明确性
12. 面谈分为两种，一种是自发性面谈，另一种是（　　）。
    A. 预约式交流　　B. 有目标的沟通
    C. 非正式沟通　　D. 非语言沟通
13. 面谈适合安排在什么时候？（　　）
    A. 工作时间　　B. 午饭时间
    C. 业余时间　　D. 周末
14. 一般面谈是由参加面谈的某个人或组织控制并实施，他在面谈过程中处于控制或主动地位，而面谈的另一方则处于被动地位。这一特性属于面谈的（　　）。
    A. 目的性　　B. 控制性
    C. 计划性　　D. 明确性
15. 面谈计划包括面谈的目的、面谈的对象、面谈的方式、面谈的主题和（　　）。
    A. 面谈的地点　　B. 面谈的时间和地点
    C. 面谈的技巧　　D. 面谈的准备

二、多项选择题

1. 以下属于面谈目的的是（　　）。
    A. 信息的传播　　B. 探求与发现新信息
    C. 解决问题和决策　　D. 寻求信念或行为的改变
    E. 划清界限，拒绝交流
2. 在面谈计划阶段，确定面谈对象时要考虑对方的（　　）
    A. 年龄　　B. 职业
    C. 婚姻问题　　D. 民族
    E. 教育背景
3. 面谈的种类有很多，如招聘、绩效评估、劝告、训导、解聘、上岗、咨询、数据收集、发布指示等。归纳起来包括（　　）。
    A. 信息收集类面谈　　B. 雇佣选聘类面谈
    C. 解决问题类面谈　　D. 提出问题类面谈
4. 面谈过程的控制是通过控制提问的方式来实现的。提问的方式可以分为两大类，其中一类是限定性提问。限定性提问方式主要包括直接提问、选择性问题提问、引导性提问和（　　）。
    A. 另有用意的提问　　B. 提示性提问

C. 重复性提问　　D. 深入调查性提问

E. 假设提问

5. 面谈的技巧一般要根据面谈目的、面谈对象和环境进行选择和适当的变化，但对于面谈的共性技巧而言主要体现为主动倾听、注重复述和（　　）几点。

A. 措辞简洁、得当　　B. 善于提问

C. 巧用身体语言　　D. 重视做笔记

三、简答题

1. 简述情景分析法（5WIH）技巧在面谈中的应用。

2. 面谈的技巧一般要根据面谈目的、面谈对象和环境进行选择和适当的变化，简述面谈的一些共性技巧。

第三章

书面沟通

学习目标

- 理解书面沟通的含义、特点及书面沟通应遵循的原则。
- 掌握书面写作基本流程、书面沟通的基本类型及格式规范。
- 掌握常用书面沟通的文书结构及写作技巧与建议。

导入案例

“口头发货”的困惑

2012年6月的一天，某公司外派维修的售后服务工程师陈某来电话要求工厂售后服务部门为其在安徽芜湖的维修现场发送一个配件。按规定要求，陈某应当书面传真具体规格型号，由售后服务部门看后再发货，以保证准确性。

结果陈某以自己多年的工作经验为由，且声称要节省传真费用，客户很急，要求电话口头报告型号。相关售后服务人员鉴于这种情况，就相信了陈某，按陈某说的型号发去了配件，结果发到现场后发现型号错误又要重发，造成出差费用、运输费用等的增加，更重要的是影响了客户生产。

事后处理此事，陈某一口咬定自己当初报告的就是第二次发的正确型号，而相关售后服务人员则坚持陈某当初报告的就是第一次错误的型号。由于没有书面函件，无法判断究竟是谁的失误。最后双方因为都在明知公司规定的情况下而违反了书面沟通程序的规定，从而对造成的损失均负有责任，分别得到了相应的处理。

（资料来源：http：//wenku. baidu. com/view/735836b669dc5022aaea00ad. html）

思考讨论：发生纠纷的原因是什么？

思政小课堂

职业规范

职业规范是社会成员在社会活动中所应遵循的标准或原则，是建立在维护社会秩序理念基础之上的，对全体成员具有引导、规范和约束的作用。职业规范是对具体社会角色及其社会权利与义务、责任的规定，体现了特定的价值理念、职业伦理。无论是企业的内部部门之间互相协调、支持、沟通，还是企业和供应商、客户等外部部门之间互相协调、支持、沟通，都应当有书面沟通函件。但是在许多管理工作和生产工作实践中，一些人往往习惯于电话交谈之后就完事，或过分相信口头沟通的功能，结果往往耽误事情，造成损失，案例中就是这种情况。

在沟通活动实践中，书面沟通不但重要，而且必要。对个人来说，书面沟通是表达情绪、情感和思想内容的重要纽带；对企业来说，书面沟通是部门间管理、合作、信息交流的手段。书面沟通并没有高深的理论，但要求文字能准确、精练地表达出信息，这就需要写作者不断地训练自己，提升自己。本章主要涉及书面沟通的含义、特点及书面沟通应遵循的原则、书面写作基本流程、书面沟通的基本类型及格式规范、常用书面沟通的文书结构及写作技巧与建议等方面的知识。

第一节　书面沟通概述

一、书面沟通的含义与特点

（一）书面沟通的含义

书面沟通是指沟通双方以书面文字为主要媒介，在人与人之间进行信息传递和思想交流的沟通方式。日常生活常见的书面信息沟通形式包括公务文书、启事、海报、文案、商务信函、电子邮件、工作报告等。书面沟通往往可以弥补口头信息沟通的不足，是商务沟通不可缺少的沟通方式。

在商务活动中，书面沟通的过程就是企业为了实现商务目标，将与商务相关的信息、思想与情感等通过书面形式与其他个人、群体和组织之间进行有效传递的过程。无论是组织内部还是外部，书面沟通都广泛存在并发挥着重要的作用。有效的书面沟通有助于组织与客户建立良好的关系，有助于树立组织的良好形象和声誉，从而有利于组织实现其战略

目标。因而，书面沟通在互相协调、支持、沟通方面的作用十分明显。

书面沟通是商务交流、业务交流中不可缺少的基本技能之一。在职场，书面沟通能力的好坏也是衡量组织成员沟通能力强弱的重要标志之一。在这方面具有较强能力的员工往往意味着更多的晋升机会和更好的工作绩效，而能力相对欠缺的员工常常在沟通中处于相对不利的状况，工作绩效有待提高。对于管理者而言，书面沟通能力自然也很重要。在美国《沟通》杂志刊登的一篇文章中，管理学家克莱姆和史尼德指出，管理者将他们89%的时间花在与沟通有关的事务上。其中，59%的时间花在“听”和“说”上，19%的时间花在“读”上，22%的时间花在“写”上。因此，书面沟通是管理沟通的一个重要组成部分，在一定程度上与管理的效率密切相关。

（二）书面沟通的特点

与口头沟通以及非语言沟通相比，书面沟通的特点比较明显。书面沟通的优点和缺点具体如下。

1. 书面沟通的优点

（1）准确性。由于书面材料是准确而可信的证据，即所谓的“白纸黑字”。书面材料传达信息的准确性高。相比之下，口头沟通可能不够正式，也相对无从查证，准确性稍差。另外，书面沟通具有周密、逻辑性强、条理清楚等优点。书面沟通的“非同步沟通”特点使得发送者可在发送信息前进行较充分的准备、核对，反复修改和仔细推敲，力求准确表达信息，以最大限度地减少错误和不恰当的表达方式。经过反复推敲后，语言的流畅方面会有很大的提高。在日常商务活动中，即使有时采取了口头沟通的形式，事后也会通过纪要、记录、备忘录等书面沟通形式加以确认。

（2）权威性。相对于口头交流的句子组织随意，口语化特点明显等特征，书面沟通具有明显的权威性。尤其是协议书、合同、通知、文件等沟通方式，以书面文字作为主要的信息传递途径，以比较正规的特点在商务沟通中发挥重要作用。白纸黑字，一目了然，不是谁凭自己的主观意志就能随意修改的。

（3）稳定性。书面沟通相对口头沟通更具稳定性，体现在很多的书面语言和符号在很长时期内基本保持特定的含义。例如，现代人可以看懂几十年甚至几百年前的文献。然而口头语言变化相对更快，最近流行的“柠檬精”（指一种自嘲式表达对他人从外貌到内在、物质生活到感情生活的多重羡慕）等词语在很早以前往往有其他含义，远不是现在这类词语所表达的含义。稳定性也体现在它的长期可查阅性。例如，一个新产品的市场推广计划，可能需要几个月的大量工作，以书面方式记录下来，可使计划的构思者在整个计划的实施过程中有据可查。

（4）唯一性。书面沟通在不同的沟通场合中可以给每一个人完全相同的信息。但即便是记忆力再好的商务沟通者，也很难做到和每一位交流者在口头沟通中交流绝对相同的信息内容。因而，在正式的商务沟通中，重要的文本都采用书面沟通形式。书面沟通的唯一性还体现在文本的存档、查阅和引用上。书面沟通文本可以长期保存，不受时空限制，查阅和引用相对方便，也能尽可能地避免信息失真。

（5）规范性。在口头沟通中，不同沟通者对于相同的内容会有不同的表达，同样的表达对于不同的沟通者可能有不同的理解。书面沟通在这方面要比口头语言要更为严谨。各类商务文书往往都有各自的撰写规范，体现了一定的文本特点，便于沟通者在把握特点的基础上加强沟通。由于规范性的特点，沟通者对于书面的商务文本的理解才会更加一致，避免了一些不必要的合同纠纷。也正是这个原因，各类商务文本的撰写对于沟通者的书面沟通能力提出了规范性要求，以保证双方商务沟通得以顺利进行。

（6）冲突性。由于沟通者地位的不平等、理解的不平衡、性格差异化等特点，沟通者在口头沟通中难免会产生一些争论或争执，使双方产生一些冲突或尴尬。书面沟通在某些情况下可以减少面对面沟通的摩擦。例如，“仓库重地，闲人莫入”“工作场所请勿嬉戏”等简单的书面语言，比起直接制止对方的不合理行为更有效果，有效避免了当事人之间的矛盾冲突。

2. 书面沟通的缺点

书面沟通有上述优点，同时也具有下述缺点。

（1）耗费时间。

①沟通费时。口头沟通是相对灵活和直接的一种沟通形式。和口头语言相比，书面沟通在相同的时间内传递的信息更少。

②准备费时。由于沟通者对于书面文本往往会需要更多的推敲与斟酌，因而相对比较费时。例如，花费一个小时写出的书面语言，或许只需 10 多分钟就能说完。再者，文本的规范性、准确性、权威性和可查阅性等特点都要求沟通者对书面文本不可掉以轻心，需要投入一定的人力及精力去面对它，而且文本往往可能是共同商讨和几经修改后才能定稿。

③传递费时。在商务文本的传递上，如果仅仅是纸质的打印文本，其传递速度相对缓慢，然而通过电子媒介传递文本信息则可以大大地节省时间。在计算机信息系统普及应用的今天，人们很少采用纸质的方式进行沟通。

（2）反馈不及时。口头沟通比较快速、简便，而且即时反馈很方便。在口头沟通中，信息的传送者和接收者经常发生角色转换，彼此之间信息传递迅速而广泛。双方可以根据沟通的进展情况及时转变话题，沟通者也可以当场核实对方对信息的理解是否符合发信息者的原意。但是，在书面沟通中，及时反馈显得比较困难，这是一个很明显的缺陷，这将在无形中增加沟通的时间。书面沟通缺乏内在的信息反馈机制，可能会导致所发出的信息未能被及时接收。有时即使接收到信息却无法确保接收者对信息的解释和发送者的本意吻合。因此，发送者在了解对方是否已经接收信息以及正确理解信息方面往往比较费时。

（3）无法与非语言沟通结合。口头沟通有一个明显的优点就是可以和表情、手势等体态语言或声调、语气等非语言形式相结合，以加强沟通的效果。口头语言和非语言形式的结合可以使传播信息更加生动，使得沟通者在信息理解上更迅速、全面。对于口头语言这一与非语言形式结合增强沟通效果的特点，书面语言是不可能与之相比的。也就是说，书面材料缺少非语言信息，无法在书面沟通的同时通过非语言增强沟通效果。

（4）对沟通者要求比较高。由于组织中大量的沟通都依赖于书面沟通，而各类书面文本具有较强的规范性和规则性，很多文本如合同等具有一定的法律特征，因而书面沟通对于沟通者的要求比较高。这就意味着如果沟通者在书面沟通方面能力相对欠缺，其书面沟通的效果明显会有一定的局限性。

案例 3-1

应该相信谁

2017 年 3 月 20 日，公司总经理给新来的总经理助理曹小姐布置了一个任务，要求她向各个部门下发岗位职责空白表格，并要求各个部门在当天下午 2 点前上交总经理办公室。总经理问曹小姐是否明白他说的意思，她说完全明白，于是就去执行。结果到了下午，问题出来了：到了规定的时间，技术部没有按时上交。总经理问曹小姐：你向技术部怎么传达的？曹小姐说，完全按正确的意思传达的。总经理又问为什么技术部没上交，曹小组说技术部就是没上交，不知道为什么。于是，总经理把曹小姐和技术部负责人都召集到总经理办会议室，问这个事情。技术部负责人回答说，当时他没有听到曹小姐传达关于上交时间的要求。而曹小姐说，自己确实传达了，为什么公司 12 个部门就技术部没听清楚？技术部负责人说，确实没有听到。到底是曹小姐没传达，还是技术部没听到？没有书面的东西，真是说不清楚。

（资料来源：http：//wenku. baidu. com/view/735836b669dc5022aaea00ad. html）

案例点评：

案例中之所以出现公司内部沟通的不和谐，是因为办公人员没有严格按照文件管理标准的要求执行。如果在文件传达过程中，书面函件做好签字或者署名等工作的话，谁的责任就一目了然。因而，沟通者一定要认真把握书面函件的基本特点，做好记录与反馈工作。

3. 书面沟通的基本原则

作为一种特殊的沟通方式，书面沟通应遵循以下基本原则，又称为 7C 原则，即清楚（clarity）、简洁（conciseness）、具体（concreteness）、完整（completeness）、礼貌（courtesy）、体谅（consideration）、正确（correctness）。

（1）清楚。清楚的书面沟通是用简单普通的词句来直截了当告诉对方信息，所有词句都应该能够非常清晰明确地表现真实意图，避免双重意义的表示和模棱两可。清楚的表达包括选择使用熟悉、易懂的词，少用术语。术语是某一领域内的技术用语或专门用语，它可以使业内人士更简单地理解复杂的信息，但对外行来说反而无法理解信息，达不到书面沟通目的，因此只有在确信读者能理解它们的时候才能用这些词。

（2）简洁。简洁就是在不影响书面沟通完整、准确、具体、清晰和礼貌的情况下使用最简短的语句来清楚地表达内容。简洁的文字可以节省信息发送者和接收者的时间和费用。在写作时，不要用冗长的句子来表达意思，尽量用简单句和浅显解释，能用词就不用短语，能用短语就不用句，给人一种易懂、简洁、务实、高效的印象。

（3）具体。要尽可能地用具体的词语替代笼统的说法，这样就可以使写作更具体、生动。通常，模糊、笼统的词汇是易产生歧义的词汇，有可能使读者产生不同的理解。

（4）完整。保证书面沟通信息完整就是描述事实和表述的思想观点要完整。因此，在书写时就必须反复检查、思考，不断补充重要的事项。其关键在于写作之前注重组织材料。组织材料可以采用列表或提纲的形式。究竟采用何种方式并不重要，重要的是通过这些方法可以保证信息的完整。

（5）礼貌。英国语言学家杰弗里·利奇（Geoffrey Leech）等人提出了礼貌原则。在书面沟通中，礼貌原则要求沟通双方应尽量使用礼貌的表达方式。具体来说，在书面沟通时，要重视对方的观点，尊重对方的权利、愿望、需要，迎合对方的心理，令对方产生愉快的感觉，给对方留下深刻、美好的印象。行文时，要自然地使用礼貌语句，如“您好”“承蒙”“感谢”等，但也不要使用过度。

（6）体谅。熟练的书面沟通者会自然地用第二人称代词而不是第一人称代词。不管写作的目的是提供信息、说服别人还是增进友谊，行文最打动人的是以读者、听众为中心的语气。

（7）正确。这就是要求写出的书面沟通材料要真实、可靠，观点要正确无误，语言要恰如其分。初拟文稿完成后，沟通者要反复检查、认真思考，必须确保行文用字、用词遣句简洁、清楚、礼貌，致谢完整、具体且正确。这是书面沟通的基本要求。

案例 3-2

一封积极的促销信

尊敬的顾客：

为了回馈大家对本店的支持和信赖。本店将于 2018 年 12 月 15 日至 2018 年 12 月 25 日推出“特价食品月”活动。

在活动期间，本店将特别推出“5 元购买一个汉堡包”的特惠活动。牛肉类汉堡是本店的经典产品。看似普通的牛肉饼在送到顾客的手中前要经过 40 多项的指标检测。与其他速食店不同，本店的牛肉饼在餐厅进行烤制时不会添加任何食用油和脂肪，而是靠牛肉本身含有的天然油脂烤制，所以您不必担心会摄入过多的脂肪，保证安全健康，而且口感不油腻。

另外，更令人开心的是，您还可以参加“美味由您配”的活动。您可根据自己的口味及需求，随意地从汉堡类产品、薯条、甜品、鸡翅等多种美味中选择三种，搭配出自己喜爱的不同组合，令您在品尝美味的同时，还享受到随心所欲的乐趣。

××速食店

2018 年 12 月 10 日

（资料来源：张晓明．商务沟通与礼仪［M］．北京：中国水利水电出版社，2013.）

案例点评：

牛牛速食店的促销信不失为一封内容充实、表达得当的积极性信函。促销信在表示推出特惠活动的同时又表达了该速食店对顾客健康方面的足够关注，表达了真诚的想法和良

好的愿望。该信既明确表达了顾客参与活动的受益处，又对此做出了相应的解释，解释清楚且有说服力，增强了顾客对该速食店的信任感。

全文层次分明，结构完整，语言生动，富有感染力，符合产品促销文书的基本写作要求。

第二节　书面沟通基本流程及类型

书面沟通的目的是通过书面的方式使人与人之间、人与群体之间完成思想与感情的传递和反馈，以求思想达成一致和感情的通畅。书面沟通的写作过程包括准备阶段，初稿阶段，修改、编辑与成稿阶段三个阶段。

一、书面沟通的基本流程

书面沟通很重要的一个方面就是进行写作。一般来讲，顺利完成写作大致包括以下三个步骤。

（一）准备阶段

1. 确定写作目标

书面沟通首先要明确写给谁，写什么，为什么写。书面沟通的目的不同，所采用的写作方法、写作风格和格式也就不同。例如，通知与邀请函，两者的沟通目的，一个是通知，一个是邀请，因此写作格式和风格差异很大。从语气上讲，后者比前者要委婉、客气得多。常见的书面沟通的写作目标包括传递信息、下达指示、解释事情、事后补遗等。

2. 认真分析读者

从读者出发，以受众为导向是进行书面沟通的最重要的策略。为了使书面沟通更有效，必须考虑以下几个方面的因素。

（1）读者的特征。例如读者是谁，有多少人，他们的年龄，兴趣、爱好、文化背景及立场如何，他们是公司内部人员还是外部人员。

（2）读者需要的信息。根据基蒂·洛克的观点，读者需要什么信息涉及三个问题：读者对于主题知道多少信息；读者对于主题信息的常识来自平时的阅读还是个人经验；读者应了解关于主题的哪些方面的信息后才能赞同你的观点。

（3）激发读者的兴趣。如果读者对沟通者的文本产生抵触情绪，就会给沟通带来困难。为此，沟通者必须考虑什么能打动读者。一般考虑以下几种方法激发读者兴趣：把好消息放在第一段；强调读者可能的受益；开头先讲共同点；说明所提建议是目前最好的解决办法，同时指出这不是十全十美的。

3. 收集信息材料

在动笔之前，沟通者要明确收集与写作目的和主要内容有关系的信息材料，使之成为沟通者形成观点的基础。在动笔之际，收集的信息材料又会成为沟通者表现其观点的支柱。在收集信息材料时，一般要确保收集的信息材料真实、准确，并将客观事实与主观意见和推论相分离。收集材料还有如下技巧：从身边的资料开始找起、尽量用高科技手段获取、注重平时积累、材料数量坚持适中原则。

4. 列出大纲

在做好上述准备工作之后，可以列出写作大纲，确定此次写作的类型结构和策略等。一般情况下，可以把书面沟通分成以下几种类型。

①肯定型沟通。肯定型沟通直接给出好的信息、解释好的信息、用好的祝愿结束。

②否定型沟通。否定型沟通用“缓冲”式的自然叙述开头，在给出坏的信息之前加以解释。如果可能，要建议某些可能的选择，用好的祝愿结尾。

③劝说型沟通。劝说型沟通以一种具有吸引信息接收人注意力的叙述开始，表述建议或要求及可能的利益，清楚地指示信息接收人应如何去做，鼓励其克服困难，尽早完成。

④说明型沟通。说明型沟通主要是向读者说明情况，便于信息接收人了解有关信息。

四种类型的写作技法见表 3-1。

表 3-1　各种书面沟通类型的写作技法

类型	写作技法
肯定型沟通： 同意某种请示，提供一个机会或者是一些好消息	1. 直截了当地给接收者好消息，使之高兴 2. 解释这个好消息，清除接收者可能产生的疑问 3. 用祝愿来结束文书，使接收者知道，你在分享他的愉快
否定型沟通： 对要求的一种否定，或者是一个坏消息	1. 开始以自然渐进的方式叙述，为接收者接受坏消息先行铺垫 2. 给出坏消息之前给出一些背景方面的信息进行暗示，使之有思想准备 3. 给出坏消息，要清楚、准确，不能使人产生误解 4. 用良好的祝愿结束，不要为坏消息做任何辩解
劝说型沟通： 指示他人进行某项工作，开展某些活动，同意你的见解或提供你的信息等	1. 开头对接收者应具有吸引力，要生动，使人产生兴趣 2. 表述事实、要求或建议 3. 当这些与某种利益相关时，使接受者屈从 4. 清楚地指示接收者如何去做，鼓励其克服困难，尽快完成任务
说明型沟通： 说明情况，了解信息	1. 开始提出观点 2. 提供背景资料 3. 列举有关细节 4. 结尾表明友善及乐意提供帮助

（二）初稿阶段

在完成准备工作之后，下一步就是进行初稿的撰写，这是写作过程中的核心环节。一

般性的书面沟通的初稿撰写可分为两个阶段，即开头和进行两个阶段。

1. 开头

在开头部分，写作者要考虑怎样称呼对方，哪些内容应该放在显眼的地方等。书面沟通的开头将决定阅读者对文书的第一印象。

2. 进行

这个阶段是根据准备阶段的思路、大纲及材料内容进行写作。在创作进行过程中，伴随着沟通者思维的不断变化，可以不拘泥于在准备阶段形成的写作构思。

（三）修改、编辑与成稿阶段

在这一阶段，沟通者要从事的工作是修改和编辑。无数事实证明，好文章是精益求精的结果，既是写出来的，也是改出来的。

1. 修改

修改是根据评估过程中发现的问题对初稿进行改动、增删、替换、重组等。在正式修改之前，沟通者应先做些检查，检查对象不只局限于已完成的初稿，还可以是各个写作步骤。例如，对写作目的的理解是否确切，写作需要的资料是否完备，信息来源可靠与否，修改彻底与否，等等。

2. 编辑

编辑的目的是确保语言符合规范的要求和商务写作的原则，其包括改正拼写错误、打印错误、修辞错误及格式错误等。编辑与修改不同，修改可以对文章整体内容做大的改动，而编辑注重对文字的修改润色与对版面格式的编排。

案例 3-3

两封信件的比较

信件 1：

亲爱的先生/女士：

我已经间接获悉您在寻找一家公司为贵公司所有部门安装新计算机。我确信作为一家完全能令人放心的公司，我公司定能被指派。尽管我们在贵公司业务方面的经验多有限，曾经为您服务过的人说我们能胜任此项工作。我是个非常热情的人，对于与您相会的可能性，除非另行通知，我在周一、周二和周五下午不能拜访你处。

××电脑软件公司

信件 2：

刘××先生：

您好！

这是来自××的信函，继我们上周的电话谈话后，我很高兴再邮寄给您一本我公司的最新宣传册。

您曾表示过贵公司对安装新型计算机软件感兴趣，我相信我们的服务符合您的要求，会让您满意的。期待您的回音，并期望很快能和您会面。

此致

敬礼

××

（资料来源：http：//vip. book. sina. com. cn/book/chapter_135133_91243. html）

案例点评：

在第一封信件中，不明确此信发给谁，未说明写信原因，语意含糊，语法有错误。信中“曾经为您服务过的人说我们能胜任此项工作。我是个非常热情的人，对于与您相会的可能性，除非另行通知，我在周一、周二和周五下午不能拜访你处”等内容均是无关信息，且不会给对方留下好的印象。

整体看来。第一封信表达不清，内容缺乏全面考虑，语法错误，废话连篇。而第二封信件内容清晰，态度乐观，简明扼要，切中要害。

二、书面沟通的基本类型

商务活动中，按照不同的分类方法，书面沟通种类很多。

按照书面沟通信息的载体不同，书面沟通可分为纸张沟通、传真沟通、电子邮件沟通和电子会议系统沟通等。

按书面沟通的使用场所区分，书面沟通主要可分为组织内部的书面沟通与组织外部的书面沟通。

（一）组织内部的书面沟通

在组织内部，常用的书面沟通形式有各类报告（调研报告、可行性报告、申请报告等）、布告牌、述职报告、工作说明、计划、建议书、备忘录、会议纪要、海报、员工手册、电子布告栏、求职信、请假条、票据、摘要、电子邮件（内部）等。

（二）组织外部的书面沟通

在组织外部，常用的书面沟通有商务信函、电子邮件（外部）、报告（查账报告、评传报告等）、建议书、传真、广告文案、合同书、协议书、投标书、产品目录、请柬、邀请函等多种形式。

其实，有些类别并没有严格的内外区分。例如，电子邮件在组织内、外部书面沟通中都广泛存在。备忘录经常用于同一组织人员之间的沟通，但在商务谈判中也会经常使用备忘录，以对相关内容进行有效确认。因而，作为商务沟通者，不必在该文本究竟属于内部沟通还是外部交流上花过多的精力去区分，而要掌握各种书面文本的基本撰写方法与基本技巧。

另外，以上所提到的各种类型往往具有多种形式。例如，关于报告的类型很多，可以是市场调研报告、财务审计报告、生产进度报告、销售业绩报告等多种内容；计划的形式也很多样，按内容分为生产计划、销售计划、研发计划、谈判计划等，按时间又可以包含年度计划、月度计划等。

三、规范格式

（一）格式类型

1. 总分式

即开头先对全文的内容做简要的概述，然后依次对其展开论述。例如，在“总结”中，先对全年生产完成的情况做简要介绍，然后对各方面生产情况做具体论述。还可以分为先总后分式、先分后总式及先总后分再总的总分总式。总分式通常适用于篇幅较长的商务文书，如调查报告、经济论文等。

2. 并列式

即文章中几个层次之间的关系是平行的、并列的，也称横式结构。例如，对财务状况进行分析，它可以从资产、负债、利润、成本、费用等诸方面展开具体分析，这几个方面的内容就是并列的关系。

3. 递进式

递进式或以时间的先后为顺序，或以由现象到本质、从因到果等逻辑关系为顺序，逐层深入展开的结构形式，也称纵式结构。例如，开头提出问题，而后剖析研究问题，再找出原因得出结果，最后提出解决问题的办法或建议，就是一种从因到果的递进式。

4. 条款式

即全文从头到尾都用条文组织内容，显得眉目清楚，排列有序，简洁明了。一般可采用章段条连式、条文并列式。前者适用于内容多、篇幅长的商务文书，后者适用于内容不多、篇幅不太长商务文书。

5. 一段式

即全篇文章只有一个自然段。由于内容少而简单，不便分开，往往采用一段式的写法。如日常经济文书中的便条、单据、介绍信、海报、信函等。

（二）格式组成

1. 层次和段落

层次是指表述主旨过程中形成的相对完整、相对独立的思想单位或意义单位，也称“结构段”“意义段”。段落是指文章布局谋篇的基本单位，习惯称为“自然段”。一般来说，层次小于篇章，大于自然段。有时一个层次也可以是一个自然段，也有的文章因其简短，全篇只有一个自然段，如各种条据、启事、简单的通知等。

2. 过渡和照应

过渡是指文章中相邻层次、段落间的衔接与转换，起着承上启下、穿针引线的作用，使全文内容组织严密，浑然一体。

商务文书正文中过渡的方式有：

（1）以词语过渡；

（2）用总结上文、提示下文等承上启下的句子过渡；

（3）用一个相对独立的自然段来承转过渡；

（4）自然过渡。

照应是指文中不相邻的层次、段落间的关照与呼应，作用是加强文章前后内容的联系，增强文章的整体感。常见的方式有首尾照应、文题照应、针线照应等。

3. 开头和结尾

商务文书的性质和特点决定了其开头必须直截了当、开门见山，越简洁越好。开头应当点题或揭示商务文书的内容走向，并领起下文。常用的有概述情况、说明根据、直陈目的、交代原因、阐明观点、表明态度、引述来文、提出问题等方式。当然，也可以是多种方式的综合运用。

常见的结尾方式有强调式、请求式、总结式、要求式、补充式、显示文种式、祝贺慰问式等，或者主体部分意尽即文完，不再另写结尾。

第三节　常用书面沟通

商务文书的种类繁多，本节主要介绍常见的商务信函、商务报告、备忘录、通知/启示、计划等几种书面沟通的文书结构及写作技巧与建议。

一、商务信函

商务信函是企业与商务伙伴之间维持联系、进行业务的一种工具。许多经营活动都是通过商务信函来完成的。商务信函与正式文件一样显现出严肃性与庄重性，对双方都具有约束力。商务信函不仅能促使双方达成协议，也可以作为办理商务的凭据，还可当作资料保存以备日后查询。

（一）商务信函的特点

商务信函以商品交易为目的，以交易磋商为内容，一般不涉及与商品交易无关的内容。即使是以董事长、总经理的名义往来的商务信函，其内容也不应掺杂交易、磋商以外的私人事务或其他事务。一般来说商务信函都有以下几个特点：

（1）内容单一。主要体现在一文一事上，即一份商务信函只涉及一项交易。

（2）结构简单。商务信函因为内容单一，所以其一般段落比较少，段落的篇幅也比较短，整体结构比较简单，看上去一目了然。这种简短明了的结构便于对方阅读和把握，也体现了商务信函的实用性。

（3）语言简练。商务信函以说明为主，或介绍业务范围，或报告商品的品种与价格，或提出购买商品的品种与数量，或要求支付货款，或告知有关事项，直截了当，言简意赅。

（二）商务信函的基本结构

一封比较规范、完整的商务信函一般包括信头、存档号码、信内地址、主题行或标题、称谓、正文、结束语、落款和时间九个部分。

1. 信头

信头指的是事先印制在信纸上方或下方的内容。信头的内容通常包括公司的名称、地址、邮政编码、电话号码、传真号码、网址、公司标志等。如果信件有两页或更多页数，一般只在第一页用印有信头的信笺，其他页使用类似的普通信纸。

2. 存档号码（编号）

存档号码（编号）的设置主要是为了商务信函的存档和查阅，同时为了便于双方查阅各自的相关信函。存档号通常分为对方存档号和我方存档号。

3. 信内地址

信内地址就是指收信人的姓名和地址，一般写在信笺的左上方。收信人名称地址的格式和信头的格式相同，但必须把收信人的姓名一并写出。另外，如果不是完全公事化的书信往来，或者已经从公事的关系渐渐发展成为带有私人性质的友好信件往来，由于称呼这一栏的内容已经说明了收信人的身份，所以可以不必填写信内地址。

4. 主题行或标题

主题行或标题主要用来说明信函的主要内容，可以直接写明信件的重点，让收件人不必读完全信才了解到信的内容，所以要写得简明扼要。主题行或标题的主要功能是帮助归类存档，因此每封商务信函都应该有一个主题行，以便收信人一眼就可以看出书信的内容。

5. 称谓

称谓指写信人对收信人的称呼，一般顶格写而不留空格。称谓能够体现沟通者的基本礼仪素养。“亲爱的理查德”比“理查德”更能显示双方的亲近；“尊敬的唐经理”体现了己方对他人的基本尊重。

对于女性读者，尤其是在涉外沟通场合，信件发出者务必注意商务信函中的合适称呼，可以根据其婚姻状况称呼其为“女士”或者“小姐”。另外，沟通者还可以用对方有名的“博士”或者“教授”等称号或者头衔。

6. 正文

正文部分一般包括开头语、正文、结尾语三部分。

开头语没有统一的格式。但习惯上先用客套的语句把收到对方来信的日期、主题及简单内容加以综合叙述，使对方明白这是答复哪一封去信的。如果是第一次通信也可以利用开头语做必要的自我介绍，并表明目的、要求。开头语一般与正文分开，自成一节，要求简单明了。

正文是一封商务信函的核心部分。信函的正文部分是信函最重要的内容，沟通主题以及相关注意事项都通过信函正文得以体现，因而要求简明清楚、段落清晰、标点正确。

结尾语一般用来总结文本所谈的事项，提示对收信人的要求，如“希望来信来函订货”“答复询问”等，另外也附加些略带客套的语气。正文结束后，另起一段写结尾语。

7. 结束语

结束语是结束信函时的一种客套的礼节性语言，应该与前面的称呼相呼应。如中文中的“此致”“顺祝商祺”等，英文的“Sincerely”“Best Regards”“Yours Truly”等，结束语写在结尾句下隔一行。英文结束语注意只有单词首字母大写。

8. 落款

落款，又称“签名”，指信函末尾处要签署寄信人的姓名，写在结束语的下方。签名的下面，一般还要写上发信人的身份、职位。

另外，即使是打印的信函，写信人也要在结束语下方、打印姓名和职位之间的空白处手签自己的姓名以示重视。写信人最好亲笔签上自己的姓名，因为用印章的话，说明该信件并非本人亲自过目，只是通函而已，不为人重视。

9. 时间

中文信函的时间一般写在信的末尾，而英文信函的时间一般写存档号码的下方。另外，不同国家对日期的写法也是不一样的，在英国等欧洲国家的写法一般是“日、月、年”，美国写法是“月、日、年”。在书写英文商务信函时，要注意尊重对方的习惯。

图 3-1 所示是商务信函的一个示例。

1.信头	××公司 大山街320号 希尔托普市，亚利桑那州5678 电话：444555-6789 传真：（444）555-24565 电子邮箱：gizmproduts@iwilfire.net www.gizmoprosbucts.com
2.存档号码	我方存档号: No.R/W - H005 对方存档号:
3.收信人的姓名和地址	理查德 · 威尔逊先生， 欢文街2号 芝加哥，伊利诺伊州60411
4.主题行	订购5号鲈鱼钓具回复
5.主题行	亲爱的威尔逊先生:
6.正文	感谢您订购了我们的5号鲈鱼钓具，很遗憾，由于订购量太大，5号鲈鱼钓具现在缺货。不过，到这个月底就不会再出现缺货现象了。到时我们会将您订购的货品用两天内送达的特快专递发给您，这不需要您另外付费。 如果您觉得满意的话，就不必再给我们回信了；如果您想取消自己的订货，请致电555-BASS，××公司会给您全额退款的。不管怎样，我都会从《钓鱼月刊》上将5号产品的介绍复印下来寄给您，这会帮助您更有效地使用该产品。 祝您的钓鱼愉快!
7.结束语	致敬
8.结束语	丽莎•古德里奇（手签） 客户关怀部经理
9.时间	2020年7月22日

图 3-1 商务信函示例

（三）商务信函版式

商务信函版式分为齐头式、改良齐头式、缩格式三种。

1. 齐头式

齐头式信函（如图 3-2 所示）的特点是所有的内容都要从左边开始，并排齐。齐头式信函的优点是高效，英文信函常采用这种格式。

Johnson & Johnson

1 J&J Plaza New Brunswick,

NJ 089333 U.S.A.

Tel: 732-524-0400

Fax: 732-525-0622

E-mail: carrie@jnj.com

Date: 22nd July, 20--

Soft Health Care Product Corp.

Room 2301 Yili BLD,

35 Nanjing Road,

Shanghai, China

Attention: Mr. Wang,Import Dept

除信头外全部左对齐

Dear Sir,

Re: SHAMPOO

We've received your letter of July 10th enquiring about our JOHNSON'S Baby Shampoo With Natural Lavender, but unfortunately, the stock of this product is running low due to the heavy demand. But we will inform you as soon as the new supplies come up.

We sell a wide variety of Baby's Shampoo. All of them are made of the NO MORE TEARS formula. For your reference, we enclose an illustrated catalogue of our shampoos and we hope you will find it interesting.

We hope that we can close business to our mutual advantage in the future.

Yours faithfully,

Johnson & Johnson

Doris Fergocon

Doris Fergoson

(Manager)

图 3-2　商务信函版式之齐头式

2. 改良齐头式（半齐头式）

改良齐头式又被称为半齐头式（如图 3-3 所示），信函的特点是日期、案号、署名靠右放置，其他的内容都从左边开始，段落也都采用齐头式。这种版式的优点是整个页面看起来比较平衡。

SAMSUNG ELECTRONICS
310 Taepyung-ro 2-ga, Chung-gu
Seoul, 100-102, Korea

Tel: 82-2-3706-1114 :
E-mail: qsl @ samsungcorp.com

Our Reference No. ODL-11
Your Reference No.
Date: 23rd December, 20--

Shandong Science & Technology Co. Ltd.
21/F Bright Plaza
138 Jinni Road, Jinan
Shandong, China

Attention: Mr. Zhou Jun. Import Dept.

Dear Sir,

Re: Qur Offer for PDA Type III-H

Thank you for your interest in our latest Personal Digital Assistant Type III-H.

As requested, we offer you 500 sets of PDA at USD140 per set FOB Inchon for shipment in February, 20--. We require payment by L./C.

Because there is an increasing demand for this product, our price is non-negotiable. We look forward to your reply.

Yours truly,

Samsung Electronics
Lavis Kim
Lavis Kim
(Manager)

图 3-3　商务信函版式之改良齐头式

3. 缩格式

缩格式信函（如图 3-4 所示）与改良齐头式信函很类似，但是每个段落都是首行缩进。与齐头式版式相比，这种版式的优点是显得不那么凌乱，是中文信函比较常用的一种版式。

快捷产品公司
布莱克街320号
洛杉矶市，加利福尼亚州CA 90015
电话:444555-6789 传真:（444）555-24565
电子邮箱:gizmproduts@iwilfire.net
www.gizmoprosbucts.com

我方存档号: No.R/W - H005
对方存档号:

理查德·威尔逊先生，
欢文街2号
上海 200020

尊敬的先生:

段首缩格

订单号789—— 自行车

我们已经请洛杉矶市大通银行（The Chase Bank of Los Angeles）开立一张10万美元的信用证，以贵行为受益人，有效期至5月30日。信用证将由中国银行上海分行保兑。该行将凭单承兑发票所开金额。

议付需要凭下列单证:

商业发票一式三份;

提单一式两份;

保险单一份。

自行车装运后请立即通知我们。

艾伦 • 史密斯谨上
2020年2月11日

结尾敬语和
落款靠右

图 3-4　商务信函版式之缩格式

（四）商务信函写作技巧及建议

1. 商务信函写作技巧

（1）写信当如面谈。最能引人入胜的信，就像双方面对面恳谈一样，要使商务信函达到这种亲切、自然的效果，应做到尽量使用口语而不拘泥于形式，更不要咬文嚼字、矫揉

造作，不要使用一些过于正式的书面措辞，同时正确、巧妙地运用标点符号。

（2）开头的技巧。英文商务信函一般用“Dear Miss ×”“Dear Mr. ×”开头。“Dear”纯属公务上往来的客气语，开头写收信人或收信单位的称呼。称呼单独占行，顶格书写，称呼后用冒号。

（3）结尾的技巧。商务信函的结尾往往用简单的一两句话写明对对方的要求，如“特此函达，即希函复”。同时写表示祝愿或致敬的话，如“此致敬礼”“敬祝健康”等。祝语一般分为两行书写，“此致”“敬祝”可紧随正文，也可和正文空开。“敬礼”“健康”则转行顶格书写。

（4）书写字体。写信的字体应该整洁干净、工工整整。如果像幼童涂鸦那样弄成乱糟糟的一团，会使人在看信前就产生不良印象，以至于对写信者的外表、能力、性格、人品等产生不准确的推测。另外，在书写信函时应用钢笔，以示尊重，一般不要用圆珠笔，更不要用铅笔，那样会显得不严肃。墨水应选择黑色或蓝色。红色是表示绝交的意思，这是尤其要注意的。

（5）信函礼貌。企业间来信的回复不能拖得太久，有些信是要立即回复的，如对其他公司的成功表示祝贺，对其他公司开业表示祝贺，或是对他们的困难提供建议等。在写信时，内容要具体，概念要明晰，条理要清楚，不要用太薄、太软、发黄、粗糙的信纸写信，这有悖于信的美观大方原则。对企业来说，要礼貌地答复对方的问题，尽量做到有问必答。对于顾客的来信来函，更应如此。写完信后，要仔细检查，不要有错字、漏字。若同时写几封信函，切忌错放或漏放信函。

（6）信封书写。信封有一定的格式，一般应按照规定格式书写，若字迹潦草模糊、涂涂改改，不仅影响信件的投递，而且对收信人来说也是不礼貌的。信封应写明收信人的详细地址和姓名。

2. 商务信函写作建议

商务信函就其沟通目的和形式而言，主要包括肯定性信函、负面性信函、劝说性信函和说明性信函四种。

（1）肯定性信函。肯定性信函的主要目的是在商务沟通中向对方提供好消息，便于收信人正确理解，消除负面影响，即同意做某事、答应某要求。如发送货物、提供服务、支付款项、出席会议等。肯定性信函包括确认信、致谢信、祝贺信和含有好消息的投诉回复信等。肯定性信函的基本结构为：

①告知好消息，综述要点（开头）。

②列出细节和背景资料。

③积极地说出可能存在的消极因素。

④阐明收信人的受益处。

⑤表达良好祝愿，表明诚意（结尾）。

案例3-4

餐盘中出现蟑螂之后

尊敬的王××女士：

您好！

据我们公司餐饮部刘主任报告，您在6月19日乘坐我公司航班从上海飞往昆明的途中，在餐盘中发现了一只蟑螂。对此请接受我公司对您最诚挚的歉意，我们真心希望不会因此而失去一位像您这样宝贵的顾客。

毫无疑问，这件事引起了我们的高度重视。这次事件可能是由于我们质检程序的偶尔疏忽造成的，尽管我们尽一切努力避免类似事情的发生。对于这次事件，我们已按有关规定责令航班进行认真整改，保证类似事件不再发生，并随函附上一张1000元我公司机票折扣券以表达对您的歉意。

我们非常感谢您在这一事件中所表现出的豁达态度，并希望这件事不会破坏您对××航空公司的良好印象。感谢您乘坐我公司的航班。

此致

敬礼

周××

××航空公司顾客关系部经理

2019年6月26日

（资料来源：https：//wenku. baidu. com/view/bbe643d4326c1eb91a37f111f18583d048640f7d. html）

案例点评：

这是一封肯定性信函。案例中，公关部周经理通过商务信函对王女士乘坐航班时餐盘中出现蟑螂一事做出了积极回应。信函的开始，周经理尊称对方，表达道歉。随后周经理对事情发生的原因及其后续处理做出了说明，并以折扣机票的方式对王女士的损失进行赔偿。最后，周经理在赞扬对方豁达态度的情况下再次向对方表达了歉意和愿意建立良好关系的真诚愿望。整个事件得到了妥当的处理。

（2）负面性信函。负面性信函的主要目的是告诉坏消息，让读者阅读、理解并接受该消息，同时尽可能保持已有的良好形象和信誉；次要目的是减少和避免双方今后为同一主题而通信，减轻双方的工作负担等。负面性信函包括拒绝信、否定信、处分信、解雇信、不良业绩评估信等。负面性信函的主要内容如下：

①用“缓冲”式的自然叙述开篇（为坏消息设置背景）。

②在给出坏消息之前给予令人信服的理由（引向坏消息）。

③明确而婉转地告知坏消息（提及积极面）。

④提议某些可能的选择（减少坏消息影响的陈述）。

⑤用友好而积极的祝愿结尾。

案例 3-5

未能参加会议

尊敬的张天阳经理：

您好！

很高兴能收到贵公司关于举办品牌建设研讨会的邀请，在此我表示衷心的感谢。在目前行业经济发展状况低迷的背景下，贵公司积极开展特别有意义的品牌建设活动，我很感兴趣并将予以最大的支持。

很荣幸能作为嘉宾在大会上发言，不过特别遗憾的是，研讨会召开期间，我将和我的团队去欧洲考察我公司产品的市场销售情况，因而届时我很抱歉不能参加研讨会。不过，在此我愿意推荐我的同事张盼用先生参加会议并进行发言。在我看来，他是一位理想的会议发言者。在近几年的公司发展过程中，他对于我公司的品牌发展与建设做出了突出的贡献，对于品牌的拓展等内容有丰富的经验，也开展了多次富有成效的品牌推广活动。我相信，如果时间允许的话，他愿意参加会议并做会议发言。是否可以，请张经理及时回复，以便我能及时联系我同事张盼用并准时出席会议。

祝愿研讨会圆满成功！

马××

2019 年 6 月 18 日

（资料来源：张晓明．商务沟通与礼仪［M］. 北京：中国水利水电出版社，2013.）

案例点评：

这是一封合适的负面性信函。沟通者主动以愉悦的心情和衷心的感谢开篇，表达了己方对会议举办方的赞许，紧接着解释原因，表明自身参加不了研讨会的遗憾，再积极推荐自己同事以表达己方诚意，最后积极表达己方对会议组织者的良好祝愿。

（3）劝说性信函。劝说性信函也是商务沟通中常用的沟通方式。在商务活动中经常会遇上这样的场合：设法向对方推销相应服务及产品或者向对方传递某个观点，逐渐改变对方对于服务、产品或观点等的接受程度，促使对方从不感兴趣或漠不关心直至产生兴趣，最终使对方接受己方观点，接受己方提供的服务与产品。此时，沟通者不可能对他人采取命令或胁迫的方式，往往需要运用一定的劝说来完成。沟通者依靠严密的逻辑、动之以情的言辞和良好的可信度，最终使对方逐渐接受观点。在这样的过程中，沟通者会经常使用建议信、推荐信、推销信、催款信和工作表现鉴定等劝说性信函。

由上可知，劝说性信函的主要目的在于推销某个观点、某种产品、某项服务，使对方产生态度变化，进而完成商务沟通目的。劝说性信函的主要内容如下：

①吸引注意力。

②激发兴趣。

③阐明益处。

④明确行动步骤。

⑤友善结尾。

案例 3-6

关于购置家具

尊敬的刘经理：

您好！

不久前，贵方垂询我公司品牌家具情况，现回复如下：

迪森牌家具，系目前市场最新流行款式，按国际标准设计，采用德国进口木材制作而成。

做工考究，质量上乘，曾荣获第二届国际博览会金奖。迪森牌家具组合，有四件套、六件套两种，其规格及价格情况详见附件。目前，贵公司开发中的江南名家小区，属于本市高档花园式建筑，如能在精装修过程中使用我公司的以上几款家具，我方将不胜荣幸，相信也能更好地提升贵公司小区开发的层次。

望贵公司对以上家具给予考虑，欢迎贵公司继续垂询、购买，早传佳音。

附件（迪森牌家具组合的规格及价格）

此致！

敬礼！

××家具有限公司

2018 年 3 月 16 日

（资料来源：张晓明．商务沟通与礼仪［M］. 北京：中国水利水电出版社，2013.）

案例点评：

这是封推销信函。沟通者先以对方以前的问询开篇，吸引对方注意力；紧接着对本公司的产品做介绍，进一步激发对方的兴趣；再说明对方公司开发的高档楼盘若使用本公司的家具给双方带来的益处；最后积极表达己方对与对方合作的期盼，提供详细家具组合的规格及价格以表诚意。

（4）说明性信函。说明性信函是一种中性信函，既不肯定，也不否定。说明性信函的主要目的是向读者说明情况，便于读者了解有关信息。主要的说明性信函有推荐信、评估信、资质证明、个人证明等。说明性信函的主要内容如下：

①陈述主要观点。

②提供背景资料。

③列举有关细节。

④结尾表明友善及乐意提供帮助。

案例 3-7

关于××公司信用问题

尊敬的陈小姐：

您好！

现答复贵公司在 8 月 7 日的来函。

在频繁的业务往来中，我们一直认为，××厨具设备有限公司是一家很可靠的公司，具有较高的知名度、美誉度。多年来，我们一直为该公司提供货物。事实上，我们所收到的很多订单都大多超过 400 万美元。因此，我们觉得为该公司提供 350 万美元的信用几乎没有什么风险。

如果您需要相关的任何细节资料，可以再与我方联系。

此致！

敬礼！

王×

信用管理部经理

2016 年 8 月 15 日

（资料来源：https：//wenku. baidu. com/tag/d18e806fb84ae45c3b358c9c. html）

案例点评：

这是一封说明性信函。案例中，该公司结合自身企业与××公司的业务来往，对合作伙伴××公司的信用资质做出了很好的说明，内容简洁却很有说服力，也表达了愿意提供更多帮助的诚意。

二、商务报告

与商务信函一样，商务报告也是很常见的商务书面沟通文件，商务报告是搜集、研究事实的人与出于特定目的而要求看报告的人之间的书面信息或建议的交流形式。报告的最终作用是作为组织决策和行动的基础。

（一）商务报告的常见类型与基本形式

1. 商务报告的常见类型

报告的种类很多，很多种文件都可以称为报告。按照不同的分类标准，报告可以分为不同的形式。

按照报告的长短，报告可分为长篇报告、中篇报告和短篇报告等。报告可长可短，仅有 1~2 页的备忘录可称为报告，长达数十页包含很多数据的文件也可称为报告。但是，无论长短或者正式程度如何，报告都向人们提供了组织计划和解决问题所需要的信息。

报告可以只提供信息，也可以既提供信息又分析信息，也可以在提供信息和分析信息之外提出建议。如果报告仅仅提供信息，一般称为信息性报告，例如销售报告、季度报告；如果报告既提供信息又分析信息，可称为分析性报告，例如年度报告、收益或者回报率报告；如果报告在提供和分析信息同时还提出相应的解决办法或者措施，可称为建议性报告，例如可行性报告、申述报告、问题-解决式报告。因此，按照报告的内容形式的不同，可将其分为三种类型，见表 3-2。

表 3-2　报告的三种类型

报告类型	举例
信息性报告 （仅仅提供信息）	1. 销售报告（每周或每月销售数据等） 2. 季度报告（显示工厂每季度的生产率和利润数据）
分析性报告 （信息加分析）	1. 年度报告（过去一年中企业的财务数据以及成果展示等） 2. 审计报告（对审计中发现的问题进行解释） 3. 受益或回报率报告（新的投资项目回报率的计算过程）
建议性报告 （信息加分析加建议）	1. 可行性报告（对几种可能性进行评估，并向公司推荐一种可行的选择） 2. 申诉报告（说明购买、投资、人员需求和生产工艺的理由） 3. 问题-解决式报告（找出公司存在的问题的原因以及解决问题的方法）

按照内容分，报告分为经营报告、信贷报告、调查报告、事故报告、建议报告、可行性报告等。

按写作用途分，报告分为临时报告、行动报告、状态或进展报告和总结报告。

按正式程度分，报告分为正式报告和非正式报告。

按照格式特征，报告分为信函式报告和纲要式报告等。

按照使用范围，报告分为公开报告和内部报告等。

按照内容的紧迫性，报告分为日常报告、特殊报告和紧急报告。

按照提交的周期，报告分为每日报告、每周报告、月度报告、季度报告、年度报告等。按照涉及的业务范围，报告分为工程报告、财务报告、评估报告等。

按照写作文体，报告分为叙述性报告、说明性报告、图解性报告和统计性报告等。

2. 商务报告的基本形式

报告者在日常商务沟通过程中，要注意根据对方的需求选择合适的报告形式及其长度。

（1）固定格式商务报告。这一类报告在企业等组织中比较常见，主要用于日常事务或者经常发生的情况。报告撰写者一般只需要填写相关的报告表即可，例如每周销售情况报告、每月生产情况报告。

（2）备忘录形式商务报告。以备忘录形式出现的报告一般篇幅不长，主要适用于内容简洁、篇幅短小的报告。这种报告涉及内容广泛，通常是公司内部的例行事务。备忘录形式商务报告是公司内部员工交流信息时经常采用的报告形式。

（3）书信形式商务报告。书信形式商务报告一般篇幅较短，是公司外部交流信息时常用的报告形式。相对而言，这种报告内容比较简洁。

（4）文件形式商务报告。文件形式报告一般比书信式和备忘录式更为正式。这种报告一般篇幅较长，涉及问题复杂，包含信息量大。

（二）商务报告的语言特点

总体而言，商务报告的语言具有客观公正、明确真实，逻辑紧凑、简明扼要和严谨规范的特点。

1. 客观公正

撰写商务报告时，要尽可能摒弃个人偏见，因而报告内容要注重事实，不能随意主观臆断。在语言使用上，尽可能避免第一或者第二人称。

2. 明确真实

报告所呈现的信息应该是事实或者确实存在的情况，因而在语言使用上尽可能避免模糊表达，以免给人造成内容空洞的印象。

3. 逻辑紧凑

商务报告具有相对明确的沟通目的，这就要求商务报告具有紧凑的逻辑性，以便报告重点突出。

4. 简明扼要

商务报告的语言必须简洁、流畅，避免陈词滥调。报告者要设法用相对简洁的语言进行信息沟通。

5. 严谨规范

商务报告具有相对严格的规范，特别是书信形式的报告。同时，报告中经常涉及较多的各类图表与统计数据，做报告者务必注意用图表描述语言的规范性。专门的术语表达力求准确严谨。

（三）商务报告的基本结构

一般来说，报告的目的有提供信息、档案记录、回答问题、提出建议、影响他人意见、公开宣传、完成法律义务等。尽管报告形式多样，但主体结构基本相同。

通常，报告包括三个部分，即报告简介（前言）、报告正文和报告结尾（总结）。

1. 报告简介

报告简介主要起引导作用，其目的在于给报告阅读者一个清晰的概括性认识。对报告简介的总体要求是结构简单清晰，主题与目的突出，注重与正文内容相呼应。在报告简介中，撰写报告者需要涉及以下内容：

（1）说明报告主题。

（2）指明报告目的、介绍背景信息。

（3）介绍信息获取的主要方法。

(4) 以简洁的形式提出事实、结论与建议。

(5) 说明正文结构安排。

2. 报告正文

报告正文是报告的主体，是处于报告简介和报告结尾之间的内容。在报告正文部分，报告者需要列出与报告主题相关的所有事实（包括数据的获得、问题分析与调查结果）。对相关事实做出分析，其目的是便于引导读者按照一定的逻辑得出结论与建议。

报告正文是整个报告中篇幅较长的部分，可以包括若干级子标题。

3. 报告结尾

报告结尾是报告正文的总结部分。它位于报告正文之后，其主要目的是简洁、清晰地提出富有总结意义的报告结论和建议。信息类报告的结尾部分通常只对报告主体的信息进行概括总结。

必要时报告结尾还要附加附录材料（如参考文献和索引等）。

撰写报告者在撰写结尾时一般要注意以下要求：

(1) 不引入任何新的观点。

(2) 与简介和报告正文相一致。

(3) 突出所要传达的结论。

(4) 要给读者留下报告者预期的印象。

(四) 商务报告的格式

1. 信函式

短小报告最简单的格式就是以信函的形式出现。这种形式具有报告的基本构成部分，尽管并不一定设立小标题（如图 3-5 所示）。

(带有公司名称地址的信头)

尊敬的刘总经理：

根据您的指示，我前往冷港工业园调查我公司是否可以在该区择址建一个工厂，现在我非常高兴地提交我的初步报告。

该工业园区是专门用于建立企业的，位于……

(略)

尽管存在这些问题，冷港工业园区的厂址在其他方面都非常符合公司的要求，我觉得公司应该选择这一地点，并马上开始动工。

此致！

敬礼

刘×

发展部经理

2016 年 12 月 25 日

图 3-5 信函式报告

2. 纲要式

纲要式报告使用标题，并被划成不同的部分，这种格式有助于读者一眼就能发现所需要的信息（如图 3-6 所示）。

（带有公司名称地址的信头）

关于新厂址的建议报告

1. 授权调查范围

按照刘总的指示，调查在冷港工业园区择址建一个新工厂的可能性，并提出合适的建议。

2. 过程

参观冷港工业园区，分别与……

3. 冷港工业园区

3.1 地点和设施

（略）

4. 结论

（略）

5. 建议

签字：发展部经理××

2016 年 12 月 25 日

图 3-6 纲要式报告

3. 混合式

介于上述两种格式之间的即为混合式，也就是说，整体上是一封信，但是可能在正文部分有一些简单的标题，如“工业园区”“建议的地点”“工人”等。这种格式也很常见，因为它适用于各种长度的信，只要再加上小标题即可。

（五）商务报告的写作技巧及建议

撰写报告应遵循一定的程序。其基本的程序包括：确定目标、拟定提纲、搜集资料、写作报告初稿、编辑修改报告、确定终稿等步骤。

在商务报告的撰写过程中，搜集材料是很重要的一个环节，其工作质量将会直接影响报告的撰写质量。数据的收集相对费时，但拥有翔实准确数据的报告才会更有说服力。数据可以来自个人发现、实验、问卷调查、书籍文献、各类访谈、财务报表及一些重要的年鉴资料等。在材料的准备上，商务沟通者一般从两方面开展工作：一是在平时积极建立专门数据库，便于需要时容易查找；二是在写作之初，根据报告的意图有针对性地收集补充信息，并进行归类整理。

在商务写作报告的过程中，要注意以下事项：

（1）内容明确完整，主题突出，尽量不掺杂与主题无关的内容。

（2）思路清晰，逻辑性强。

（3）各类资料、信息和推理过程要准确、严密，以免削弱说服力。

（4）写作顺序要适应读者的需要，使读者易获得报告中的各类信息。

（5）报告的风格简洁精练，意思明确。

三、备忘录

信函主要用于组织外部的沟通，而备忘录主要用于组织内部人员之间的沟通，但也有用在组织之间的，例如商务谈判备忘录。在现代组织中，不同部门之间用信函沟通还是运用备忘录加强交流，与组织文化有一定的关联。

备忘录是记录有关活动或事务起揭示或提醒作用以免忘却的一种记事性文书。它可以写在白纸上，而不一定要写在印有组织机构的信笺上，备忘录宜简明扼要，较长的信息应采用附件的形式。

备忘录的类型主要有个人备忘录、交往式备忘录、计划式备忘录。例如上级发给下级的工作要点备忘录。

（一）基本格式

备忘录的格式与信函有明显的差别。备忘录一般没有称谓、结束语和签名，段落也不缩进。但备忘录一定有主题行。标题可随意，不过如果有标题的话，必须涵盖其下所有内容，并且第一段不单独列标题。

备忘录的重点在于直接性与清晰性，因而它一般用较为直接的方式传递信息。备忘录的内容比较简洁。每一段的内容相对较简短，并列的各项内容前可以加项目符号。

通常，备忘录包括五个部分：接受人姓名、发送人姓名、标题、日期、主体，有时也可包括另外两个要素：附件和复印。这些要素可按各组织的习惯排列，也可采用其他方法排列（见图3-7）。有时备忘录还包括发送人的一些联系方式，如办公地点、传真号码、电话号码和电子邮件地址。

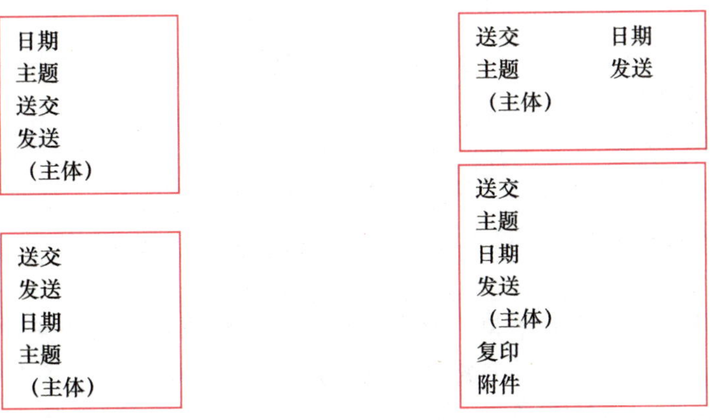

图3-7　备忘录的格式

（二）备忘录的撰写建议

不同的备忘录在风格上存在很大的差别：高级行政人员对所有员工的命令可以很容易通过备忘录表达出来；匆忙地写给一位同事的备忘录就可以用聊天般的语言完成；给公司高级别的人写备忘录时，在风格上要非常谨慎。因此，可以根据在公司中与对方关系的亲疏以及地位对比来确定备忘录的写作风格。如果一个高级上司发来封聊天般、不拘礼节的备忘录，而答复人在回复时也效仿他，可能引起上司反感。

沟通者需要注意商务谈判纪要与商务谈判备忘录的区别：

（1）内容不同。商务谈判纪要中记的主要是双方的一致性意见，商务谈判备忘录记的不一定是谈判达成的一致，内容相对灵活。

（2）效力不同。商务谈判纪要有一定的约束力，商务谈判备忘录只起提示、备忘作用，没有约束力。

备忘录范例1：

备 忘 录

送交：秘书王×
发送：行政部经理张×
日期：2019 年 1 月 6 日
主题：总经理来宁行程安排

总经理将于 2019 年 2 月 8 日星期一到达南京，并将于 2 月 10 日下午离开南京返回广州。希望你安排一下总经理在南京期间的行程，并经我确认后发到广州办公室。

备忘录范例2：

送达：人力资源部部长李×
发送人：培训部经理吴×
主题：公司新提拔中层干部培训计划
时间：6 月 6 日 19 点（周一）

遵照您的要求，我在近日草拟了一份《公司新提拔中层干部培训计划》，由于涉及较多的培训内容与人员，培训计划需要您审阅后批示。6 月 7~8 日我在南京出差，本次培训将在下周一进行。在培训前我必须完成会议准备工作，所以敬请您在周四之前做出批示，以便对计划做出有效调整。谢谢！

附：(2019 年度公司新提任中层干部培训计划)

（资料来源：张海军，戚牧. 商务沟通与礼仪［M］. 北京：科学出版社，2020.）

四、通知/启事

通知是各级机关、团体、企事业单位在商务活动中频繁使用的书面信息沟通类型，具有使用范围广泛、文书有指导性、时效性明显等特点。在向有共同利益的群体传达信息的过程中，通知可起到重要作用。常用的通知包括指示性通知、批示性通知、事项性通知、知照性通知、会议通知等类型。

启事是国家机关、社会团体、企事业单位或个人向社会公开告知有关事项，请求得到支持或帮助的广告类文书。启事的种类繁多。按公布的方式分，启事可分为张贴启事、报刊启事、广播启事、电视启事。按内容分，启事可分为寻找类启事，如寻人、寻物等；声明类启事，如作废、迁移、更名、更正、开业等；征招类启事，如招聘、招生、招领、征集等。

（一）基本格式

这两类商务文书通常都是由标题、正文和落款三部分组成。

1. 标题

通知的标题有完全式和省略式两种，完全式是发文机关、事由、文种齐全的标题，如“A 公司关于开展销售竞赛的通知”。省略式标题则是根据需要省去除文种之外其中一项或两项，如“评选优秀学生干部的通知”或“通知”。

启事标题一般表明启事内容，如招租、寻人启事、招聘启事等。

2. 正文

通知的正文主要包括缘由、事项、要求三部分，主体是事项部分。以事项性通知为例，这类通知多数用于布置工作，因此也称为“工作通知”，其表达要使受文单位明确通知的内容，以及做什么、怎样做、有什么要求。正文一般分为三个部分：第一部分为开头，一般说明为什么要发此通知，目的是什么；第二部分是主体，即事项部分，将内容逐项列出，把布置的工作、须周知的事项阐述清楚，并讲清要求、措施、办法等；第三部分是结尾，一般提出贯彻执行要求，可以用类如“请遵照执行”“请认真贯彻执行”等习惯用语。

启事的正文部分包括中心内容和结束用语。中心内容一般包括目的、意义、原因、要求、特征、待遇、条件等。结束用语一般情况下可写“敬启”之类的礼貌用语，也可不写。

3. 落款

落款处要署名，标明写作时间。

（二）通知/启事撰写建议

通知要开门见山，不要拐弯抹角。叙述事项时要突出重点，把主要的、重要的内容写在前面。根据需要，主要的内容可详写，要讲清道理、讲明措施；次要的内容可尽量简略，扼要交代即可。语言表达方面，以叙述为主，还可以适当做一些分析说理，要有严密

的逻辑性，只要抓住关键问题，用简洁的语言阐述清楚即可。

启事的事项要严密、完整，表达清楚。有关事项的时间、地点、人物、原因、结果、请求事项、联系地址、联系方法等均不可遗漏，以保证启事的效力。启事的语言在完整、条理清楚的前提下，要注意言简意赅，短小精悍。

有效的通知和启事应遵循以下规则：使用的纸张大小应该与信息量以及张贴在通告栏后能够产生的效果相适应；用大字书写的标题来吸引读者的注意，用信息的细节来抓住读者的兴趣并创造期望，用清楚的措辞来引导读者的行动，信息应简洁精练。

通知范例：

通　　知

根据上级通知精神，今年端午节放假时间为6月7日至9日，共3天。

各企事业单位根据生产和工作情况自行安排。

×××人民政府办公室

2019年6月3日

启事范例：

×××中学校庆启事

2020年9月1日为×××中学建设50周年纪念日，是日上午10时，于本校体育馆隆重举行庆祝典礼，共贺母校华诞。母校盛会，谊海情天，切盼校友相互转告，届时拨冗归宁。

校友众多、广布四方，逐一函达实非易事，特发启事，希各周知。

地址：××市城区××路××号

电话：025-××××××××

×××中学校庆筹委会

2020年6月10日

五、计划

计划是各行业、部门、单位根据一定时期的路线、方针、政策等，结合自身的实际情况，事先对今后一段时间内的工作、活动所做出的打算、部署和安排。计划应具备目的性、预见性、可行性等特点，计划一般可采用条文形式或表格形式，也可以既有条文又有表格。如果是大型单位的长期计划，还可以采用正式文件的形式。

（一）计划基本格式

计划一般由标题、正文、落款三部分组成。

1. 标题

标题即计划的名称，一般有全称式标题、简称式标题、文章式标题三种。全称式标题包括计划制订机关或单位名称、适用时间、内容范围及文种；简称式标题是以全称式标题中一方面或少数几方面内容组成的标题；文章式标题通常以文字表明计划的内容或要达到的目标的形式出现，如“为实现本公司 2021 年创利 2 500 万元而奋斗”。未定稿的计划，要根据性质在标题后或下一行用括号注明“草案”“草稿”“初稿”“征求意见稿”“供讨论用”“送审稿”等不同字样。

2. 正文

计划的正文部分由前言、主体、结语三部分构成。

（1）前言。该部分是正文的开头，是计划的导语，也是制订计划的背景、依据。前言通常要交代有关的背景材料，对基本情况做出分析，说明上级领导机关的要求、本单位的实际情况、提出任务的依据、开展工作的指导思想、计划的总任务和总要求等。以上内容并不是每一份计划都必须全有，要视具体情况而定。

前言是计划的总纲，回答“为什么做”和“能不能做”的问题，使人们了解执行计划的必要性和可能性。语言应准确鲜明、简明扼要，切忌套话、大话和空话。

（2）主体。主体是正文的中心部分，是计划的核心内容，包括目标、措施、要求（即计划三要素）。目标回答“做什么”“做到什么程度”的问题，措施回答“怎么做”的问题，即实施计划的具体办法和方案部署，是实现计划的切实保证。要求回答“做得怎样”“如何做完”之类的问题，主要是质量、数量、时间上的要求。这三要素是互相联系的，没有目标或者目标不明确，就谈不上措施要求；没有具体的措施，目标就难以实现；而没有具体要求，实现目标的效率、质量就没有保证。三要素之间是相互依存、缺一不可的。

（3）结语。结语一般写希望和意见两项。正式文件形式的计划，往往加上“此计划自制订之日起施行”。有的计划不写结语，计划事项写完后自然结束。如有结语，一定要注意时代感和针对性，要写的鲜明、生动、有鼓舞性和号召力。

3. 落款

落款一般包括制订计划的单位和日期两项。日期写在正文的右下方，一定要详写，包括年、月、日。如果标题中没写明制订计划单位的名称，则要在日期前写明，并加盖公章。

此外，凡与计划有关的材料，在正文中表述不便时，可采用附件形式（如附表、附图和说明文字）。这些附件都应视为计划的组成部分。如果需要抄报、抄送某些单位，也要分别写明。

计划范例

××市统计局 20××年年度计划

一、指导思想

（略）

二、总体任务

（1）加大统计工作力度，加快统计改革和建设，建立有我市特色的统计制度和体系，实现统计工作跨越式发展。

(2) 加快统计自动化建设，建立完善的现代化统计信息体系，努力实现统计信息全方位网络化。

(3) 加强统计法制建设，加大统计违法案件查处力度，营造良好的统计工作环境。

三、主要工作内容

(略)

(四) 建立统计信息自动化体系，提高统计现代化水平

(略)

(五) 加快统计制度改革步伐，尽快建立起能够体现时代发展特征，符合社会主义市场经济要求和我市特色的统计制度和体系

(略)

(六) 加强统计法制建设，维护统计的严肃性

(略)

××市统计局

20xx 年 12 月 1 日

(二) 计划撰写建议

1. 坚持从实际出发，体现创新精神

制订计划要坚持从实际出发、实事求是，既要以有关方针政策及有关要求为制订依据，又要结合本单位的实际情况，以保证计划的认同度和可行性，正确认识和把握事物发展的内在规律，准确、敏锐地预见未来。同时，还要在计划中体现出创新精神。

2. 目标明确，任务具体，措施得力，步骤稳妥

计划要指导人们的行动，要达到预期的效果，就必须做到目标明确、任务具体，还要科学安排工作进程，明确规定完成时间，以便于计划执行者互相配合、互相督促，共同保证计划的完成。

3. 随时检查，适时修改

由于计划是事先制订的，所以在执行过程中难免有不尽完善的地方，这就要求计划执行者和计划制订者共同在实践中注意考察计划的可行性，随时检查、分析计划执行情况，结合实际适时修改，不断完善。

本章小结

书面沟通是日常商务活动中除口头沟通、非语言沟通之外的常用沟通方式。书面沟通就是指利用信函、报告、备忘录、通知/启事、计划等书面形式进行的信息传递和交流。

书面沟通具有准确性、权威性、稳定性、唯一性、规范性和去冲突性等六大优点，还具有相对费时、反馈不及时、无法与非语言沟通结合、对沟通者要求比较高等明显缺点。在书面沟通过程中，沟通者需要遵循清楚（clarity）、简洁（conciseness）、具体（concreteness）、完整（completeness）、礼貌（courtesy）、体谅（consideration）、正确（correctness）等基本原则。

书面沟通中文本材料写作过程包括准备阶段，初稿阶段，修改、编辑与成稿三个阶段。按书面沟通的使用场所区分，书面沟通主要可分为组织内部的书面沟通与组织外部的书面沟通。书面沟通文本分为总分式、并列式、递进式、条款式、一段式五种规范格式。

书面沟通中最为常用的两种文本是商务信函与商务报告。商务信函与商务报告具有各自明显的文本特点，沟通者应认真学习其格式规范要求，注意把握各类商务信函和商务报告文本的撰写。

商务沟通活动中的商务文本种类较多，商务备忘录、通知/启事、计划也是常见的书面沟通文本。它们在沟通中也发挥比较重要的作用。

一、单项选择题

1. （　　）是指沟通双方以书面文字为主要媒介，在人与人之间进行信息传递和思想交流的沟通方式。

A. 书面沟通　　B. 有效沟通

C. 单向沟通　　D. 双向沟通

2. 在美国《沟通》杂志刊登的一篇文章中，管理学家克莱姆和史尼德指出，管理者将他们89%的时间花在与沟通有关的事务上。其中，59%的时间花在“听”和“说”上，19%的时间花在“读”上，22%的时间花在“写”上。因此，书面沟通是（　　）的一个重要组成部分，在一定程度上与管理的效率密切相关。

A. 单向沟通　　B. 双向沟通

C. 求职沟通　　D. 管理沟通

3. 书面沟通的缺点不包括（　　）。

A. 对沟通者要求比较高　　B. 无法与非语言沟通结合

C. 对管理者要求高　　D. 耗费时间且反馈不及时

4. 书面沟通的写作过程包括准备阶段、初稿阶段、（　　）三个阶段。

A. 修改、编辑与成稿阶段　　B. 二稿

C. 三稿　　D. 终稿

5. 肯定型沟通是指直接给出好的信息、解释好的信息、用好的祝愿结束，写作技巧包括：（　　）。

A. 直截了当地给接收者好消息，使之高兴

B. 解释这个好消息，清除接收者可能产生的疑问

C. 用祝愿来结束文书，使接收者知道，你在分享他的愉快

D. 以上都对

6. 商务活动中，按照不同的分类方法，书面沟通种类很多。按书面沟通的使用场所区分，书面沟通主要可分为组织内部的书面沟通与（　　）。

A. 纸张沟通　　B. 电子邮件沟通

C. 组织外部的书面沟通　　D. 电子会议系统沟通等

7. 在组织内部，常用的书面沟通形式有（　　）。

A. 调研报告　　B. 可行性报告

C. 申请报告等　　D. 以上都对

8. 书面沟通的格式类型分为总分式、并列式、递进式、条款式和（　　）。

A. 一段式　　B. 两段式

C. 三段式　　D. 四段式

9. 商务文书的性质和特点决定了其开头必须（　　）。开头应当点题或揭示经济文书的内容走向，并领起下文。

A. 曲折委婉　　B. 直截了当、开门见山，越简洁越好

C. 越复杂越好　　D. 越客气越好

10. （　　）与正式文件一样显现出严肃性与庄重性，对双方都具有约束力。它不仅能促使双方达成协议，也可以作为办理商务的凭据，还可当作资料保存以备日后查询。

A. 商务信函　　B. 商务报告

C. 备忘录　　D. 通知/启示、计划

11. 商务信函以商品交易为目的，以交易磋商为内容，一般不涉及与商品交易无关的内容。即使是以董事长、总经理的名义往来的商务信函，其内容上也不应掺杂交易、磋商以外的私人事务或其他事务。一般来说商务信函都有（　　）特点。

A. 内容单一　　B. 结构简单

C. 语言简练　　D. 以上都是

12. 一封比较规范、完整的商务信函一般由（　　）个部分组成。

A. 7　　B. 8　　C. 9　　D. 6

13. 商务报告是很常见的商务书面沟通文件，商务报告是搜集、研究事实的人，与出于特定目的而要求看报告的人之间的书面信息或建议的交流形式。报告的最终作用是（　　）。

A. 作为组织决策和行动的基础　　B. 搜集、研究事实

C. 交换信息　　D. 突出主题

14. 备忘录的格式与信函有明显的差别。备忘录一般没有（　　），段落也不缩进。但备忘录一定有主题行。标题可随意，不过如果有标题的话，必须涵盖其下所有内容，并且第一段不单独列标题。

A. 正文、日期、签名　　B. 主题、日期、签名

C. 称谓、结束语、签名　　D. 称谓、日期、签名

15. （　　）是各级机关、团体、企事业单位在商务活动中频繁使用的书面信息沟通类型，具有使用范围广泛、文书有指导性、时效性明显等特点。在向有共同利益的群体传达信息的过程中，它可起到重要作用。

A. 商务报告　　B. 商务信函

C. 通知　　D. 备忘录

二、多项选择题

1. 书面沟通的优点包括（　　）。

A. 准确性　　B. 权威性　　C. 稳定性　　D. 唯一性

E. 规范性　　F. 去冲突性

2. 书面沟通应遵循以下基本原则，又称为 7C 原则，即清楚（clarity）、简洁（conciseness）、具体（concreteness）和（　　）。

A. 完整（completeness）　　B. 礼貌（courtesy）

C. 体谅（consideration）　　D. 正确（correctness）

3. 书面沟通很重要的一个方面就是进行写作。一般来讲，顺利完成写作大致包括（　　）三个步骤。

A. 准备阶段　　B. 初稿阶段

C. 修改、编辑与成稿阶段　　D. 润色阶段

4. 商务活动中，按照不同的分类方法，书面沟通种类很多。按照书面沟通信息的载体不同，书面沟通可分为（　　）。

A. 纸张沟通　　B. 传真沟通

C. 电子邮件沟通　　D. 电子会议系统沟通等

5. 商务文书正文中过渡的方式有（　　）。

A. 以词语过渡

B. 用总结上文、提示下文等承上启下的句子过渡

C. 用一个相对独立的自然段来承转过渡

D. 自然过渡

三、简答题

1. 简述书面沟通的特点和基本原则。

2. 简述计划的基本格式。

第四章

演讲沟通

学习目标

- 了解演讲沟通的基本概念，理解演讲的过程和技巧。
- 能巧妙运用演讲沟通的技巧，撰写演讲稿，进行公众演讲。
- 学会以社会主义核心价值观为主题，进行主题演讲。

导入案例

人格是最高的学位

白岩松

在采访北大教授季羡林的时候，我听到一个关于他的真实故事。

有一个秋天，北大新学期开始了，一个外地来的学子背着大包小包走进了校园，实在太累了，就把包放在路边。这时正好一位老人走来，年轻学子就拜托老人替自己看一下包，而自己则轻装去办理手续。老人爽快地答应了。近一个小时过去，学子归来，老人还在尽职尽责地看守。谢过老人，两人分别！几日后是北大的开学典礼，这位年轻的学子惊讶地发现，主席台上就座的北大副校长季羡林正是那一天替自己看行李的老人。

我不知道这位学子当时是一种怎样的心情，但我在听过这个故事之后却强烈地感觉到：人格才是最高的学位。

一个人既有人品又有学位，那一定是事业有成；而虽有了学位却坏了人品，学位就可能成为一张废纸，人就可能坠入深渊，甚至毁掉人生。

文凭、学位的作用，仅在于证明一个人经历了什么样的学校，读书多长时间，学何种专业，而对于一个人的能力水平、素质来说，文凭、学位并不能完全证明。而有识之士也并不太看重文凭、学位。人品与智慧的结晶不是文凭、学位，德才兼备才是真正的人才，社会需要之才！一个人的才能是一个人智商、知识、能力的集中体现。一个人若没有“才能”，就不能胜任一个部门、一个专业的工作，这是众所周知的。然而，人才的人品问题，自古以来就是权衡一个人是否真正是才，是否担当起“才”这个称谓的原则问题。

人的才能是可以后天训练的，但哪怕是才高八斗的人，倘若轻视人品的自我修养和塑造，就绝对成不了“才”！因为人品和人才之间是相互制约、相互借势的。一个人的人品本身就是一种价值，就是“支撑”才能的基础，如果没有了这种价值和基础，也就不能体现出人才的真正价值。

罗斯福说过：“有学问而无品德，如一恶汉；有道德而无学问，如一鄙夫。”古人云：“德者才之王，才者德之奴。”可见，人品何等重要！

试想，在一个企业里，有人天天动脑筋挖公司的墙脚，这个人能要吗？试想，一个非常有能力的人的人品出了问题，不是能力越大而反作用越大吗？一个单位无论管理制度多么严谨，一旦任用了品德有瑕疵的人，就像组织中的深水炸弹，随时可能引爆。

人生可以没有学位，但不可以没有学问，更不可以没有人品。人品是最高的学位，德与才的统一才是真正的智慧，真正的人才。

（资料来源：https：//www. sohu. com/a/200326173_718463，节选自白岩松的演讲）

思政小课堂

职业伦理与道德

从上述案例中我们了解到，社会企业对一个人的评价首先是对其人格道德的评价。作为新一代大学生，应该不断加强自身的职业道德修养，培养自己的职业精神，确保未来在工作中尽职尽责，并约束自己的行为。

第一节 演讲概述

一、演讲沟通概述

演讲的目的是让沟通对象理解并接纳演讲者的意图，以达到与听众有效沟通的目的，对于大多数商务人员而言，演讲是职业生涯中不可或缺的一部分。在职业生涯初始阶段，演讲可用于向同事做简报；之后，演讲会被更多地应用于向管理人员汇报某次商务活动方案的策划或活动成效，向同事介绍某个商务项目的最新进展，向团队成员就某个议题陈述

观点，向客户提出商务建议、发表促销演说等。

（一）演讲沟通的含义

演讲是演讲者在特定时空环境中，借助有声语言和态势语言的艺术手段，针对现实中的某个问题向听众传递信息、表述见解、阐明事理、抒发感情，从而达到感召听众并促使其行动的一种现实信息交流活动。它是一种直接的、带有艺术性的社会实践活动。

演讲是人类的一种社会实践活动，鼓动性、现实性、适应性和艺术性是其主要特征。演讲必须具备演讲者（speaker）、听众（audience）、环境（environment）、沟通媒介（media）和时间（time）等条件，缺一不可。也就是说，离开其中的任何一个条件，都不能构成演讲。但是仅仅具备这些条件，也不足以揭示出演讲的本质属性。任何一种带有艺术性的活动，都有其独特的物质传达手段，形成自己特殊的规律，揭示自身活动的本质特点。演讲自然也不例外，演讲者要想表达自己的意见，陈述自己的观点和主张，从而达到影响、说服、感染他人的目的，必须通过与其内容一致的传达手段来实现。

（二）演讲的特征

1. 从演讲的性质来看，它具有活动真实性的特征

演讲的“演”主要是指引申、阐析或者演绎的意思。演讲也可以借用表演艺术手法来增强演讲的感人效果，但是，它们运用的范围、程度都应该受到严格的限制。

2. 从演讲的场面来看，它具有听众广泛性的特征

演讲具有听众广泛性的特征，表现在它是“一人讲，大家听”。科学技术的进步，使得演讲场面不受人体音量的限制，听众人数不能过多的问题得以解决。现在演讲的场面已经扩大到数以亿计的听众都能在同一时间收听、收看某个人的演讲，这给古老的演讲增添了雄伟壮观的气势。

3. 从演讲的形式来看，它具有口头语言为主，态势语言为辅的特征

演讲的客体是听众，所以演讲表达的主要形式是口头语言，它作用于听众的听觉系统。态势语言诉诸听众的视觉，是辅助手段。

4. 从演讲的思想来看，它具有传播自己的观点和主张的特征

无论演讲者掌握了多少别人提供的资料，最后作为正式演讲的内容一定要经过演讲者自己的咀嚼消化，成为演讲者自己的观点和主张。著名演讲家布克·T. 华盛顿对此有过一个极好的说明：“除非一个演讲者在内心深处，深深感到有一个信息要表达，否则我就不相信他将演讲。”

5. 从演讲的结构来看，它具有阐述的系统性的特征

为了使演讲词层次清楚，中心突出，演讲的结构应该具有完整性，演讲的阐述应该具有系统性。

6. 从演讲的过程来看，它具有听众信息反馈的特征

交流式的演讲可以为演讲者带来两大好处：一是演讲者可以根据听众的反馈信息及时调整演讲的内容和方法，避免无效的演讲。二是演讲者可以掌握听众的心理状态，根据听众的接受程度，在最佳时间段里输出最大的信息量。

二、演讲的意义

（一）演讲是宣传鼓动的方式

在物质文明和精神文明建设中，演讲作为一种宣传鼓动的方式，正在日益发挥着它的重要作用。国家和政府一些具有重大现实意义和深远历史意义的方针政策和宏伟目标，需要我们去宣传，去贯彻落实。

（二）演讲是传授知识的手段

苏霍姆林斯基在他的《给教师的百条建议》中说：“教师的语言修辞在很大程度上决定着学生在课堂上脑力劳动的效率。”演讲也是促进科学知识发展的重要手段。

（三）演讲是搞好经营管理的途径

各级管理干部经常需要通过演讲的途径向上级部门汇报工作、反映情况，向兄弟部门介绍经验、交流信息，向本部和下级部门传达、布置工作。

（四）演讲是社会交际的技能

语言是思想交流的工具，也是社会交际的工具。演讲是一种巧妙运用语言工具的艺术，因此，它必然成为人们社会交际中不可缺少的才能。

演讲在社会交际中的用范围很广，如：新婚贺喜、生日祝福、迎送致辞、凭吊悼词；企业团体之间的经济谈判、文化往来；国家之间的礼仪祝词、节日讲话和盛大宴会上的祝福词等。

三、演讲的分类

（一）按照演讲的内容标准分类

从内容上看，演讲大致可以分为政治演讲、学术演讲、法律演讲、礼仪演讲四个类型。

1. 政治演讲

政治演讲是指从政治角度阐述和评论当前形势中重大事件与现实问题的演讲，是针对国内外的政治问题与社会现实生活中出现的思想认识问题进行分析、评论，阐明和宣传某

种政治观点和主张的演讲。诸如世界上一些国家元首的竞选演讲、就职演说，各党派团体或个人在政治性集会上的讲话以及为社会政治服务的各类主题演讲。例如，公元前 5 世纪，在纪念伯罗奔尼撒战争中死亡战士举行的公葬仪式上，雅典著名的政治家、演说家伯里克利做的演说："其中部分是对其行为的赞扬，因为往生者确实值得我们赞扬，而往生者的后代理应受到大众的照顾直到长大成人。就像花冠一般，这实质的奖赏是雅典为她的子孙所戴上的，当他们像其他人一样付出努力之后，不论他们在世或往生都会戴上这种花冠。"

政治演讲有三个特点：思想性、针对性、鼓动性。

2. 学术演讲

学术演讲是指表述科研成果、传授科学知识和学术见解的演讲，是具有科学内容性质的演讲。它多用在学术座谈会、学术讨论会、学术报告会上向听众发表学术研究成果、传授科学知识和学术见解的演讲。例如，1933 年美国学者作家威廉·里昂·菲尔普斯就书籍与阅读问题做的演讲："借来的书，就如同家里的宾客，必须细心、体贴地对待。你必须保证它不被毁坏，它不能在你的家中受到委屈。你不能漫不经心地随手乱放，你不能在书里做记号，你不能折书页，你不能随便使用它。然后的某一天，虽然很少人能做到，但是你确实应该归还它。"

学术演讲具有学术论文和演讲的两重性。从内容上看，学术演讲具有学术论文的特点，它是独创性和科学性的结合。从形式上看，学术演讲是专一性和通俗性的结合。

3. 法律演讲

法律演讲是演讲艺术中最古老的类型之一。法律演讲又称诉讼演讲，它主要是指自诉人、公诉人或被告及各自的委托律师在法庭上发表的演讲。这类演讲主要用于法庭控告、法庭申述、法庭辩护，如起诉词、辩护词等。法律演讲以其绝对的客观性、充分的论据、详尽的旁证和雄辩的逻辑力量为特点。法律演讲获得成功的必要条件是客观事实。

诉讼演讲可分为自诉、公诉演讲和辩护演讲三大类。

自诉演讲是指被害人或其法定代理人为追究被告人的刑事责任而向法庭提起的诉讼演讲。公诉演讲是指检察机关代表国家为追究被告人的刑事责任而向法庭提起的诉讼演讲。辩护演讲是指被告人及其辩护人在法庭上否定原告指控事实所进行的辩护演讲。

法律演讲有三大特点，分别是鲜明的集团性和政策性、尊重事实和尊重法律以及用词准确和语气肯定。

4. 礼仪演讲

礼仪演讲是指在各种社交往来仪式上发表的演讲，如在公众节日或国家、社团、个人重要仪式和庆典上进行的讲话。它特别强调礼节性和感情色彩，其辞令、表情、动作乃至服饰都有所讲究，务必使之与社交场所的氛围相融合。

礼仪演讲主要分为祝贺演讲和凭吊演讲两种。祝贺演讲是指具有庆祝、恭贺性质的演讲。祝贺演讲有结婚祝词、生日祝词和国家、团体的礼仪祝词。

凭吊演讲又称致悼词，它是为悼念死者而进行的演讲。凭吊演讲的篇幅不宜过长，并且要注意下面几点：尊重当地的民情民俗、礼节风尚。根据死者的性别、年龄，以及演讲者与死者关系、演讲者与听众的关系等，恰如其分地表达自己的感情。尽量用亲切自然的口语，少用华丽的辞藻，语气要严肃、庄重、恳切、得体。

案例 4-1

马云在2018年阿里巴巴上市时的演讲

大家好，我觉得今天是一个具有里程碑意义的日子，其实想要说的话非常多，但是今天也不知道该从哪里说起，心里充满着感恩、感谢，谢谢所有的人，所有参与过阿里巴巴、今天还在阿里巴巴努力的同事们，感谢所有的客户，感谢所有的股东。

我相信今天一天，今天所发生的事情，对大家一生都有很大的意义，我希望大家一会儿在敲钟仪式的时候，每个人关注一下我们敲钟的八个客户，我们努力15年的目的，是让他们站在台上，我们努力15年的目的，是希望他们成功，因为我们相信只有他们成功了，我们才有可能成功。

今天阿里是一家很幸运的公司，我们这家公司的运气来自客户，运气来自互联网，运气来自中国，运气来自我们每个人的努力。所以未来的15年，我们要坚持感恩这个时代、感恩互联网、感恩中国、感恩中小企业。

最后我也希望大家能够坚持把我们的生态系统做得更加完善、更加好，我们相信今天我们说不完的感恩，做到感恩的最佳方式就是用行动去做，做得更好。

所以我在纽交所，今天大家说纽交所就像我们的双十一，无数人为此付出巨大的代价和努力，从明天开始，我们的路程会更加艰难，全世界在关注我们是不是坚守我们的承诺，今天我们融到的不是钱，我们融到的是信任，是所有人对我们的信任，客户的信任、时代的信任、投资者的信任。所以我希望大家能够对得起这份信任、对得起我们自己心里面第一天的梦想。

所以再次感谢大家，感谢所有的亲人，没有你们家的亲人，没有你的太太、你的先生、你的爸爸妈妈，没有孩子的支持，我们不会走到今天。所以一如既往，阿里人我们要走的路很长，今后加入我们的也会很多，离开我们的也会很多，但是不管发生任何事情，坚持理想、坚持使命，坚持做我们认为对的事情，感谢大家，晚上好，一会儿我们敲钟的时候见。

（资料来源：http：//www. ruiwen. com/yanjianggao/2083952. html）

案例点评：

这是马云在2018年阿里巴巴公司上市当天的演讲，是一个在特殊时机的礼仪型演讲，该演讲多次出现感恩、感谢等词语，以此来表达演讲者的情感，随后提出了一些希望，表达了自己的决心，最后又回归感谢主题。

（二）按照演讲的表达形式分类

从表达形式上看，演讲可以分为陈述型演讲、论辩型演讲、主情型演讲、鼓动型演讲四类。

1. 陈述型演讲

陈述型演讲是叙述事件发生经过、缘由，人物生平事迹的演讲，也叫叙达式演讲。它主要用于报告某一地区、某单位的政治经济、文化发展情况及某项工作开展情况，或报告参观访问、参加会议的情况，或报告某人的生平事迹等。陈述型演讲的目的是使人获知情况。它的内容决定了它不容演讲者在思想和艺术两方面做更多的创造，而必须是从客观事实出发加以发挥。

2. 论辩型演讲

论辩型演讲是一种运用逻辑手段证明演讲者所提出的论点令人信服的演讲，也叫议论式演讲。它可分为立论和驳论两种。前者以论为主，后者以驳为主。但无论是立论还是驳论，辩中不可少论，论中不可少辩。论辩型演讲的目的在于把道理说通、说透，令人信服。

3. 主情型演讲

主情型演讲是一种以抒发演讲者的主观情怀为主，融情于理，融情于事，情、理、事交融，以情动人的演讲，也叫抒情式演讲。它既包括各种礼仪性演讲，也包括其他类型的演讲。

4. 鼓动型演讲

鼓动型演讲是指通过演讲者的意志创造一种磅礴的气势，鼓励、动员、号召听众接受演讲者所提倡的理念，从而激发行动的演讲，也叫激励式演讲。

案例 4-2

俞敏洪的树草理论：同学做人的标准和成长的标准

人的生活方式有两种。第一种方式是像草一样活着，你尽管活着，每年还在成长，但是你毕竟是一棵草，你吸收雨露阳光，但是长不大。人们可以踩过你，但是人们不会因为你的痛苦而产生痛苦；人们不会因为你被踩了，而来怜悯你，因为人们本身就没有看到你。所以我们每一个人，都应该像树一样成长，即使我们现在什么都不是，但是只要你有树的种子，即使你被踩到泥土中间，你依然能够吸收泥土的养分，自己成长起来。当你长成参天大树以后，遥远的地方，人们就能看到你；走近你，你能给人一片绿色。活着是美丽的风景，死了依然是栋梁之材，活着死了都有用。

当你是地平线上的一棵小草的时候，你有什么理由要求别人在遥远的地方就看见你？即使走近你了，别人也可能不会看你，甚至会无意中一脚把你这棵草踩在脚底下。当你想要别人注意的时候，你就必须变成地平线上的一棵大树。人是可以由草变成树的，因为人的心灵就是种子。你的心灵如果是草的种子，你就永远是一棵被人践踏的小草。如果你的心灵是一棵树的种子，你早晚有一天会长成参天大树。不管你是白杨树还是松树，人们在遥远的地方都能看见在地平线上成长的你。当人们从你身边经过的时候，你能送他们一片绿色、一片阴凉，他们能在树下休息。因此做人的要求是你自己首先要成为地平线上的一棵大树。当你是草的时候，你没有理由让别人注意到你。

（资料来源：http：//xlzx. qchm. edu. cn/1e/e0/c403a7904/page. htm）

案例点评：

这是2008年2月19日，新东方创始人俞敏洪在《赢在中国》发表的一段他激励学生的精彩演讲，令人感动。俞敏洪的“树草理论”所阐述的不仅仅是一种人生态度，更是一种对命运的主动选择。他告诉我们能否获得成功，取决于每个人的心态：是选择做一株卑微的草，还是做一棵参天的大树。他这段出色的演讲沁人心脾、摄人魂魄，从而使他的思想主张深入人心，使他的呼唤化为听众的行动，所以演讲调动的是一种发自内心、内在生命的原动力。由此，我们可以说演讲能力的高下，在一定程度上决定了一个人生存和发展能力的强弱，演讲的魅力和力量是无穷的。

（三）按照演讲的表现风格分类

按表现风格的不同，演讲大体可分为慷慨激昂型演讲、情感深沉型演讲、哲理严谨型演讲、明快活泼型演讲四大类型。

1. 慷慨激昂型演讲

慷慨激昂型演讲是演讲者用火热的情感和洋溢的热情去吸引听众的演讲。它表现为节奏快起伏大，音量对比强烈，语言声情并茂、铿锵有力，利用对听众施加感情影响的手段达到牵引听众理解演讲主题的目的。

2. 情感深沉型演讲

情感深沉型演讲的感情色彩深沉浓厚，节奏较慢，平铺直叙，娓娓道来，音量对比较弱。它的特点是发人深省，具有启发性，适合于正统、庄重、严肃悲壮的演讲主题和内容的演讲。

3. 哲理严谨型演讲

哲理严谨型演讲是演讲者以严肃的思考和准确的逻辑推理去吸引听众的演讲。它表现为语言经过严密而谨慎的加工，没有过多的语言变化，没有过多的记事描述；居主导地位的是对判断进行分析，判断严密无隙、互相贯通。

4. 明快活泼型演讲

明快活泼型演讲的明显特征是节奏明快，语言变化幅度大，感情热烈，表达通俗，喜用比喻，表现力强，语言幽默而形象、清新而生动，令人感到十分亲切。明快活泼型演讲能使演讲会场气氛活跃、融洽，能给听众带来欢乐和活力，让听众在轻松愉快的氛围中受到教育或得到启发。

案例 4-3

鲁豫：表达的力量

我知道你们可能还不太习惯我这样子，我自己也不太习惯，我们慢慢慢慢适应一下，导演说《我是演说家》一开始，你说说表达的力量吧！

我想先跟你们说一个我的秘密，我是主持人，主持人要说话，但其实我是一个特别内向的人，我不太愿意说话，可是你不要弄错了，我不愿意说话，我不愿意表达，并不是因为我觉得说话太简单了，语言根本就没有分量。恰恰相反，我知道语言有多难，语言多有力量。我觉得我们每个人，都经历过那样的阶段，当你突然觉得你的人生濒临绝境的时候，有那么一句话，把你狠狠地推向深渊，但是，同样我们会有那样的经历，在我们落入深渊的那一刻，会有那么一句话帮助你，安然落地，而这就是语言的力量。语言像是一把锋利无比的刀子，有的时候是杀人的武器，但有的时候它是救人的工具，即便是这样，我还是相信语言的力量，表达是有意义的。

有一个我的小朋友曾经问过我，他说："鲁豫姐，有没有这样一句话，在你人生特别艰难的时候，能够帮助你安然度过？"我想了想，好像是有的，我经常会对我自己，对别人说，我说我相信，我们这一生不管是谁，我们所承受的悲欢离合、喜怒哀乐的总量是相同的，这句话对我有催眠的作用，特别有意义。当我很难的时候，我就对自己说，其实没什么，我这一辈子不会比任何人更倒霉，但是有时候那个不好的过程太长了，我会想，天哪，什么时候才是那个底？我想要否到什么时候，极到什么时候那个泰才会来。但是这个时候，我就要相信，只要死磕，好的那一刻总会到来。

所以我相信，语言是有意义的，表达是有力量的，语言是一把锋利的刀子，可以扎出血来，很多时候你不经意伤害我的话，会让我害怕、恐惧，但是我们都不要害怕，都不要恐惧，都不要被别人的语言所绑架，所恐吓。我们还是要听从自己内心的声音，过自己想要过的那种生活。

表达是有意义的，表达是有力量的，要表达你的爱，你的喜欢，去温暖、感动我们爱的人，喜欢的人。要表达你的愤怒和讨厌，要鞭挞那些丑恶的，让善良的人不感到寒意；要表达我们所知道的，让更多的人都知道；要表达我们所质疑的，让我们彼此更加坦诚。表达更需要智慧，你要运用语言的力量，在适当的时候，运用四两拨千斤的道理，去改变我们周遭的环境和社会，表达只属于那些真诚的、有勇气的、敢作敢当的人。

我希望我们一起在这个舞台上，表达自己，说出你想说的，让我们一起：敢说！敢做！敢自我！谢谢大家！

（资料来源：http：//www.360doc.com/content/17/0523/08/13800560_656372121.shtml）

案例点评：

以上演讲围绕“表达的力量”这个主题，从自身引出表达的重要性，然后通过小朋友的故事来证明表达是有力量的，结尾部分发出号召，呼吁大家勇敢表达自己。这属于慷慨激昂型的演讲。

(四) 按照演讲活动方式分类

以演讲活动的方式为标准来划分，演讲可分为命题演讲、即兴演讲、论辩演讲三种。

1. 命题演讲

命题演讲是根据组织者事先规定的主题范围，在有准备的基础上所做的主题突出、内容系统、结构完整、要求全面的演讲。它包括竞赛命题演讲、会议专题演讲和学术专题演讲三种类型。

2. 即兴演讲

即兴演讲是指演讲者事前无准备，由于受某一环境、氛围或某主题的诱发临时发表的演讲。它包括政治生活、工作事务中的即兴演讲和比赛、答辩等现场的即兴演讲两种类型。

3. 论辩演讲

论辩演讲是指对某一事物持有不同观点的双方在同个演讲环境中所进行的以坚持己方观点、批驳对方观点为宗旨的演讲，包括日常论辩演讲、专题论辩演讲、赛场论辩演讲三种类型。

案例 4-4

压力就是动力

很多人都问过这样的问题：压力为什么会降到我头上？我应该如何面对压力？我认为用一句话来回答就是：压力就是动力。不知道大家有没有听过这样一句话，“如果你想翻墙，请先把帽子扔过去”。我认为其实在很多时候，不给自己回头的理由，不给自己留后路是一件好事，只有学会用压力来逼迫自己，才能珍惜自己的人生，才能创造出更大的价值。

有这样一个真实的小故事：一个人看到蝴蝶幼虫在茧中拼命挣扎太过辛苦，出于好心，就用剪刀将茧剪开，让幼虫轻易地从里面爬出来。但是，这只幼蝶根本飞不起来而且很快就死掉了。原来，幼蝶在茧中挣扎是生命中不可缺少的一部分，是为了让身体更强壮、翅膀更有力。如果不经历必要的破茧过程，他就无法适应茧外的环境。其实这正是在告诉我们，一个人不经历必要的磨难，没有压力，他的人生就不会完整，因为他没有能力抵挡以后的风风雨雨。回顾历史，我们追寻先人留下的印记：朝堂之上，孟子警觉世人，“生于忧患，死于安乐”；巨鹿之战，项羽破釜沉舟，逼迫将士以一敌百，“百二秦关终属楚”；韩信背水一战，利用压力逼迫自己，成就了壮美的诗篇。

现实生活中，我们经常会受到来自四面八方的压力，父母的压力、学科的压力、部门的压力等。所以当我们接收到这些压力后，应该将其看成是一种动力，一种激励和促使我

们更加努力更加发奋的动力。压力会让我们不敢停下前进的脚步，压力使我们时时奋进，使我们实现一个目标时不敢懈怠，使我们获得成就时能够再接再厉。不要再去害怕压力，因为“压力就是动力”。

（资料来源：https：//www.kczg.cc/jixingyanjiang/2599.html）

案例点评：

以上演讲属于典型的即兴演讲，围绕“压力就是动力”这个主题，开门见山地抛出主题，然后提出观点，随后以蝴蝶的案例说明自己的观点，最后再次强调主题。该演讲稿短小精悍，层次分明，论述有力，是一篇具有感染力的即兴演讲稿。

（五）按照演讲的目的分类

以演讲活动的目的为标准来划分，演讲可分为解释型演讲、说服型演讲、即时型演讲三种。

1. 解释型演讲

解释型演讲就是把事情说清楚，令听众明白。首先，演讲者根据时间限定选择主题，只抓住一个要点，加以详细解说，方便听众记忆，以留下清晰的印象。如果有侧重点，一定要在结尾时进行总结。其次，演讲内容的安排要秩序井然，可以依照时间、空间或者特殊顺序来安排。例如，以时间为序，可以选定一天作为开始，向过去追溯或者向前发展。最后，用听众熟悉的事物来对比，演讲时可以将演讲内容和听众熟悉的事物相联系，避免使用专业术语，使听众对熟悉的事物产生陌生感。

2. 说服型演讲

说服型演讲不仅要把事情说清楚，还要以激励的方式使听众按演讲者的意图完成相应工作。为了实现这样的目标，必须做到：①用真心换信心。发自内心的真诚和热情才会让演讲更具说服力，只有自己坚信不疑才可能尽力说服他人。②用认可获得赞同。演讲者开始就表明自己的态度，只会让听众产生逆反心理。要想赢得听众的赞同，就需要一开始就从听众认可的事情进行演讲，然后提出问题，引起他们的思考和兴趣，最终获得听众的赞同。③用热情感染听众。当演讲者投入的激情极具感染力时，听众一般都不会觉得抵触。演讲者想要感染听众就应先让自己充满激情，否则语调再温和动听、讲述的事例再详实、一举一动再得体，也是一次失败的演讲。

3. 即时型演讲

即时型演讲也叫即席演讲。随着现代社会的发展，随时随地的语言沟通变得愈加频繁，能够即时演讲也是现代商务人员必备的能力。事先有准备的演讲对商务人员还是较容易的，但即时演讲相对而言就困难得多。

商务人员应多做即时演讲的练习。遇到即时演讲，商务人员可以从以下几方面讲起：①听众自身。例如，说说听众是什么人，正在做什么事等。②所在的场合。例如，可以谈谈聚会的起因是什么，是纪念性的会议，还是颁奖会，或是展销会。③如果仔细听了前面的演讲，可以就某位演讲者提到的兴趣点进行阐述。演讲者要设立一个主题，围绕这个主题进行阐述，所举的事例要切合主题。

四、演讲的表现形式

演讲者在演讲前都会做充分的准备，演讲的内容也会非常熟悉，但是要达到成功的程度，还需要一个非常重要的因素，那就是在台上的表现。知道说什么很重要，但是如何把话说出来，把情感表达出来，把热情传递给听众都要看演讲的表现形式。一般而言，演讲的表现形式有三种。

（一）有声语言

有声语言是由语言和声音组成的，是演讲中传递信息、表达思想的媒介。它是演讲者思想感情的载体，以流动的方式承载着演讲者的主张、见解、态度和感情，直接诉诸听众的听觉器官，从而产生说服力、感召力，使听众受到教育和鼓舞。

有声语言是演讲者与听众交流信息的主要工具和重要渠道，从有声评议表述角度看，演讲者必须做到发音标准、吐字清晰，词句流畅、准确易懂，语调贴切、抑扬顿挫。

（二）态势语言

演讲不仅需要语言和声音，还要辅之以动作、表情。通过面部表情、体态、手势、空间距离和服饰装束等进行思想感情和信息传播的手段，称为态势语言（也叫体态语或无声语言）。

态势语言是通过动作或者某部分形态的变化进行思想和情感交流的一种方式。毋庸置疑，和谐、自然的态势语言是演讲成功不可缺少的部分。古今中外很多著名的演讲家都十分重视态势语言。态势语言不但是对口头表达必要的补充和辅助，而且能够反映人的性格和心理，以及人的真实感受和内心需求，可以弥补有声语言的不足。就演讲来说，首先，态势语言能更形象地传递信息，表达思想。其次，态势语言更有利于传达情感，反映情绪。态势语言的类型主要包括面部表情、手势、体态、空间距离和服饰装束等。

（三）主体形象

演讲者直接出现在观众面前，因而必须讲究主体形象，如形体、仪表、着装、发型、举止神态等。演讲者的整体形象，不仅直接影响着自身思想感情的表达，而且直接影响着听众的心理情绪和美感享受。这就要求演讲者在自然美的基础上，兼有一定的艺术美。而这种艺术美，是以演讲者本人为依托的艺术美，不同于舞台艺术的性格化和表演化的艺术美。这就要求演讲者在符合演讲特定活动的前提下，注意装饰的朴素、自然、轻便、得体，注意举止、神态、风度的潇洒、大方、优雅，只有这样才有利于思想感情的表达，才能取得良好的演讲效果。

第二节　演讲沟通的过程

在日常生活中我们离不开沟通，而演讲作为一种特殊的沟通形式不仅出现在生活中，而且时常在职场中应用，几乎每个职场人都会面临各种各样的在公众场合讲话的机会，演讲能力已经成为人们不可或缺的技能。但是要想演讲成功，必须把握演讲过程的各个环节，任何一个环节出现问题，结果都有可能是灾难性的。

一、演讲前的准备

戴尔·卡耐基在其自传中写道，无论是大的还是小的演讲，他都会做精心的、长时间的准备，以确保演讲的成功。可见充分的准备对演讲成功至关重要。有句话说得好：准备的失败就是失败的准备。无论演讲者做何种演讲，都必须熟悉演讲的环境，分析演讲的听众，掌握演讲的论题，准备有效的视觉辅助工具。

（一）熟悉演讲的环境

熟悉演讲的环境对于演讲成功有很大影响，试想如果演讲者在一个回声很响的大厅里演讲，听众和演讲者都会厌烦不已，那么演讲的效果就会糟糕透顶。同样的道理，嘈杂的演讲环境、浮躁的听众也会影响演讲者的情绪，难以使演讲取得预期效果。与演讲有关的环境因素一般包括静态环境因素和动态环境因素。

1. 静态环境因素

静态环境因素包括房间的大小和形状、窗户的位置和数目、四周墙壁的位置、电源插座的位置和数目等。这些因素通常难以改变，但演讲者应事先了解这几方面的情况，在提供的演讲条件很不合适时，可要求变换演讲的地点，以利于演讲的顺利进行。

2. 动态环境因素

动态环境因素包括桌椅、视听设备，甚至还有听众。演讲者应确保自己能与听众进行目光接触交流，如果能伴随着点头、微笑等，会达到更好的效果。在演讲过程中可以运用手势、动作、表情、变换位置或在过道上走动以及幻灯片和字幕等视听辅助工具以“拉近距离”，达到加强人际沟通的效果，使演讲更加成功。

总之，对这些与演讲有关的环境因素，演讲者应重视并做好选择与准备，为成功的演讲奠定基础。

（二）分析演讲的听众

演讲者的演讲大多是与公众进行信息交流。这样的演讲受到诸如听众是否喜欢演讲者本人，听众的背景、文化素养如何等因素的制约和影响。因此，听众的作用也是演讲者在准备过程中要认真考虑的问题。

演讲是有针对性的，要了解在什么地点、什么情景、对什么人说话，明确了对象的年龄、职业、兴趣爱好、教育背景等，才能找到与听众的连接点，用准确恰当的方式搭起沟通的桥梁。作为演讲者，应该熟知听众对演讲主题已经知道了什么、可能对什么感兴趣、拥有什么样的态度和信念过程及他们对你的感性认识，只有这样才能投其所好，使演讲吸引人。

案例 4-5

开口说话就是力量

曹青莞

在《超级演说家》的这个舞台上，我认识了很多很多的人，他们都很会说话，一个比一个能说会道，毕竟《超级演说家》是全国第一档以说话为主题的节目，口号就是说的更比唱的好。但是在电视机前还有很多听不到的人，他们怎么办呢？所以现在我就想在这里用手语来告诉他们，今天我在这个舞台上都说了什么。

小的时候，我以为张开大嘴巴就是说话，那个时候我还不知道我说的话是没有声音的。上幼儿园的时候，我学会了让喉咙振动，我觉得这就是说话，但是那个时候我还不知道，我说的话别人根本听不清楚。上小学的时候，我又以为大声地表达就是说话，但是那个时候回应我的却是一张张惊愕的脸。即使是这样，我依然特别珍惜每一次开口说话的机会，即使只是一句简单的“啊”。因为对于先天失聪的我来说，能够发出声音它就是一种力量。

我曾经拒绝说话，我用大喊大叫的方式责怪妈妈，你凭什么，你为什么给了我一双这样的耳朵。但是，有一次我在聋哑康复中心，有一个小女孩应该跟我差不多一样的年纪，她冲我跑过来，然后痴痴地看着我，用一个傻得可爱的笑容对着我们，然后用手语告诉我：“姐姐，你可以教我说话吗？”第一次，我发现有人羡慕我，是因为我可以像正常人一样用说话来交流，即使发音拗口，大舌头，但是对于他们而言一样是可望而不可即的。我这才知道，原来我是这么幸运，我能够像正常人一样开口说话。

试想一下，假如我不会开口说话，我就不会有第一次叫爸爸时那种起了一身鸡皮疙瘩的感觉。假如我不会开口说话，我永远也不可能让妈妈知道我遗传了她的好嗓音。假如我不能开口说话，我连让别人叫我是大舌头的份儿都没有。假如我不能开口说话，我现在可能也只有瞎比划。假如我不能开口说话，我又能和谁分享我的喜怒哀乐呢？

所以，对于我们这样的人来说，说话的力量就是能够发出属于自己的声音。

但是只有在这个时候，我才会明白，说话是一种由内而外的力量，只有具备这种说话的力量才能让我不去在意谁听得清谁听不清，也不用在乎我说话的声音是大了还是小了，我说了，我表达了，这就足够了。

（资料来源：http：//www. wysls. com/read/post/809）

案例点评：

演讲首先要注意到听众的文化层次和社会阅历、注意听众的兴趣所在；其次，要注意听众的学识、职业、工作性质等；再次，还需要了解演讲环境的设置，是静态环境还是动态环境。曹青莞就充分利用了现场观众的感知觉特点，用童年记忆唤起听众的共鸣，达到了较好的演讲效果。

对听众了解越透彻，演讲的针对性越强，对听众的吸引力以及产生的效果也越好。正如林肯所说："当我准备发言时，总会花 2/3 的时间琢磨人们想听什么。而只用 1/3 的时间考虑我想说什么。"

1. 人口统计分析

即搜集、分析关于听众特征的数据，包括年龄、性别、教育、职业、种族/民族、地理位置和团体隶属关系等。当我们研究人口统计信息时，要对全部听众进行归纳，然后以归纳为基础，预测这些听众可能对什么感兴趣以及他们可能有些什么背景知识。

（1）年龄。作为一个演讲者，你必须对听众的年龄范围敏感，因为兴趣因年龄的不同而不同。大学年龄段的人通常对学校、未来的工作、音乐和人际关系感兴趣；年轻的父母通常对那些影响孩子的问题，如校车安全和学校政策感兴趣；中年人倾向于把重点放在工作上；老年人则对于休闲活动和健康有关的问题感兴趣。

（2）性别。演讲者对于性别问题必须保持敏感并做出反应。如果对男女混合的听众发表演讲，但是不知道两种性别的听众都在场，不知道他们的需求，就会不仅不知道从哪里开始，还会使演讲显得不合时宜，甚至可能存在性别歧视。

（3）教育。听众的受教育水平对于演讲者来说是重要的，因为它反映了这个群体的知识和经验状况。可以假定人们受的教育越高，他们的知识就越专业化。律师、医生和博士都有专业化知识，然而对专业知识以外的其他领域他们可能只有很少的知识。在准备演讲时，需要考虑的问题是听众是否与你一样具有同样的知识，或者你是否必须从基础开始讲。同时你的语言和词汇应适应听众的教育水平。

（4）职业。听众的职业也可以影响怎样处理某些话题。比如，了解大多数听众的职业，常常能预测他们的平均收入水平，你就可以相应地了解他们关心的话题。有时职业表明一种专业知识领域，表明对一个话题的兴趣点。大多数职业团体或许会对其所在职业领域中的道德问题感兴趣，工厂工人可能会对工会工作和怎样组成一个工会感兴趣。如果是对一个职业群体演讲，应设法使演讲适合于听众的职业特点。

（5）种族/民族。听众有时由单个种族/少数民族组成。如果要为一个具有不同背景的群体做演讲，则在语言使用上应特别小心。因为不同的听众可能在俗语和口语表达上存在着差异。这就需要演讲者对多样化的听众保持敏感并做出反应。对听众的信息了解越多，就越能更好地根据听众的需求对演讲做出具体的调整。

（6）地理位置。听众的地理位置可能影响演讲的内容和方式。如果政府在出钱改善机场跑道，你就得查明这笔钱的一部分是否拨给本地机场。

（7）团体归属。了解听众所属的俱乐部、组织或协会可能有用，因为人们通常认同自己所在组织的目标和兴趣。如果为一个团体做演讲，应该知道他们支持什么，并相应地调整自己的演讲。如果为本地的历史协会做演讲，听众将希望你讲一个带有某种历史视角的话题。

2. 听众知识

在演讲前要了解演讲的听众的背景和信息需求，如果想要避免听众中的专家觉得你的演讲很乏味，或者听众中的初学者们一头雾水，应该注意以下几点：

（1）慎用术语和行话。一个对演讲者再熟悉不过的术语可能对于听众中的很多人来说是个十分陌生的概念。另外，听众习惯于运用某些特定的词汇，演讲者应该学会在自己的演讲中运用这些词。

（2）针对拥有多种不同背景的听众群体时，应多做几手准备。在考虑如何应对拥有多种不同背景的听众群体时，如果发现大部分听众没有专业背景的话，他们会愿意多听一些基础知识。在演讲开始之前做个非正式的抽样调查会有助于知道他们有关演讲知识的背景。另一个选择是你把演讲的有关背景知识在演讲之前以材料的形式发给听众。一定要特别关注“主要决策者”们的背景知识和信息需求。你当然不想传递模糊不清的信息给听众，但你也一定更加不希望你的演讲所传递的信息过于基础以至于令主要决策者们感到无聊，或是你所传递的资料他们根本不关心。

3. 听众的兴趣

应该记住的是，你的听众在情绪上的反应与他们所掌握的知识水平对你来说同样重要。许多演讲者都错误地认为，所有从事商业工作的听众都只会从事实和理性的角度去考虑问题。事实上，他们的反应还会受他们对你和你所传递的信息的感觉的影响。

如果你的听众兴致高涨，你可以直入主题，而不必花太多时间去激发他们的兴致。如果你计划的是一个非正式的演说，别忘了留下较多提问题的时间，因为人们通常喜欢讨论他们感兴趣的话题。

假如你的一些听众对演讲兴致不高，你应该运用些技巧去吸引他们的注意力，消除他们的冷漠。此外，还可以考虑通过邀请听众直接参与演讲的方式来激发他们的兴趣，同时为了保持他们的兴致，一定要使你的演讲尽量简短。如果你是在做一个营销演讲，那你必须对听众对你的兜售策略的每个反应和态度变化做出响应。

4. 听众态度和信念

在计划演讲时，也需要考虑听众对话题的态度和信念。你经常要在一些与自己有同样信念的听众面前演讲，如在自己所属的俱乐部里演讲。有时听众可能对话题没有任何的态度和信念。他们可能没有足够的知识来形成自己的看法，或者可能不是非常在意有没有观点，后一种情况将特别难以对付。如果想吸引一群漠不关心的听众，必须设法使这些听众感觉这次演讲与他相关且很重要。

但有时自己的信念可能与听众的信念相反，这时演讲可能会受到敌视。对于那些抱有敌意的听众，你必须给予特别关注，把握他们的情绪变化。

（三）掌握演讲的论题

熟练掌控演讲的论题是进行演讲的首要任务，一个新丽又富有吸引力的题目，不仅能在演讲前就激发听众的兴趣，而且会在演讲后给听众留下深刻的印象，甚至成为警句而广为流传。可以说，题目的选定对演讲效果起着至关重要的作用。演讲者在拟定演讲题目时必须认识到，演讲题目是大多数人都普遍关心的问题，必须指向听众的兴趣，满足听众的需要，同时，演讲的题目宜符合演讲者的专长，两者相辅相成才能成就一场成功的演讲。

案例 4-6

不忘初心，牢记使命

一位选手参加“时代新人”的演讲，她以 90 岁的外婆为例，通过回顾外婆革命的一生来表达“不忘初心，牢记使命”的主题。但如果主题只停留在这个层面上，就会显得泛泛而谈，缺乏深度和新意。于是，她在这个共性的主题上，再进一步思考外婆为什么 90 岁高龄还如此充满热情？最后归结到：是信仰，让人永葆青春，永远年轻。于是围绕这个主题，就有了这样的开头：

“我是重庆××集团的一名共产党员，我是一个‘80 后’，可我有一个‘90 后’的外婆。外婆叫李玉珍，今年 90 岁，党龄 71 年。71 年，这是怎样一段漫长岁月！而令无数人惊奇的是，在这岁月之后，时光送来的是一个永远年轻的外婆！”

以及这样的结尾：

“今天，我的青春正与外婆的青春重叠，我们的心跳同频共振。今天的和平与幸福，是烈士们用鲜血和生命铸就的，那么我们这一代人，有什么理由不用这个和平时代所赋予的自信和智慧，去奉献、去承担、去拼搏，去创造呢？这是时代新人的骨气和底气，是我们对脚下这片土地的忠诚和热爱，更是对 1921 年那群为人民谋幸福，为国家争前途的年轻人的念念不忘，声声回响！

“不忘初心方能行稳致远，不忘本来才能开辟未来。那就让我，和 90 后的外婆一起永葆初心，永远年轻吧！”

（资料来源：https：//www. sohu. com/a/336641266_ 733292）

案例点评：

演讲稿首尾呼应，主题鲜明且深刻，深入阐明了不忘初心的价值和意义。

该演讲者在构思演讲稿时，首先明确了演讲目标，然后提炼相应的演讲主题。值得注意的是，演讲主题即演讲观点，直接体现了演讲者思考的深度和广度，如果演讲者只是蜻蜓点水，所论所述仅仅是人们普遍的共识、浅显的道理，缺少足够的思想深度，这样的演讲就很难打动人，启发人。因此，提炼主题需要演讲者多思考、深挖掘，在生活的表象之下发现引人深思的内涵，让公众表达成为一盏灯，照亮人们思想的盲区，传播文明，引领前行。

精彩的演讲题目应该具备以下三个特点：

1. 题目富有建设性

在实事求是的基础上，标题要选择那些能给人以希望的、积极向上的、令人振奋鼓舞的文字。在内容上，标题要能引起听众的兴趣，满足其求知欲望。例如，曹青莞的“开口说话就是力量”，这样的演讲题目言简意赅、思想深刻，可以产生良好的效果。

2. 题目要新奇醒目

古语说：“语不惊人死不休。”演讲的题目也应像磁石一样，一下子吸引住听众。例如，许豪杰的“不是所有的90后都叫许豪杰”，尹凤龙的“我是男护士我骄傲”，孙浩辰的“假如我们随时会失去光明”等。不同的主题有着不同的新奇点，立意独特，自然就能吸引听众。

3. 题目要浓缩精华，充满哲理

演讲的题目就是演讲主题的浓缩，是演讲的精华部分，听众一般也是透过演讲题目来了解这场演讲的主要内容的。所以，演讲的题目就应该是最简练的，并且还是演讲主题的高度浓缩。演讲的目的不是以抒情见长就是以说理为主，所以，演讲题目在浓缩了演讲内容的基础上，还必须另有体现才行，比如饱含感情、充满哲理等。

演讲的题目要远离冗长、深奥、空泛的标题，讲的主题应有针对性，对存在的问题有的放矢，而不能泛泛而谈。此外，主题还须是演讲者自己创新的，切不可老生常谈，人云亦云。类似“用智慧开启成功之门，用勤奋打造幸福生活”就显得复杂、冗长，且主题分散，听众往往不知所云。

（四）准备有效的视觉帮助工具

每个人都有自己习惯的学习方式，不过大多数人对运用了视觉工具的演讲反应都会比只是听人讲述要好。调查表明人们获得的信息中有75%是通过视觉获得的。另外，利用图片传递信息的效率要比单纯用文字叙述高3倍，如果同时运用文字和图片的话，效率要提高6倍。

你可以利用视觉工具帮助沟通对象集中注意力，记住你所提供的事实，理解你的思想与设计思路；你还可以利用视觉工具来提示沟通对象，你将转向一个新的话题。

要记住，不管怎样，当沟通对象将目光投向一张图片时，他就不会再盯着你看了，所以你要将这次视觉工具的使用量压缩到最低限度。还有，不要用塞满了密密麻麻文字的幻灯片来做演讲者的提示提纲。

二、演讲过程的控制

你在演讲前做的准备也许已经足够充分，你的演讲主题和内容也能吸引听众，但是要达到预想的效果，还需要一个因素，那就是台上的表现。知道说什么很重要，但是如何把话说出来同样很重要。你要把热情传达给听众，过程的把握是演讲成功的关键。

（一）放松心情

你一走近讲台就感到紧张吗？神经紧张是否会导致你在开始演说时发生失误呢？如果你对这两个问题的任何一个回答为“是”，那么你的情况很正常。即使是专业的演说者和舞蹈演员都会感到紧张。著名的演员伊恩·霍姆在职业生涯的早期就有这种舞台恐惧，以至于改行去拍电影并在几十年中都没有直接面对过现场沟通对象。幸运的是，即使你不能完全消除紧张情绪，你也能成为一个成功的演说家。关键在于控制你的恐惧感。

1. 临场身体放松技巧

很明显你不可能在演讲马上开始时做伸展运动或进行练习，但是你仍然可以运用些别人不会觉察到的动作在最后一刻做放松练习。

（1）提高肌肉张力的运动。握拳，然后迅速放松肌肉。比如，你的脚可以在地面上用力踩，一只手用力压另一只手，手用力压桌面或椅子，握紧拳头，收缩大腿、脚趾的肌肉等，然后迅速放松绷紧的肌肉。

（2）深呼吸运动。缓慢、深深地将空气吸入腹部，然后再慢慢完全把气呼出，做完一个动作后可以暂停一下。试试用鼻子吸气，用嘴呼出，或是想象你正在吸入“积极的因素”，呼出“消极的因素”。运动时要避免呼吸过快，或是呼吸很浅只停留在胸部。

在演示开始前的最后时刻，你可以用意识放松的方法驱散舞台紧张感，即运用被行为心理学家称作“自我对话”的方法来实现意识上的放松。下面就是一些“自我对话“的例子。

1）跟自己做次神气活现的谈话。比如“我正要谈的是一件相当重要的事情”“我已经完全准备好了”或“听众也是平常人”。

2）使听众的反应比实际情况显得更好些。比如“他们对我的话题似乎很感兴趣”或“这群人真友好”。

3）重复说一些积极的话。比如“站在这里真让我高兴”“很高兴你们能来听我的演讲”或“这些我都非常清楚”以及“我真的非常关心我的听众”。

2. 演讲过程中保持放松的技巧

（1）对着有兴趣听你演讲的听众讲。总会有一些充满善意的听众在点头、微笑或友好地做出反应，你应该注意这些人，尤其演讲刚刚开始时，不要看那些低头读文件、望向窗外或打哈欠的听众。看着那些带着积极肯定神情的听众有助于你增强信心，很快你就可以毫不胆怯地环顾整个房间了。

（2）对着房间最后一排的人讲话。演示开始前做次深呼吸，然后对着离自己最远的一排听众讲话，强迫自己提高音量、调匀呼吸。

（3）一定要记住，你看起来往往比自己感觉的要好一些。你的紧张症状在听众看来远没有你自己感觉得那么明显，研究表明即使是专门训练演讲的专业人员也不会觉察到演讲人的全部紧张症状。所以，经理和学生们往往在观看自己演讲的录像时会惊喜地发现“我看起来比我自己想象的好多了”。

（4）把注意力放在现在和眼前。要把注意力放在你要传递的思想以及你的听众身上，不要在意你犯的错误、遗憾和未来的不确定因素。你已经对应该做什么有了详尽的分析，现在你只需要全心全意地执行你的计划。你应该乐于同你的听众交流你的思想，并展现你的热情。

（二）注意非语言沟通

演讲是“演+讲”，即影响演讲效果的不仅包括语言的内容，也包括演讲中的非语言沟通。在与听众交流过程中，有经验的演讲者总是能够恰如其分地运用非语言沟通方式，表达千变万化的思想感情，调整演讲现场的氛围，以收到最佳效果。要想进行一场成功的演讲，一定要注意在演讲过程中充分利用非语言方式与观众沟通。

1. 声音的控制

声音是与语言相伴随的有声的暗示信息，如果声音自然就很容易引起听众的兴趣，要做到这一点，就必须注意演讲的音量、语速、语音、语调。

（1）音量。演讲的声音要洪亮，要确保现场的每个听众都能听见。特别是在公众演讲场合，更应该大声地演讲。如果你生来就声音小而柔，别人难以听清，你在演讲时要试图对着听众中离你最远的人讲话，而且要保持音量不降下来。

提高音量但不能声嘶力竭。假如你需要提高音量，应该学习增加音量但不会给人声嘶力竭的感觉。练习这个技巧时可以假想自己是站在高高的露台上，对着下面的听众发表演讲。当你试图把声音向下传递时，你会感觉声音来自腹腔而不是喉咙，你的音量提高了，但听起来不像喊或是声嘶力竭。

适时改变音量，吸引听众的注意力。适当调整音量可以引起听众的注意，抑扬顿挫的讲话会给演讲增加趣味，比如需要强调某个观点或者讲到重要的内容时可以略微提高音量。有时突然降低音量也能出人意料地吸引听众的注意力。

（2）语速。在演讲过程中要注意语速适中才能与听众产生共鸣。演讲人在紧张的时候会不自觉地加快语速，语速太快会给听众带来一种压力，会使其产生反感情绪，如果你本来就是一个讲话快的人，在演讲时也应该试图慢下来。演讲者的语速也不能太慢，过于缓慢的音速会让听众分散注意力。如果你是一个慢声慢语的人，可以采用变化语音、语调等技巧吸引听众的注意力。

（3）语音。在演讲过程中要注意语音标准，吐字清晰，要确保听众能听清你的发音、理解你的演讲。如果你的语言对部分听众来说不是母语，那么你要放缓音速，以促使听众听懂你的意思。比如，在某企业的会议演讲过程中，年龄偏大的董事长用地方土话进行演讲，台下大多数本地员工都能听懂，而两位新进入企业的外地员工则一脸茫然。因此，在正式的演讲场合，演讲者应该尽量使用标准的普通话。

（4）语调。在演讲过程中，演讲者应该有效运用语调的变化调整现场的氛围，通过变化语调表达思想情感。特别是在强调某些词语或观点时一定要注意语调的变化。用较多的

重音结尾，用以制造一种强烈的氛围，突出结尾所概括的话题、主要内容，把演讲推向高潮，给听众留下深刻的印象。

2. 注意肢体语言

目光接触、面部表情、姿势和身体移动是与观众沟通的重要的非语言沟通方式。

（1）目光接触。眼睛是心灵的窗口，目光的交流就是心灵的交流，从观众的眼神中可以了解观众的想法和对演讲的态度，根据情况调整自己的演讲内容。演讲者准备开口前，应该先与听众进行目光交流，环视全场，让自己情绪稳定下来。在演讲过程中要与全场听众有目光接触，特别是对于坐在后面和坐在前排两侧的听众尤其要这样做。运用目光接触，一方面可以吸引并调控听众的注意力，建立相互之间的信任感；另一方面也可以通过目光接触来回应听众，解读听众的表情。如果发现听众眼神里还有疑惑的目光，说明听众还没听懂，你需要再解释一遍。如果发现听众眼神里已经暗淡无光，这说明听众已经听懂了或者是对你讲的内容不感兴趣了，你需要马上加快速度或变换内容。目光接触也有速度的问题，比如有的人在演讲时为了达到和全场听众的目光接触的目的，目光一直左右逡巡，飘忽不定。这样做反而会让听众觉得很不舒服。目光接触的速度要适中，要慢慢地环视，而不是扫视。目光接触强调要在全场范围内进行，但不要忽略重要听众，要多花点时间去和他们交流。因此事先花点时间研究听众的构成是很必要的。但对重要听众也不要紧抓不放，否则会让人感觉如坐针毡。另外，对一个人的目光注视不要超过 5 秒钟。

（2）面部表情。在态势语言中，面部表情和手势一样是最能传情达意的，它是人的内在思想感情在外貌上的显示。正如法国作家、社会活动家罗曼·罗兰所说的那样：“面部表情是多少世纪培养成功的语言，比嘴里讲得更复杂千百倍的语言。”所以，富有经验的演讲者，总是充分地利用面部表情和手势，表达出丰富的思想感情，吸引听众，影响听众，感染听众。

在演讲中微笑与平和是脸部表情的核心。微笑是最具有亲和力的表情，在演讲中微笑面对听众会达到事半功倍的效果。微笑能缩短人们之间的距离，能让听众更好地接受你和你的演讲。当然微笑要自然、真诚，而且要符合场合的需要。在演讲中微笑可以象征性格开朗与温和，可以建立融洽气氛，消除听众的抵触情绪，可以激发感情，缓解矛盾。

脸部表情运用时要适时、适事、适情、适度，演讲者可在下列情境中运用微笑技法。

①表达赞美、歌颂等感情色彩时应微笑。要博得别人笑，自己首先要笑。

②上台与下台时应微笑。这样可拉近与听众的距离，把良好的形象留在听众心中。

③面对听众提问时送上一缕微笑是无声的赞美与鼓励。

④肯定或否定听众的一些言行时，可以配合着点头或摇头，面带微笑。

⑤面对喧闹的听众，演讲者可略停顿，同时面带微笑，这是一种含蓄的批评与指责。但是要注意的是，演讲中不能从头到尾一直微笑，否则会让人觉得你戴了一个假面具上台演讲，没有感情的起伏变化。

另外，演讲中的笑要随内容和感情变化而变化。演讲中演讲者既要注意用自己的笑容去表达内容，感染听众，也要保证笑的价值，该笑则笑，不笑则止。

（3）演讲者的站姿。听众对演讲者的第一印象来源于演讲者的外在形象，为了展现良好的个人形象，演讲者往往会采取站姿进行演讲。演讲者一般采用的站姿有以下几种。

①前进式：这种姿势是演讲者用得最多、使用最灵活的一种站姿。右脚在前，左脚在后，前脚脚尖指向正前方或稍向外侧斜，两脚延长线的夹角呈 45°左右，脚跟距离在 15 厘米左右。这种姿势重心没有固定，可以随着上身前倾与后移的变化而分别定在前脚与后脚上，不会因时间长而身体无变化不美观。另外，前进式能使手势动作灵活多变，由于上身可前可后，可左可右，还可转动，这样能保证手做出不同的姿势，表达出不同的感情。

②稍息式：一脚自然站立，另一只脚向前迈出半步，两脚跟之间相距约 12 厘米，两脚之间形成 75°夹角。运用这种姿势，形象比较单一，重心总是落在后脚上。一般适应长时间站着演讲中的短期更换姿势，使身体在短时间里松弛，得到休息，一般不长时间单独使用，因为它给人一种不严肃之感。

③自然式：两脚自然分开，平行相距与肩同宽，约 20 厘米为宜，太宽会影响呼吸声音的表达，太窄则显得拘束。

此外还有立正式、丁字式等。

（4）演讲者的手势。在演讲中，不同的手势起着不同的作用，自然而安稳的手势，可以帮助你平静地说明问题；急剧而有力的手势，可以帮助你升华感情；稳定而含蓄的手势，可以帮助你表明心迹。

常见的手势及含义：

①仰手。即掌心向上，拇指张开，其余几指微曲。手部抬高表示欣赏、赞美、申请、祈求；手部放平表示诚恳地征求听众的意见，取得支持；手部降低表示无可奈何。

②覆手。即掌心向下，手指状态同上，这是表示提醒，也可表示否认、反对等。

③切手。即手掌挺直全部展开，手指并拢，像一把斧子飕飕地劈下，表示果断、坚决等。

④剪手。这是手切式的一种变异。掌心向下，然后同时向左右分开。这种手势表示强烈地拒绝、毋庸置疑，你也可以用这种手势排除自己话题中涉及的枝节。

⑤伸指。即指头向上，单伸食指表示专门指某人、某事、某种意义，或引起听众注意；单伸拇指表示自豪或称赞；数指齐伸表示数量、对比等。

⑥包手。即五个指尖相触，指尖向上，就像一个收紧了开口的钱包。这种手势一般强调主题和重要观点，在遇到有探讨性的问题时使用。

手势的运用还须根据演讲的主题、环境等因素综合考虑，恰当使用。

（三）保持听众注意力

演讲过程中好的表达可以起到四两拨千斤的作用，使演讲的效果最大化，在演讲中想要达到自己期望的效果一定要抓住听众的注意力。下面介绍几种让听众保持注意力的方法。

1. 演讲者自身要有自信饱满的精神状态

一名优秀的演讲者首先站在那里就会让听众无法忽视，自信地展示自己的人格魅力会让听众不由自主地被演讲者的气场感染，集中注意力。

2. 讲与听众相关联的问题，并适时与听众互动

讲与听众相关联的问题。演讲不要过分地以自我表达为中心，更应该侧重于台下的听众，讲与听众相关的问题更能提高听众的投入程度。当听众一直坐在座位上听的时候容易走神，所以要想突出强调要点，就需要适当地提问，并与听众互动，好的演讲并不是一个人唱独角戏，而是和听众打成一片，让听众参与到演讲环节中，这会避免听众在沉闷的环境中昏昏欲睡。

3. 分享有价值的东西

演讲表述要接地气，不要假大空，让听众感到真实、有用，是可以通过努力触碰到的，让大家可以在演讲中收获成长，感受到演讲的价值，这样大家可以更加投入。

4. 采用幽默新颖的比喻来表述事实

幽默新颖的比喻可以对枯燥的内容赋予情感和内涵，这样不仅可以调动现场的氛围，同时也可以给人留下深刻的印象，回味无穷，幽默新潮的表达可以更好地引导听众跟随你的思路走下去。

5. 设计出其不意的环节

在演讲中设计出其不意的惊喜，好的演讲把演讲氛围营造的像一部耐人寻味的电影，让人无法自拔，同理，在演讲中出其不意的小惊喜会让听众更专注。

人们倾向于记住一些奇异的或出乎意料的信息，这被称作“冯·雷斯托夫（Von Restorff）效应”。通过让听众大吃一惊或使他们的注意力发生改变，你可以让听众抓住一些很可能被忽视的演讲要点。比如，忽然讲个小幽默，讲一个怪诞的事，突然改变你的表达风格，展示可以吸引大家注意力的照片或录像剪辑，或是出其不意地改变你的演讲节奏。

（四）有效使用辅助设备

视觉辅助工具是解释演讲中的要点的装置，常常在以下几方面帮助演讲者。为他们提供支持和解释演讲内容的其他手段；为演讲增加不同的、常常是有趣的、能抓住听众注意的要素；为他们提供四处走动或示范的机会；为他们提供记忆这些信息的辅助手段。

1. 常用的视觉辅助工具

（1）实物。有时把演讲中所涉及的东西作为直观教具很有用。听众愿意看你正在谈论的东西，特别是他们不熟悉的物体。比如有人在讲到我国的传统艺术古琴时，带了一把古琴现场讲解古琴的结构和发音原理，使现场的听众更加深入地了解了演讲的主题。

（2）模型。模型是实物的复制品，当实物本身太大不能展览（如一个建筑物）或太小不能看见（如一个细胞）以及人的视力无法达到（如人的心脏）时，就使用模型，模

型是一种非常有效的直观教具，因为它能确切地显示实物。它比图片更好，因为它是三维的。比如，房产销售人员在进行产品展示的演讲时，就用房子的模型来说明户型和区域功能，让听众一目了然。

（3）写字板和活动挂图。写字板和活动挂图有助于活跃讨论的气氛，还可以营造宽松的环境。现在常用的写字板是白板，演讲者一边讲一边把演讲的大纲写在白板上，最终形成了一张思维导图，使听众能够梳理演讲的思路并记住演讲的基本内容。活动挂图可以把需要的画页挂在墙上供大家讨论。比如某企业到高校进行招聘宣讲，将企业简介、岗位介绍等图片挂在教室的墙上，供学生浏览。

（4）多媒体设备。多媒体设备通过互联网、视频或者音频系统播放图像和声音。

①固定装置式投影仪。这类投影仪被永久性固定在某个位置，通过 CRT（阴极管）、LCD（液晶显示）或等离子体显示等技术来投影。不同投影仪的显示质地有很大差异。

②便携式投影仪。便携式投影仪的质量差异也很大，在大型演示中，用液晶显示技术和数码光处理技术的大屏幕显示效果较好；而在中型演示中，一个大的视像屏幕就足够了；在小型演示中，一般的电脑显示就可以。

2. 使用辅助工具的规则

在使用辅助设备时应该注意以下几条规则：

（1）开始演讲前要确保其可以正常使用。如果在演讲时需要使用投影播放幻灯片，那么就要提前设计好幻灯片的内容，同时还要在现场调适电脑、音响系统，确保其播放效果与演讲的预期一致。

（2）检查演讲场地，看是否适合使用辅助设备。如果演讲期间需要和听众互动，需要分组讨论，那么要查看现场的桌椅、座位是否可以移动，讲台是否受影响。

（3）演讲时恰当使用辅助设备，而不完全依赖辅助设备。听众关注的是演讲者的内容而不是辅助设备，辅助设备仅仅是为了更好地展示演讲的观点和内容。因此，演讲前要去现场练习使用辅助设备，如怎样调适幻灯片，怎样播放视频。演讲过程中，演讲者要面向听众，与听众保持目光接触，只是偶尔地看一下辅助设备。

第三节 演讲沟通的技巧

每一场精彩的演讲都源于精心设计和充分的准备。著名的演讲家李燕杰说过：“没有智慧的演讲等于零”。和日常对话相比较，演讲沟通具有系统性、主动性、组织性等特点。因此，演讲者要注意把握演讲沟通的技巧。

一、信息组织技巧

一个清晰的演讲结构不仅利于演讲者表达自己的观点，也有利于听众接收信息。一般的演讲沟通的信息组织主要包括演讲沟通的开场、高潮和结尾三部分内容。开场引人入

胜；正文基于证据和事实，层层推进，令人信服；结尾呼应开篇，让人有回味余地。

（一）开场白要巧妙，引人入胜

第一印象很重要，开场白能够建立起你的可信度，唤起听众的注意力，引发他们的兴趣。常言道："良好的开端是成功的一半。"一个良好的开场白应该达到两个目的：一是迅速和听众建立良好的关系；二是使听众迅速抓住演讲的主题。只要符合这两项要求（甚至只完成其中的一项），就是一个成功的开场白。

案例 4-7

美国人、德国人、中国人、日本人怎么啦

在美国，大家公认的最有效、最能引起大家注意和好感的开场白就是先讲一个笑话或故事，这个笑话最好与要做的演讲内容有直接联系。听众都笑开了，把气氛搞得轻松活泼之后，再进入正题，听讲互动的效果就会很好。幽默在美国文化中的重要性由此可见。

假如用这种方式去德国做演讲或工作报告，效果会怎么样呢？德国的听众会认为你不严肃、不认真，居然以开玩笑的方式讲述不能有丝毫差错的科学问题，很不可取。那么他们喜欢怎样的开场白呢？直接进入正题，呈现教学、图标等客观的基于研究之上的硬性材料，表情严肃、没有废话，这在德国人眼里才是有效的演讲方式。

再看一看中国人一般的演讲开场白。最常见的恐怕就是："很荣幸今天有这个机会来与大家交流。但是，我其实并不是专家，各位在座的才是。所以我在这里只能抛砖引玉，还希望能得到大家的指教。"这样的开场白显示出演讲者的谦逊，会得到听众的好感。另一种开场白是，"感谢各位光临，你们的到场是我的荣幸"，也是让台下观众感觉良好并显示自己谦逊的方式。

然而，如果面对美国听众也是这样开场的话，台下的听众就会想："如果你不是专家，你来干什么？难道是来浪费我的时间吗？早点走吧！"根本不领谦逊的情。另外，他们很难想象自己来听演讲与给主持人"面子"之间的联系。有一位中国作家到美国宣传书时就用了"给面子"的开场白，弄得场下的记者一头雾水。

另外，日本人喜欢在演讲之前"道歉"，为准备不周道歉，为招待不好道歉，为天气道歉，有时候实在没有什么可道歉的，就为没有东西而道歉。道歉是另一种谦虚的表示，也是对客人或听众尊重的表现。但是这种道歉的文化深意却无法被美国人理解，他们往往会往相反的方向想："准备不周，招待不好，都是对我不尊重的表现，怎么还好意思说？"

（资料来源：陈晓萍．跨文化管理［M］. 北京：清华大学出版社，2005.）

案例点评：

从上述案例可知，不同国家的演讲开场白受到各自文化的影响。演讲沟通的开头要不拘一格，活灵活现，因时、因地、因人而有所不同。只要能打动听众的心，使他们产生"继续听下去"的强烈愿望，这个开头就是成功的。

这里介绍几种演讲沟通常见的开头方式。

1. 开门见山式

演讲者用精辟的语言直接亮明自己的思想观点，用精练的语言交代演讲意图或主题，然后在主体部分展开论证和阐述。这样的演讲者开篇就直奔主题，不拖泥带水，诚挚坦率，能融洽气氛，吸引听众，会给听众留下深刻的印象。

案例 4-8

取之不竭的智慧之源——国学经典

大家好！今天我演讲的题目是“取之不竭的智慧之源——国学经典”。我以前不知道，在我牙牙学语时，妈妈教会的第一首古诗就是汉语言的精华；我也不知道，独自玩耍时，妈妈播放的碟片就是民族文化的瑰宝，我更不知道易学好记的《百家姓》原来也出自中华的传统文化。后来，在老师那里，我知道了诗词歌赋的对仗工整，词采艳丽；知道了古风古韵的情思格律、平仄平收；知道了《论语》的和谐自然、淡泊清静。我终于明白，妈妈为什么在我懵懂的世界里便播下文明的种子，老师为什么在我学习的路上让我们又诵又实践。

（资料来源：https：//www. 51test. net/show/5470838. html）

案例点评：

上述演讲中，演讲者开场就提出自己的演讲主题，直奔主题说明国学经典的作用。

2. 故事导入式

好的演讲往往是从好的故事开始，故事导入式开场白通过一个与演讲主题有密切关系的故事或事件作为开头会引起听众的极大兴趣，这个故事或事件要有人物，有细节；要短小，不然就成了故事会；要有意味，令人回味无穷；要与演讲内容有关。为了有效地吸引听众的注意力，选择故事应遵循短小、有人物、有细节、有意味和发人深思这 5 条原则。

案例 4-9

坚信理想的力量

非常开心今天能够站在这里，站在人民大会堂的舞台上。这让我想起了我在上大学的时候，骑着自行车从天安门广场走过，那时候我想，有一天我也要走进这样一个神圣的礼堂。后来，人民大会堂开放给了人民，我曾经以一个游客的身份，参观了人民大会堂的整个会堂和周边的一些大厅。那时候我想，什么时候我能够坐在这个会场里开会呢？后来我成为全国政协委员，有了资格进这个大会堂来参加会议，听国家领导人的讲话。

（资料来源：http：//www. 360doc. com/content/18/0908/19/16585138_ 784971781. shtml）

案例点评：

这是俞敏洪经典的励志演讲稿，他以坚信理想的力量为主题，激励广大青年学子要有理想并要为理想而奋斗。他以自己成长的故事作为开场白，更加具有说服力。

3. 风趣幽默式

幽默是好的演讲的必需品，恰到好处的幽默能令演讲妙趣横生，耐人寻味。演讲沟通时用幽默法导入，不仅能够较好地表现演讲者的智慧和才华，而且使听众能在轻松愉快的气氛中进入角色，接受演讲的内容。同时，在风趣幽默的开场白中，可以发出一种与导入语的语感、语义和谐的笑声。这笑声不仅使演讲沟通气氛变得轻松，而且能沟通双方的感情。

案例 4-10

马云在2014年“双十一”当晚的演讲开场白

大家辛苦了，感谢大家来见证我们“双 11”的结果。大家辛苦了，谢谢大家，当然晚上的妇女们更辛苦，我现在比较担心的就是物流，明天开始，我相信所有物流的同业、同事们、快递员们会更加辛苦，所以感谢大家，希望大家今天晚上好好地休息。

（资料来源：http：//news. wugu. com. cn/article/380595. html）

案例点评： 2014 年“双十一”当晚，马云身穿标志性的绿色圆领针织衫现身阿里“双十一”现场，交易额在活动开场 3 分钟突破 10 亿元；14 分 02 秒，突破 50 亿元；38 分 28 秒之后，交易额冲到 100 亿元。马云出现在现场，以幽默的用语，给人留下了深刻印象。

4. 制造悬念式

也叫“故事式”，就是开头讲一个内容生动精彩、情节扣人心弦的故事或一个触目惊心的事实来制造悬念，设计一种情境、一种氛围，使听众对故事发展和人物命运深表关切，从而仔细听下去。制造悬念不是故弄玄虚，既不能频频使用，也不能悬而不解。在适当的时候应解开悬念，使听众的好奇心得到满足，也使前后内容互相照应，浑然一体。

案例 4-11

坠机让我学到的三件事

想象一个大爆炸，当你在 3 000 英尺的高空，想象机舱内布满黑烟，想象引擎发出咔嗒、咔嗒、咔嗒、咔嗒、咔嗒的声响，听起来很可怕。

那天我的位置很特别，我坐在 1d 座位，我是唯一可以和空服员说话的人，于是我立刻看着他们，他们说：“没问题，我们可能撞上鸟了。”机长已经把机头转向，我们离目的地很近，已经可以看到曼哈顿了。两分钟以后，三件事情同时发生：机长把飞机对齐哈德逊河，一般的航道可不是这样。他关上引擎，想象坐在一架没有声音的飞机上。然后他说了几个字，我听过最不带情绪的几个字，他说：“即将迫降，小心冲击。”

我不用再问空服人员什么了。我可以在她眼神里看到恐惧，人生结束了。

现在我想和你们分享那天学到的三件事。

（资料来源：https：//wenku. baidu. com）

案例点评：

这是TED演讲中的一段开场白，演讲者先描述了一个即将坠机的可怕场景，让听众真切体会到当时的情景并对当时发生的事情充满好奇，随后作者再抛出演讲的主题。这种制造悬念式的开场白刺激了听众的好奇心，也吸引着听众继续专心地听。

人们都有好奇的天性，一旦有了疑虑，非得探明究竟不可。为了激发起听众的强烈兴趣，可以使用悬念手法。在开场白中制造悬念，往往会收到奇效。

5. 巧问问题式

采用这种开场白时要巧妙设计问题，选择与主题相关且听众感兴趣的话题进行提问。听众在回答问题之前的注意力是最集中的，为了回答好问题，听众会集中全部的注意力来听问题。

案例 4-12

爱情与美

我不是研究爱情的，为什么会想到要讲这么一个题目呢？

一家公司的领导再三邀请我去演讲，并掏出几张纸，上面列着公司所属工厂自杀者的名单，其中大多是因恋爱问题处理不好而走上绝路的。所以，我觉得很有必要与大家谈谈这方面的问题。

（资料来源：https：//wenku. baidu. com/）

案例点评：

这是李燕杰在《爱情与美》的演讲中的开场白，它开场就提出了问题，然后讲了一个故事，这个故事一下子把听众的注意力集中起来，使他们感到问题的严重性和紧迫性。

开场就提出一个问题，会起到双重的效果，还会使听众思考，为什么要问这个问题。问题可以由听众回答，当然也可以自问自答，还可以不答，作为一个悬念留到演讲结束，只要能达到预期的目的就够了。

（二）演讲沟通的内容展开要环环相扣、层层深入

1. 演讲的顺序

演讲可以按以下几种顺序展开。

按时间顺序：按时间发展的先后展开。

按空间顺序：通过空间的顺序或地理走向来组织演讲的要点。

按因果顺序：分析事件的特征，解释它的起因或影响。

按主题顺序：可以从事物的特征、起源、含义、益处、未来发展等角度中选取任何一个来细分主题，然后展开。

2. 组织方式

演讲展开的组织方式可以分为三种。

（1）“问题—方案”顺序。第一个要点集中说明存在的问题，第二个要点集中表明解决问题的方案，最后说明这个方案是解决这个问题的最好办法，因为它将会带来一系列积极的结果。这种方法适合那些听众不太熟悉的题目，他们可能没有意识到问题的存在，对问题持中立态度或对问题持轻微的反对态度。

（2）“问题—原因—方案”顺序。第一个要点说明问题所在，第二个要点说明问题产生的原因，第三个要点提出问题的解决方案。

（3）“比较优势”顺序。在每一个要点上都要解释为什么演讲者解决问题的方案比别人的好。这种方案适合听众已经同意确有问题存在，你可以使演讲集中在解决这一问题的最佳方案和其他不利方案的比较上，而不必在问题上过多地浪费时间。

（三）要构筑演讲沟通过程的高潮

“文似看山不喜平”，演讲沟通也是一样，如果没有跌宕起伏，肯定不能引起听众的兴趣。因此，演讲沟通过程一定要避免叙述过程的平淡，要注意高潮与低谷相间。情、事、理交融，张弛有度。跌宕的文思表达会让听众心潮起伏，产生一种如听交响乐般的心灵感受。

1. 逻辑严密得体

说服人、教育人、开导人都离不开逻辑的力量。只有逻辑性强的演讲，才能真正地令人信服。因此，演讲者在演讲沟通过程中，不能忽视演讲的逻辑性。

2. 情感张弛有度

演讲虽然不像小说那样情节多变，不如戏剧那样矛盾激烈，不似诗歌那样意境跳跃，不及散文那样随心所欲，但同样可以通过平淡与华丽、委婉与直白、温柔与激情的调节，使其表现出曲折跌宕、波澜起伏的意味，表现出复杂的事理和演讲者委婉的情致，从而使演讲始终在一个循序渐进的过程中达到高潮。

3. 思路流畅通达

演讲高潮的构筑还取决于演讲者思路的畅达。演讲者必须对选题烂熟于心，对如何开头、怎样转接、分几部分讲、怎么组织材料、如何结尾等诸如此类的问题通盘谋划，让表达水到渠成，顺理成章。

（四）结尾要巧妙

对于演讲，听众最关注的是两端，即开头和结尾。而结尾更能发挥鼓动作用，也更容易被听众记住。结尾如撞钟，撞得好，既可以给人警醒，又可余味无穷。实践表明，结尾的好坏直接决定着演讲沟通的成败。成功的结尾，或是加深认识，提示题旨；或是鼓舞斗志，促使行动；或是抒发感情，感染情绪；或是富有哲理，发人深思。

演讲的结束语是演讲走向成功的最后一步，也是极为重要的一步，是演讲者给听众留下的“最后印象”。各种研究表明，演讲的结尾比起正文来说，更能被听众注意，好的结尾应该既是收尾，又是高峰；既水到渠成，又戛然而止；既铿锵有力，又余音袅袅、耐人寻味；既别开生面、不落俗套，又显得自然精妙。总之，成功的结尾应收拢全篇，首尾呼应。

同开头一样，结尾的方式也是多种多样的。主要有以下几种。

1. 概括观点，深化主题

一次完整的演讲沟通，少则几分钟，多则几十分钟，听众难免对演讲的内容会有遗忘的地方。如果最后用精练的语言对整个演讲观点加以概括，就会使中心更为突出，并能给听众留下较深的印象。

2. 发出号召，增强气势

这种结尾方式就是运用一些情感激昂、富有鼓动性与号召性的语言，激起听众的情绪、信念，从而鼓动干劲，促进行动。美国独立战争前夕，帕特里克·亨利在弗吉尼亚州会议上的演讲便是采用这种方法结束的，亨利以“至于我，不自由，毋宁死”的结束语来激励听众行动起来，争取他们站到自己的立场上来。当他话音刚落，先是全场愕然，随后就响起了“拿起武器”的呼声。

3. 立言立誓，表明决心

演讲者在演讲完主要内容后，在结尾的时候，旗帜鲜明地对自己的态度和决心进行表态，以发自肺腑的真诚之声表明决心。这种结尾诚挚悲壮，坚定豪迈，能树立起自己的形象，同时也可深深感染听众，引起共鸣。

比如：“最后，我想以一段激励语来结束今天的演讲。人最宝贵的是生命，人的生命只有一次。人的一生应当这样度过：当他回首往事时，他不会因为虚度年华而悔恨；也不会因为生活的庸俗而羞愧；临死的时候，他能够说，我把我的整个生命和全部精力，都献给了全中国最辉煌的事业，为中国在 21 世纪成为世界第一强国而奋斗和努力！让我们用这段光彩夺目的话来鞭策和激励自己！让自己成为一个无愧于时代的高尚的人！”

4. 引用名言，激励听众

演讲结尾时还可追求名言效应。名言可以是警句、格言、诗词。这些名言深邃、美好、受人青睐，其特点是精练、生动且富有节奏感。名言用得好，很容易形成气势，增强演讲的感召力。引用名言，可以使演讲锦上添花，能升华感情，起到画龙点睛的作用。

比如一位专业培训师，在结束了自己的培训后，做了一个微型演讲：“各位，请你们记住这几天学习的内容，回去以后反复地练习，你一定会成为一名超级演说家。当然，你们回去执行的时候，肯定会遇到很多困难，但是我们要记住英国首相丘吉尔曾经说过的一句话，‘不要放弃，永远都不要放弃！’”

除此以外，还可用祝愿式、希望式、展望式、赞语式、幽默式等语言作为结尾。但不管用哪种方式，都要在字里行间注满真情，这样才能震撼听众的心灵，增强其信心和

勇气。

总之，一个好的结尾能揭示主题，加深认识，给听众留下完整深刻的印象；能收拢全篇，使通篇浑然一体；能鼓动激情，促人深思，能让听众在反复思考回味中受到教育和启发。所以演讲者要熟练地掌握演讲结尾的技巧，善于设计，安排出即符合内容要求，又符合演讲时境的精彩结尾。结尾的方式是多种多样的，只要人们在实践中不断摸索，就会创造出或新颖有力或感人至深的结尾。正如著名演讲家邵守义教授所言：“尾无定法，妙在巧用中。”

二、语言技巧

演讲之所以优于其他口语表达形式，并且有较大魅力，是因为它不仅是由多系统要素构成的综合的实践活动，还在于恰当地运用了语言的技巧。

精彩动人的演讲，离不开生动形象的语言表达：富有文采的句子，唤醒听众的感官；富有哲理的语言，带来意犹未尽的思考。金句频出，不仅能让听众过耳不忘，还能在瞬间击中其内心，拨动心灵的琴弦。

案例 4-13

如何激发孩子内心的力量

在座的各位有孩子的请举手，孩子是小学生的请举手，是中学生的请举手，没有上小学的请举手，是男孩子的请举手，是女孩子的请举手，望子成龙的请举手。很好，有一次我去演讲，还没看到人呢就看到上面画着两条龙。中国人都是望子成龙、望女成凤的，但是何为龙何为凤，如何成龙如何成凤呢？有的孩子姓钱，给孩子起名叫钱龙，孩子穿的衣服叫玉衣玉袍，结果孩子从小无法无天，上了初中就成了少年犯。告诉各位，最伟大的智慧不是把孩子变成孩子，而是把孩子变成财富。怎么把孩子变成财富？有一次我去做节目，我问孩子们知道怎么把蛋打开吗？一个小孩说捏碎，一个小孩说摔碎，一个小孩说磕碎，一个小孩说用斧头砸碎，这是从外面打碎的方法，有没有从里面打碎的方法？一个小姑娘上来说让小鸡从里面把蛋壳敲碎。两种方法都能打碎，但是从外面打碎是压力，从里面打碎是成长。我问小朋友们，如果你是那只蛋，你希望从外面打碎还是希望从里面打碎？他们异口同声地说从里面打碎。真正的觉醒是如何引爆内力的？有一个锁头很结实，一个斧头说我能把它敲开，敲了半天锁头岿然不动，一个小钥匙过来一下子就把它打开了。斧头说我这么大力气都打不开，你那么小怎么能打开呢？钥匙说：“因为我懂它的心。”每个孩子都是一把不同的锁，你要打开一把锁需要心的钥匙。什么是心的钥匙？我想和大家分享几种力量：首先是肯定的力量，每个人都有潜意识，暗示我能行或者我不行，决定了这个孩子未来是成功还是失败。是谁给孩子写上我不行的？不是别人，正是你和我，是天下的父母，你瞧瞧人家，觉得人家的孩子是金子，自己的孩子是沙子，人家的孩子是天才，自己的孩子是蠢材。我有一个小孙子，大眼睛小嘴巴很可爱，然后听到人家的孩子是双眼皮，家人说他怎么是单眼皮？人家刚出生一个月，何罪之有？后来孩子上了幼儿园说妈妈，他得了一朵小红花，妈妈问别人得了多少？别人得了三个。上了小学说他得了98分，妈妈说别人得了多少分？得了100分，你怎么没得100分？孩子觉得上学不好玩了，终于考上大学了，考上就是成功了，没考上就是失败了，考上名牌大学就是成功了，没考上名牌大学就是失败了，考上清华北大的就是成功了，没考上清华北大的就是失败了。马斯洛的人生五大基本需求第五条是个人价值的体现，价值都没有了活着干什么？今天我们的爸爸妈妈总是把自己的孩子和别人比较，学这个班学那个班，这些班给孩子带来的是正能量还是负能量？我上学的第一天老师给了一张白纸随便画，然后就交上去了，老师问我你画的是什么？老师以期待的眼光看着我说你画的是什么？我说是烟，老师说是什么烟？我说是明天的烟，老师说你太有想象力了，从那天开始我就变得有想象力了，如果老师当时批评了我，我可能永远都不会画画了，我从一年级画黑板报，一直画到六年级。我小时候爱跳舞，音乐响起我就翩翩起舞，但是不幸的事发生了，我刚站好，舞蹈老师从我身边走过说，腿都伸不直还跳舞呢？你瞧人家，这样我才看见人家的腿真不得了，以后跳舞的时候耳边老是想起老师的话，腿都伸不直还跳舞呢？有人邀请我跳舞我就说对不起，我腿伸不直，不太适合跳舞。后来经过仔细观察我才发现舞场比我腿不直的有的是。如果一个孩子从小生活在你不行的环境当中以后可能就真的不行了，如果身边都是你能行，慢慢地变成了我能行，那就真能行。认识一件事不难，改变自己很难。后来我就问我自己，什么时候对这个感兴趣了？因为我的腿不直就很在意别人的腿，昨天晚上要求穿盛装，我想我的腿不直，不太适合穿裙子。自我评价意识形成的时候，老师的话，妈妈的话就这样深深地烙在心中，这是一个小小的阴影。我们面对我们的孩子挑毛病，最大的问题是他心中有了障碍，一旦有了障碍，再好的孩子都会出现问题。告诉各位，如果你爱你的孩子，就为你的孩子自己努力争取获得的小小成功鼓掌喝彩吧，你满意了孩子就优秀了……

（资料来源：https：//www. sohu. com/a/443216767_ 614087）

案例点评：卢勤是我国著名的亲子教育专家，曾主持《中国少年报》的《知心姐姐》栏目。上面的案例选自她的演讲片段。从上述演讲稿中，我们发现她的演讲语言通俗易懂，幽默风趣，富有感情色彩，能快速让听众产生同理心。

（一）灵活的有声语言

有声语言即演讲沟通之“讲”，是演讲沟通活动最主要的一种表达手段，是信息传递的主要载体。它是由语言和声音两种要素构成的。它以流动的声音承载思想情感，直接作用于听众的听觉器官而产生效应。语言障碍及表达能力不足都会使演讲沟通达不到预期的效果。

人们对有声语言的要求是吐字清楚、准确；声音清亮、圆润、甜美；语气、语调、声音、节奏富于变化；注意形式美和内容美。

1. 巧用重音

在演讲沟通中，演讲者会根据表情达意的需要，有意突出强调基本词或词组，和其他词或词组形成对比处理，这种技巧便是重音。利用重音能突出表达演讲沟通者的逻辑重点，使观众对演讲内容更易理解。

2. 妙用停顿

运用停顿的目的是保证语意清楚明确、重点突出，听众可以明显感受到它的效果。具体来说，停顿给予演讲者和听众整理思路、体会情感的时间，从而达到沟通“同步”，有利于内容进一步展开，推进主题，引起听众好奇、注意。

3. 重视语调

语调在沟通中占有举足轻重的地位。语调主要是指声调、音量、节奏、变音转调、停顿和沉默等。它是语言的调色剂，没有它，再优美的语言也会显得苍白而毫无生气。

（二）恰当的态势语言

态势语言是演讲沟通语言的另一个重要特征。在言语交际中，态势语言较为丰富和夸张的当属演讲。演讲之“演”，是指辅助语言表达的表情、动作和姿态等态势语言。恰当地运用态势语言进行交流可能产生较好的效果，增强演讲沟通的说服力。

1. 善用表情和眼神

面部表情是人的感情的“晴雨表”。演讲沟通中表情贵在自然，切忌拘谨木然、精神慌张或故作姿态。面部表情应随演讲沟通的内容和演讲沟通者情感的变化而变化，一笑一颦都要和演讲的内容合拍。眼睛是心灵的窗户，演讲表情中最重要的是眼神，所以在演讲沟通中要尽量看着听众说，多和听众的目光构成实在性接触，注意灵活运用眼神。

2. 巧用姿态和手势

演讲家提倡在演讲中使用站姿。一般提倡站立的姿态为两腿略微分开，前后略有交叉，身体的重心放在一只脚上，另一只则起平衡作用。这样，便于站立，也便于移动，身体和双手也可以自由摆动。手势是身体姿态中最重要的表达手段，在演讲中，自然的手势可以帮助演讲者表现平和的心境；坚定而有力的手势可以帮助演讲者升华情绪；柔和、平静的手势可以帮助演讲者抒发内心炽热的情感。在演讲中，手势的运用要有变化，要服从内容的需要，符合听众的习惯，做到适度有节，动作不宜太多，要恰到好处，动作的幅度也不要太大，把面容、手势和发音等手段调动起来，在多变的、富有一定内涵的态势语言的配合下使声 、情、言、身体协调一致，创造出理想的演讲沟通意境。

（三）情感化语言

“感人心者莫先乎情”，演讲沟通是语言艺术，是靠情感给人以启迪和感染。优秀的演讲沟通者是以声传情、声情并茂，而不是以声“挤”情，以声“造”情。换言之，是语从心出，言为心声。当进入演讲的情境后，演讲者使自己的喜怒哀乐为演讲的感情所牵动，把演讲要表达的感情化作自己不吐不快的思想感情时，演讲就是打动人心的。

演讲者要有真挚的感情才能打动人、感染人，有鼓动性。因此在表达上要注意感情色彩，通过语言的变化把说理和抒情结合起来，既有冷静的分析，又有热情的鼓动；既有所憎，又有所爱。当然这种深厚动人的情感不应该是装出来的，而是发自肺腑，就像泉水喷涌而出。

在组织语言时要做到以下几点：

口语化。用口写作，用耳写作，读起来顺口，听起来悦耳。

问题化。把重点转换成问题，留下思考的空间。

细节化。多用动词，使用对话，模拟场景，描绘生动且富有个性的细节。

幽默化。诙谐风趣，生动有致，活跃气氛，拉近与听众的距离，赢得好感。

修辞化。多用排比、比喻、设问、夸张等修辞手法，充分调动听众的感官，让听众如临其境，如在目前。

金句化。引用名言警句或哲理语句，言浅意深。

简单化。用语简短，短词汇、短句子、短段落，要言不烦，切中要害。

三、辅助设备使用技巧

辅助设备的使用对于提高商务沟通效率和效果都有帮助，是演讲的重要组成部分。辅助设备通常有白板、投影仪、幻灯片、模型等。

首先，辅助设备能帮助观众理解所要陈述的内容，特别是在演讲涉及复杂的材料或数据时。例如，图表可以让演讲者的说服成功率提高 43%，因为人们认为那些使用辅助设备的演讲沟通者更加专业，准备更充分，也更易于使人信服。再者，视频、动画、音效等能使演讲者的陈述更具表现力，电子辅助设备的加入也使演讲沟通更加灵活方便。此外，使用辅助设备的演讲相较于不使用辅助设备的演讲花费的时间更少，从而提高沟通效率。

（一）注意幻灯片制作，集中听众注意力

首先，仔细检查幻灯片颜色，注意颜色在屏幕上的呈现效果，不要因为设备分辨率、使用时间、光线等原因，使幻灯片颜色可能在视觉上出现偏差。其次，在幻灯片中不要做过于夸张的特效。太过夸张的特效非但不会吸引听众的注意力，反而有可能喧宾夺主，分散听众的注意力。最后，幻灯片的内容要简洁，字体不要太花哨。

（二）练习设备使用，确保沟通效果

如果在演讲时设备使用不当，或设备在演讲中运转不灵，性能再好的辅助设备也无济于事。熟练地使用设备不是与生俱来的天赋，需要演讲者持续不断地练习。没有听众愿意演讲过程中出现不相干的画面，更不能出现黑屏。同时，还要注意不要出现演讲盲点。应让处在任何位置的听众都能看到演讲者，同时提高音量让听众都能听清楚演讲者所传递的声音信息。演讲者可以站在听众一侧，不要站在灯光照不到的地方，尽量离开电脑，必要

时可以使用无线鼠标或多功能激光演示器。

（三）确保设备正常，控制演讲现场

演讲者需要确保使用的设备处于良好工作状态，必要时可以准备一套备用设备。一台设备出现问题可以迅速启用备用设备，让演讲继续下去。在演讲开始之前，需要调整投影仪，让屏幕中的影像清晰可读，即使最后排观众也能看清楚。

演讲者在陈述过程中不要在屏幕前面走来走去，以免挡住听众视线。演讲者可以在准备时演练自己的演讲位置。通常选择的位置是站在屏幕侧，面向听众。在需要指向屏幕上某项内容时，可以用手指、激光笔等工具。要保持面向听众，这个姿势会让演讲者与听众时刻保持眼神交流，避免出现演讲死角，也能更好地控制演讲现场。

（四）避免滥用设备，提升沟通效果

电子辅助设备虽然对于沟通效果帮助很大，但并不是多多益善。新手有时候会觉得这些设备非用不可，而且会大量使用。殊不知，这样会把听众的注意力吸引到辅助设备上，而不是演讲内容上。辅助设备只是为了让那些没有听明白的听众能够更好地理解演讲内容，只有当演讲者觉得这些设备能够帮助听众理解某个重要观点时才应该使用它们，在不需要时就应将其关闭。否则，在演讲中，有可能出现观众紧盯着屏幕而不是演讲者的尴尬局面。

本章小结

演讲是一门语言的艺术，无论何时被安排做演讲，演讲者都应做好充分的准备，了解演讲的特点及分类，控制演讲的过程。在演讲前首先应明确演讲的目的，其次对听众做全面分析，然后确定演讲的结构，最后确定演讲的风格。灵活运用演讲的技巧，一个完整的演讲由巧妙的开场白、包含主题的高潮及点题的结尾组成。演讲沟通要注重信息组织技巧、语言技巧和辅助设备使用技巧等。

一、单项选择题

1. 演讲沟通在多数情况下属于（　　）。

A. 单向沟通　　B. 双向沟通

C. 上行沟通　　D. 下行沟通

2. 演讲不是一种（　　）的演说活动。

A. 面对广大听众，抒发情感　　B. 宣传某种主张

C. 感召听众产生共鸣　　D. 自说自话

3. 演讲又叫讲演或演说，是指在公众场所，以（　　）为主要手段的沟通活动。

A. 肢体语言　　B. 有声语言

C. 体态语言　　D. 个性化语言

4. 能感召听众产生共鸣的沟通方式是（　　）。

A. 演讲沟通　　B. 面谈沟通

C. 电话沟通　　D. 网络沟通

5. 表述科研成果、传授科学知识和学术见解的演讲是（　　）。

A. 科普演讲　　B. 公众演讲

C. 学术演讲　　D. 礼仪演讲

6. 演讲过程中，以（　　）为主，以态势语言为辅。

A. 眼神交流　　B. 动作

C. 口头语言　　D. 表情

7. 企业中各级管理干部经常需要通过演讲的途径进行上传下达，这体现了（　　）。

A. 演讲是宣传鼓动的方式　　B. 演讲是传授知识的手段

C. 演讲是搞好经营管理的途径　　D. 演讲是社会交际的技能

8. 演讲是演讲者在特定场合或特定的情境中，面对（　　）发表自己的主张和意见的沟通活动。

A. 广大听众　　B. 下属员工

C. 亲朋好友　　D. 部门领导

9. 自诉人、公诉人或被告及各自的委托律师在法庭上发表的演讲属于（　　）。

A. 政治演讲　　B. 法律演讲

C. 学术演讲　　D. 诉讼演讲

10. 政治演讲是指从政治角度阐述和评论（　　）与现实问题的演讲。

A. 当前形势中重大事件　　B. 社会热点

C. 政治教材　　D. 政治人物

11. 演讲的题目应该（　　）。

A. 冗长完整　　B. 深奥脱俗　　C. 富有建设性　　D. 空泛

12. 演讲的结尾应该（　　）。

A. 平淡无奇　　B. 富有感召力　　C. 简单明了　　D. 深奥复杂

13. 在演讲过程中，演讲者的语言技巧不包括（　　）。

A. 灵活的有声语言　　B. 恰当的态势语言

C. 情感化的语言　　D. 客套的语言

14. 在演讲过程中，演讲者应该有效运用语调的变化调整现场的氛围，通过变化（　　）表达思想情感。

A. 音量　　B. 语速　　C. 语音　　D. 语调

15. 在演讲过程中，吸引听众的技巧不包括（　　）。
A. 重复　　B. 重点强调
C. 让听众参与　　D. 营造恐怖氛围

二、多项选择题

1. 演讲过程中，发声的技巧包括（　　）。
A. 语气　　B. 语调　　C. 语速　　D. 呼吸节奏
E. 音量
2. 演讲的结束语是演讲者传达信息的最后机会，一般有以下方法：（　　）。
A. 总结式结尾　　B. 用决心和誓言结尾
C. 抒情式结尾　　D. 呼应式结尾
E. 留有悬念的结尾
3. 演讲过程中非语言的技巧包括（　　）。
A. 面部表情　　B. 手势　　C. 仪表形象　　D. 声音
E. 站姿
4. 故事导入式的开场白，应该遵循的原则是（　　）。
A. 篇幅长而完整　　B. 有人物
C. 有细节　　D. 有意味
E. 发人深思
5. 构筑演讲沟通过程的高潮时应该注意（　　）。
A. 逻辑严密得体　　B. 情感张弛有度
C. 思路流畅通达　　D. 语调平缓
E. 面部表情轻松

三、简答题

1. 按照演讲的表现风格可以将演讲分为哪些类型？
2. 为了做好一次演讲活动，应该从哪几个角度分析听众？

求职沟通

学习目标

- 理解自我认知的方法，掌握获取求职信息的渠道和方法。
- 掌握求职的基本流程、熟悉求职面试的常见类型及沟通技巧。
- 掌握求职资料编写的方法，了解求职渠道的特点。

导入案例

诚信的价值

某家大型企业发布了一张招聘出纳的信息，招聘简章对学历的要求是大专及以上，工作时间完全按照国家规定执行，因此吸引了很多应届大学生前往应聘。在通过了公司初步筛选，进行了简单的面试后，公司通知了15名应聘者进行第二次复试。

复试的过程是这样的，招聘主管组织大家到面试中心会议室集中，并向大家简单讲解了公司的概况和发展前景。随后，发了一份测试题，之后告诉大家："我手头有点急事，你们自己在这里做题目，我半小时后来收。"说完就急匆匆地离开了。半小时后，招聘主管准时到达会议室，手里还拿着一沓测试题。她对大家说："请大家把做好的测试题交给我。"随后，又告诉大家："刚才我和经理商量了一下，经理认为对大家的测试要公平公正，因此，我需要在现场陪大家再进行一次测试。"招聘主管再次发放了测试卷，题目竟然和之前的一模一样。现场的应聘者面面相觑，一时不知道葫芦里卖的什么药。招聘主管在现场一边观察应聘者的表情，一边翻看之前的测试卷。又过了半个小时，大家分别提交

了自己的测试卷。

这时，有一位胆大的应聘者上前询问招聘主管，本次面试的目的是什么？为什么同样的测试卷要大家测两次？面试主管告诉他，他们公司是一家大型企业，特别注重品牌形象的维护，在招聘时对求职者道德品质也有一定的要求。本次招聘的出纳岗位更是与企业财务相关的岗位，因此尤其关注诚实守信的职业素养。通过两次测试，他们是在寻找自律、诚实守信的应聘者。

思考讨论：企业为什么要进行两次测试？主要测试应聘者的什么素质？

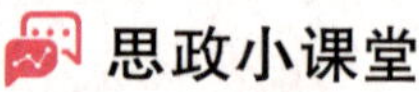

思政小课堂

职业伦理

职业伦理是指职业活动中的伦理关系及调节原则，用以指导职业活动的价值理念，职业利益与公共利益关系，即职业活动中的职业精神、职业道德、职业品质与职业态度。

各用人单位在甄选应聘者时都会在面试环节植入职业伦理的测试，建立职业道德素养评价体系，以判断求职者的道德素养。作为社会主义建设者的大学生要不断加强自身的职业道德修养，提升个人综合素养。

人尽其才，才尽其能，家国两利，各得其所。这就是求职者与用人单位双方共同追求的目标。由于供求双方信息交流的不完全和信息的不对称以及信息交换成本的存在，在茫茫人海中常常存在“千里马找不到伯乐，伯乐找不到千里马”的情况，即许多求职者面临找工作的困难，许多怀才不遇者感叹英雄无用武之地。随着市场经济的发展，职场竞争日益激烈的时代，就业机制的改变和产业结构的调整，求职已经成为困扰在校大学生的一大问题。在形形色色的招聘信息中如何找到适合自己的机会，在面试中又应该如何脱颖而出，快速高效地找到一份满意的工作已经成为大学毕业生所关心的问题。

对于大学生而言，求职应聘是直面社会现实和决定职业方向的关键环节，也是从大学生转变为职场新员工角色的必经之路。在此过程中，要了解自己的职业兴趣，评估自己的职业倾向，确定自己的职业目标。同时也要对行业趋势、企业现状、招聘岗位的要求进行比较分析，做好求职沟通前的准备才能顺利就业。

第一节　求职沟通前的准备

面试是企业招聘的首要环节，沟通是面试的主要手段，在面试过程中用人单位往往会根据自己招聘的岗位设计面试沟通的问题，通过面对面的洽谈，全面考察应聘者的沟通能力、专业素质、综合素养，判断求职者的求职动机及工作期望，最终再确定是否录用。因此，求职者需要在求职前客观评估自己、充分准备资料，了解面试流程，这样才能找到自己心仪的工作。

案例 5-1

自我认知不足，导致面试恐惧症

王×是即将毕业于某高校的电子商务专业学生，他在校期间是个活跃分子，参加了很多社团活动，在各方面都取得不错的成绩。在上岗实习前夕，他积极准备就业资料，精心制作了一份简历，把自己在校的全部情况都罗列进简历。同时，他依照从报纸、网络上搜集的招聘信息，发出好几十份简历，但只有一家公司发来了面试通知。他根据招聘信息去该单位参加面试，可面试过程中人事专员提出的问题和所学的专业并没多大关联，这让王×有点失落。因此在沟通过程中，他情绪低落、思维混乱、表达不清，最终以失败告终。

自此，王×戏称自己是“面怕”，第一次面试失败后，他一面试就紧张。在经历过近30次无果的面试后，他对面试几乎完全失去了信心，人也变得迷茫、无助。

（资料来源：谷静敏，穆崔君. 商务沟通与礼仪［M］. 东营：中国石油大学出版社，2018.）

案例点评：

案例中的王×在校期间是一名优秀的大学生，但是在求职期间却屡屡受挫，其主要原因是缺乏正确的自我认知和明确的求职目标，没有掌握获取招聘信息的渠道而盲目投简历，致使后期形成了面试恐惧症。

一、自我评估确定就业方向

为了迎接未来的挑战，求职者在求职准备阶段需要做好职业发展规划，职业发展划分为四个步骤：自我评估，职业探索，目标设定与寻找工作。自我评估是第一步，是一切后续行动的基石。自我评估包括了四个方面：个性、兴趣、技能与价值观。同时，要认识到的是，自我评估需要付出时间与努力，思考大量的细节问题，得出结论，甚至反复锤炼与修正结论。

求职者在求职前可以运用常见的测评工具或软件（如约哈里窗、霍兰德职业兴趣测试等）确定自己的兴趣爱好和职业倾向，再结合自己所学专业考虑自己的就业方向。不要盲目广泛“撒网”，可以根据自己的兴趣、性格、素质能力、专业知识及专业技能等各方面综合考虑确定一个大致的就业方向。下面介绍两种常见的自我评估工具。

（一）约哈里窗与自我评估

1. 约哈里窗理论模型

“约哈里窗”是由美国著名社会心理学家约瑟夫·勒夫特（Joseph Luft）和哈林顿·英格拉姆（Harrington Ingram）对如何提高人际交往成功的效率而提出的，用来解释自我和公众沟通关系的动态变化。

约哈里窗理论认为对个人而言，其认识世界的知识基本上是由四部分组成的：开放、

盲点、隐藏、未知。

所谓开放，就是自己知道别人也知道的关于自己的事情；所谓盲点，就是自己不知道而别人知道的关于自己的事情；所谓隐藏，就是自己知道而别人不知道的关于自己的事情；而自己不知道别人也不知道的关于自己的事实，称为未知之事，未知之事即为隐藏潜能。

约哈里窗不是静止的而是动态的，我们可以通过内、外部的努力改变约哈里窗四个区域的分布。当我们公开把隐私的事实放大了，那么我们的盲点和隐藏潜能相对就变小了。盲点、隐私这些制约和影响我们潜能发挥的根本性因素，必须依据全新的团队互动式学习方法，理性而大胆地应用反问、回应、分享等手段，才可以不断冲破我们内心的本能阻力，使个人和组织思维中盲点越来越少，隐私充分披露，从而达到个人素质提升和组织效能的根本改变。约哈里窗的理论模型如图 5-1 所示。

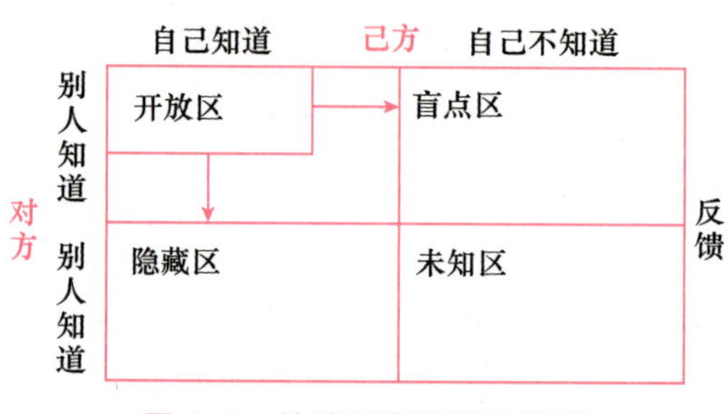

图 5-1　约哈里窗的理论模型

2. 约哈里窗的特征及处理方法

约哈里窗的开放区也就是自己和他人都知道的自我信息，需要扩大自我信息的开放区，适度自我暴露，尽可能向他人传递自己的正能量和正面信息，充分展示自我人格魅力，可缩小自己与他人的心理距离，增加彼此的信任感和互动的亲密度，太少和太多的暴露都会被看作难以与人相处，不利于自己建立良好形象。

约哈里窗的盲点区是自己没有觉察、而别人知道的一些习惯性动作、情感表露，是自我与他人之间的认知差异等。虚心向他人请教自己的不足或者看不到的方面，不断反思与改进，挖掘自我盲点，突破思维局限，使个人潜能得以开发，用倾听与换位思考等来缩小盲区，这样才能够更好地认识自己。心理咨询的任务之一便是借由外在的反馈，帮助每个人发觉这一部分。

约哈里窗的隐藏区是自己知道而他人不知道的区域，是指自己内心的感受、希望、心愿、情感秘密、生活隐私，不被社会所接受的一些态度、想法和行为等。通过自我袒露，这部分可以变成开放区。一旦自我想把自己的担忧告诉别人，跟别人说自我的感受，隐藏区就转变成开放区。这个“自我泄密”对我们培养自我意识很有用。

约哈里窗的未知区是自己不知道、他人也不知道的区域，即自己一些潜在特质、创造能力、潜意识的心理，它影响我们的语言、思维和行动。通过倾听、学习、实践、反思和领悟等学习行为，可以开放自我的未知区域。向专业人士如心理咨询师、生涯规划导师或外部的成功人士或长辈咨询，可以让专业和经验暂时欠缺的自我尽快收获对自己有用而职场需要的方法和技能。

（二）霍兰德人职匹配理论与职业选择

1. 霍兰德人职匹配理论

约翰·霍兰德（John Holland）是美国约翰·霍普金斯大学心理学教授，美国著名的职业指导专家。他于 1959 年提出了具有广泛社会影响的职业兴趣理论。认为人的人格类型、兴趣与职业密切相关，兴趣是人们活动的巨大动力，凡是具有职业兴趣的职业，都可以提高人们的积极性，促使人们积极地、愉快地从事该职业，且职业兴趣与人格之间存在很高的相关性。霍兰德在其著作中系统阐述了人职匹配的理论观点。他认为理想的职业选择和人员选拔能使人格类型与职业类型相互匹配协调。

霍兰德将当时美国的职业划分为六种不同的基本类型（如表 5-1 所示），并认为这六种基本职业与六种基本人格是相互对应的。这六种职业类型分别是：现实型（R）、研究型（I）、艺术型（A）、社会型（S）、管理型（又称企业型）（E）和传统型（C）。

表 5-1　六种典型的职业类型与六种基本人格

类型	共同特征	典型职业
社会型（S）	喜欢与人交往、不断结交新的朋友、善言谈、愿意教导别人。关心社会问题、渴望发挥自己的社会作用。寻求广泛的人际关系，比较看重社会义务和社会道德。	喜欢要求与人打交道的工作，能够不断结交新的朋友，从事提供信息、启迪、帮助、培训、开发或治疗等事务，并具备相应能力。如教育工作者（教师、教育行政人员）、社会工作者（咨询人员、公关人员）。
企业型（E）	追求权力、权威和物质财富，具有领导才能。喜欢竞争、敢冒风险、有野心、抱负。为人务实，习惯以利益得失、权力、地位、金钱等来衡量做事的价值，做事有较强的目的性。	喜欢要求具备经营、管理、劝服、监督和领导才能，以实现机构、政治、社会及经济目标的工作，并具备相应的能力。如项目经理、销售人员、营销管理人员、政府官员、企业领导、法官、律师。
传统型（C）	尊重权威和规章制度，喜欢按计划办事，细心、有条理，习惯接受他人的指挥和领导，自己不谋求领导职务。喜欢关注实际和细节情况，通常较为谨慎和保守，缺乏创造性，不喜欢冒险和竞争，富有自我牺牲精神。	喜欢要求注意细节、精确度、有系统、有条理，具有记录、归档、据特定要求或程序组织数据和文字信息的职业，并具备相应能力。如秘书、办公室人员、记事员、会计、行政助理、图书馆管理员、出纳员、打字员、投资分析员。
现实型（R）	愿意使用工具从事操作性工作，动手能力强，做事手脚灵活，动作协调。偏好于具体任务，不善言辞，做事保守，较为谦虚。缺乏社交能力，通常喜欢独立做事。	喜欢使用工具、机器，需要基本操作技能的工作。对要求具备机械方面才能、体力或从事与物件、机器、工具、运动器材、植物、动物相关的职业有兴趣，并具备相应能力。如技术性职业（计算机硬件人员、摄影师、制图员、机械装配工）、技能性职业（木匠、厨师、技工、修理工）。

续表

类型	共同特征	典型职业
研究型（I）	思想家而非实干家，抽象思维能力强，求知欲强，肯动脑，善思考，不愿动手。喜欢独立的和富有创造性的工作。知识渊博，有学识才能，不善于领导他人。考虑问题理性，做事喜欢精确，喜欢逻辑分析和推理，不断探讨未知的领域。	喜欢智力的、抽象的、分析的、独立的定向任务，要求具备智力或分析才能，并将其用于观察、估测、衡量、形成理论、最终解决问题的工作，并具备相应的能力。如科学研究人员、教师、工程师、电脑编程人员、医生、系统分析员。
艺术型（A）	有创造力，乐于创造新颖、与众不同的成果，渴望表现自己的个性，实现自身的价值。做事理想化，追求完美，不重实际。具有一定的艺术才能和个性。善于表达、怀旧、心态较为复杂。	喜欢要求具备艺术修养、创造力、表达能力和直觉，并将其用于语言、行为、声音、颜色和形式的审美、思索和感受，具备相应的能力的工作。如艺术方面（演员、导演、艺术设计师、雕刻家、建筑师、摄影家、广告制作人）、音乐方面（歌唱家、作曲家、乐队指挥）、文学方面（小说家、诗人、剧作家）。

根据职业和人格类型的相互关系，霍兰德得出以下观点：

（1）人的生活环境造就了人的人格特征，反过来，人的人格特征又影响着他们对职业的选择，和在从事职业活动中的态度、兴趣等因素。

（2）人们总是试图寻找能够适合自己、发挥自己特长的职业。同时，每一职业也在试图选择适应本职业需要的人。

（3）人们对于职业的满意感、稳定性和职业成就很大程度上取决于人职之间的匹配。

（4）人们的职业行为是人格与职业环境相互作用的结果。

2. 人职匹配理论与职业选择

霍兰德用一个六边图形来表示六种人格、职业类型之间的相互关系。如图 5-2 所示，他认为在六种类型中，越是相邻的两种类型，它们之间的相同性越高，距离越远，差别越大。

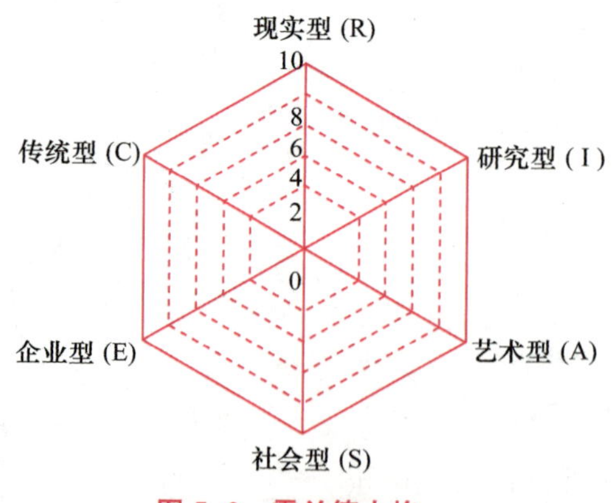

图 5-2　霍兰德人格

从图中我们可以看出，边和对角线的长度反映了六种任何类型间心理上的一致性程度，同时也代表了六种职业类型之间关系的远近程度。

相邻类型在细化方面有着细微的差别。例如：C 型和 R 型的人都很安静，踏踏实实做事。但 C 型人更关注流程，而 R 型更善于动手。办公室的饮水机坏了，C 型的女秘书想的是：这件事得向领导汇报，是找人来修一修还是买一台新的饮水机。R 型的男同事看见饮水机坏掉了，则会自告奋勇看能不能把它修好。

R 型和 I 型的人都更偏向事物，喜欢研究。但 R 型更务实，I 型更喜欢概念性的东西。R 型的篮球运动员倾向于通过训练提升自己的投篮技巧。I 型的专业训练师则喜欢研究体脂率和臂展长短与投篮准确率之间的关系。

I 型和 A 型人都喜欢抽象的东西，A 型更着重情感的表达，而 I 型则偏向逻辑表达。对于“嫦娥登月”，A 型的诗人会联想到中国神话传说，赞叹人类科技进步的神速。I 型的科学家更喜欢研究它的运行轨迹和返航着陆需要克服的技术难关。

S 型和 A 型虽然都与人相关，但 S 型更倾向支持他人，而 A 型偏向展示自我。一场大型演出，S 型的职业经纪人协商好演出的需要和细节，而 A 型的演员则在台上为我们奉献精彩的表演。

S 型和 E 型的人喜欢与人打交道，E 型更倾向去影响别人，S 型偏向支持别人。男性为主的家庭里，E 型的父亲更喜欢说教，S 型的母亲更懂得理解。

E 型和 C 型的人都具有约束性和支配性。E 型倾向于影响支配他人，而 C 型愿意被约束规范。等级严明的企业里，E 型的领导往往发号施令，支配他人。C 型的文职员工，听从领导指挥，遵守规章制度。

人职匹配的关系，在此图中可以得到较为直观的体现。如果匹配得好，则个人的特征与职业环境协调一致，工作效率和职业成功的可能性就大为提高。反之则工作效率和职业成功的可能性就很低。因此，对于求职者来说，进行恰当的自我评估之后再进行人职匹配具有非常重要的意义。

自我评估过程的另一个关键步骤是对前面所做的评估信息进行整合，并从中理出头绪来。职业满意度和职业成功感取决于很多因素，其中最重要的因素是要有清晰的自我认知。所以，需要将使用的自我评估方法和由此生成的信息一并整合成一幅完整的职业规划图。除了参考以上两种自我评估的理论之外，现在也有专业的职业生涯规划机构运用网络平台进行更加精细的测评，对求职者职业生涯规划进行全面指导。

二、编写求职材料

择业的过程是一个求职者与用人单位之间相互认识、相互了解、相互认可的过程。作为毕业生，要实现自身就业的目标，就必须在了解、认识对方的同时，利用各种途径和方法来准确地宣传自己、展示自己、推销自己，让用人单位充分地认识自己、了解自己，从而选择自己。能否成功地进行自我推荐在很大程度上决定了自己是否能够获得进一步面试的机会。实际上，用人单位主要是通过你准备的书面材料来确定是否把你作为可能的人

选，以及是否进一步接触。书面材料主要包括简历和求职信。

（一）个人简历的撰写

简历，又称履历，它是说明一个人的身份、学业、工作经历及能力等的书面材料。简历所介绍的是个人的自然情况和学习、工作情况，一份 1~2 页的简历，就是一个人过去的简明历史。

简历是求职时给人的第一印象，也是展示求职者素质的一块“门面”，简历就在于尽可能地使招聘单位对你产生兴趣，使人才交流中心和介绍部门信任或赞赏你，看到简历，就想把你相荐给用人单位。就此意义来说，一份卓有成效的个人简历是开启事业之门的钥匙。

1. 制作简历的注意事项

（1）篇幅短小精美，简洁大方。写个人简历时要站在审阅者的立场上来考虑，以简洁、概括的文字表述出对方希望了解的内容。不能认为简历越长越好，越细越好。如果所写的内容过多过长，审阅者没有那么多时间去读，反而会产生厌恶感，认为申请人的概括能力差，工作能力肯定也不会强。

为使审阅者能领会简历中所传递的信息，对需要引起对方注意的主要内容常用黑体字做小标题。在简历中常用黑体字做小标题的内容有：个人资料、个人兴趣、社会实践经历、求职意向等。

（2）实事求是，内容真实可信。应实事求是地填写个人简历，不能为了获得面试机会而在个人简历上弄虚作假，编造事实，以抬高自己的价值。因为争取面试机会并非最终目的，最终目的是要获得工作。如果因作假取得面试机会，但当用人单位查阅个人档案，明确不实之处后，这样的求职者最终也不会被录取。

（3）避免书面差错，字斟句酌。简历完成后，可以采用文字处理软件中的“拼写检查”功能进行复查，或者请一位朋友帮你通览整份简历，看看有没有漏掉的小错误，避免涂改和错别字。要注意调整格式，选择适当的字号和字体，使版面整洁、美观，做到反复修改后再定稿打印。准备简历时一定要使用优质纸张。

（4）强调自己的实践能力。应届毕业生在简历中应注意强调最近的教育与培训，尤其是与所申请工作最直接相关的课程和实践活动。

（5）不能标明薪水要求。薪资待遇是求职中的敏感问题，一般在面试中口头谈论，简历中最好不要写上对薪水的要求，除非用人单位特别注明。

2. 简历的一般格式

（1）标题。标题的位置在简历正文的顶端，居中书写，字号和字体可相应设计。一般情况下，标题可直接写成“求职简历”或“个人简历”。

（2）个人基本情况。主要包括姓名、性别、出生年月、学历、联系地址、电话号码等。这部分写得过简或过繁都是不可取的。过于简略，招聘者对求职者的基本情况知之甚少，这不利于通过最初的筛选；过于详细，甚至将个人的隐私托出，也可能带来负面影响。个人的联系方式则尽可能写得详细些，把个人资料放在简历的最上面，主要是为了方便用人单位与求职者及时取得联系。

（3）求职目标。无论是刚刚毕业的高等院校学生，还是另谋职业者，确定求职目标一定要结合自己的实际情况，根据自己所学专业和经验特长去选择，切不可好高骛远。对于特别热门、应聘人员较多的职业要慎重选择。求职目标一般比较简练，可以是具体的工作。

（4）教育背景。对于一名刚刚毕业的学生，工作经历有限，受教育情况就显得特别重要，可以把它放在“工作经历”之前，以突出优势。主要包括：所就读的学校、专业，获得的学位、主要课程、主要研究领域、研究成果、荣誉情况等。介绍受教育背景时，要注意其与所申请职位的关联程度。

（5）技能、特长。求职者所具备的素质、能力与特长是招聘者们非常关心的。应注明你具备哪些素质、能力，如计算机水平、外语能力、人际交往能力、道德品质、团队协作精神等。在介绍自己的特点时，个人的兴趣和爱好是否要写明，取决于所应聘工作的性质。爱好和兴趣与工作有关，不妨多写几点。一般情况下还是不要详谈个人爱好，以免画蛇添足。表述时尽量用事实说话，使招聘者产生充分的信任，语气要坚定、积极、有力。

（6）工作经历。这部分包括重要工作经历和在校期间开展勤工助学、义务工作、参加各种各样的团体组织、实习经历和实习单位的评价等，要写明曾从事某项工作的起止时间、就职单位的名称、职位，具体的任务和职责、主要成就等。一定要突出那些与求职目标相关的工作。这部分内容要写得详细些，用人单位要通过这些经历考查你的团队精神、组织协调能力等。

3. 简历成功要诀

（1）求职目标清晰明确。所有内容都应有利于你所应聘的职位，无关的甚至妨碍你应聘的内容不要叙述。招聘人员可能仅仅只是扫视你的简历，然后花 30 秒决定是否面试你，所以一张纸效果最好。如果你有很长的职业经历，一张纸写不下，请试着写出最近 5~7 年的经历或组织出一张最有说服力的简历。

（2）突出过人之处。同一个专业的毕业生，千篇一律的求职材料、泛泛的自我介绍，体现不出个人的专长和个性，在竞争激烈的供需见面会上，用人单位会觉得个个都差不多，很难拍板。所以毕业生在材料中应把自己最突出的优势和最能吸引人的长处充分表现出来。与众不同的优势，正是你的闪光点，是你在竞争中取得成功的保证。如，曾被评为省三好学生，参加全国电子比赛获奖，在全省演讲比赛获奖，曾是校运动队主力队员等。

（3）用事实和数字说明强项。每个人都有自己值得骄傲的经历和技能，不要只写上你“善于沟通”或“富有团队精神”，招聘人员会对这些空洞的字眼熟视无睹。他们想要的是用证据证明你的实力，证明你以前的成就以及你从以前的工作中得到了什么益处，包括你为其节约了多少钱、多少时间，说明你有什么创新等。强调以前的事件，注意一定要写上事实和数字，如组织了公司人员调整、削减了效率低的员工，每年节约 55 万元，或举

例说明你曾经如何说服别人、如何与一个和你意见相反的人成功合作等，这样才有说服力并给人深刻印象。

（4）自信但不自夸。有些毕业生为了给招聘单位一个好印象，尽快落实一个理想的工作单位，在求职材料的自我介绍中添油加醋、夸夸其谈，这种做法的结果往往是适得其反的。因此，应掌握好写求职材料的基本要素，实事求是，扬长避短，自信而恰如其分地介绍自己。自吹自擂、胡编乱造的毕业生即使被用人单位录用，一旦败露，用人单位也会毫不犹豫地将其辞退。

（二）求职信的编写

求职信也称自荐信，它通过表述求职者的意向和对自身能力的概述，引起用人单位的重视和兴趣。求职信不是简历，归根到底是为了突显你对某一企业或职位的极大热忱。求职信集介绍、自我推销和下一步行动建议于一身，总结并归纳简历，重点突出在背景材料中与应聘公司最有关系的内容。一份好的求职信能体现你清晰的思路和良好的表达能力。换句话说，它体现了你的沟通交际能力和你的性格特征。一般来说，打开自荐材料，首先看到的便是求职信，所以求职信无论在文体上还是在内容上都必须给阅读者留下好印象。

1. 求职信的基本格式

（1）标题。标题是自荐信的标志和称谓，要求醒目、简洁。要用较大字体在上方标注“自荐信”三个字，显得大方、美观。

（2）称呼。这是对招聘单位或收件人的称呼，在第一行顶格书写，以表示尊敬。如用人单位明确，可直接写上单位名称，前面可用“尊敬的”加以修饰，后以领导职务或统称“领导”落笔；如单位不明确，则用统称“尊敬的贵单位领导”领起，最好不要冠以最高领导职务，这样容易引起第一读者的反感，反而难达目的。总之，称呼要准确，视其身份而定，不可乱用。

（3）正文。正文是自荐信的核心，开头应表示向对方的问候。主体部分一般包括简介、自荐目的、条件展示、愿望决心和结语五项内容。

简介是个人概况的说明，包括自荐人的姓名、性别、民族、年龄、籍贯、政治面貌、文化程度、校系专业、家庭住址、任职情况等，要针对自荐目的做简单说明，无须冗长、烦琐。

自荐目的要写清消息来源、求职意向、工作目标等项目，要写得明确具体但要把握分寸、简明扼要，既不能要求过高又不能模棱两可，给人以自负或自卑的不良印象。

条件展示是自荐信的关键内容，主要应写清自己的才能和特长。要针对所应聘工作的应知应会去写，充分展示求职的条件，从基本条件和特殊条件两个方面解决凭什么求职的问题。

愿望决心部分要表示加入对方组织的热切愿望，展望单位的美好前景，期望得到认可和接纳，自然恳切，不卑不亢。

结语一般在正文之后按书信格式写上祝语或“此致、敬礼”“恭候佳音”之类的话语。

（4）落款。落款处要写上“自荐人×××”的字样，并规范标注日期。随文要说明回函的联系方式、邮政编码、地址、信箱号、电话等。署名处要由求职人亲自签名，以示郑重和敬意。

（5）附录。寄送自荐信的同时也会寄送一些有效证件及文章复印件，以及简历、近期照片等需要说明的材料。

2. 动笔前须考虑的要点

（1）你对此单位了解多少。你对他们的产品或服务、任务、企业文化、目标、宗旨等了解多少，以及这一切与你自己的背景、价值观和目标的关联程度如何。

（2）用人单位需要什么。在你希望得到的职位中什么样的技能、知识和经历是最重要的，以及他们需要你具备什么条件。

（3）你的优势。你应为用人单位提供3~5个优点或优势。如果你是针对某个具体的职位而写此信，所列的优点应该就是招聘启事上提到的；如果你不是针对具体的职位的话，就按通常的所需知识和经历来考虑。

（4）把你的经历与此职位挂钩。你可以列举几个具体的你已获得的成就，以证明你给用人单位提供的正好就是该职位需要的。

3. 求职信的主要内容

（1）说明个人的基本情况和招聘信息的来源。首先在正文中简明扼要地介绍自己，重点是介绍自己与应聘岗位有关的学历、经历、成就等，让招聘单位对求职者开始就产生兴趣，但详细的个人简历应作为附录。其次说明招聘信息的来源，如“昨日在《××晚报》上看到贵公司的招聘启事，获悉贵公司正在招聘市场营销员，故冒昧地写信应聘市场营销员一职”。这样写不仅师出有名，而且还可以让招聘单位感觉到招聘启事的影响和作用。

（2）说明你应聘的岗位和能胜任本岗位工作的各种能力。用人单位往往为多个岗位招聘人才，因此要写清楚所应聘的工作岗位。如果不知道对方需要什么样的人才，可以说明自己希望申请哪类工作岗位。说明个人胜任某项工作的条件是自荐信的核心部分，主要是向对方说明自己的知识、经验和专业技能，要突出自己适合于所应聘岗位的特长和个性，不落俗套，达到吸引和打动对方的目的。

（3）介绍自己的潜能。向对方介绍自己曾经担任过的各种社会工作及取得的成绩，预示着自己有管理方面的才能，有发展的潜力。如介绍自己刚从国外留学归来，则预示着自己的外语熟练，并熟悉国外环境，将来有可能开拓海外市场。

（3）表示希望得到答复或面试的机会。对用人单位在百忙中批阅了自己的求职信要表示谢意，并希望该单位能考虑自己的求职愿望，最后请求答复。

三、获取并甄别招聘信息

随着互联网时代的到来，信息在人类生活中显示出越来越重要的作用。在求职者求职

过程中，就业信息是求职的基础，谁能及时获取信息，谁就获得了求职的主动权。因此，求职者应当充分利用各种渠道、各种手段，广泛地、全面地、及时准确地收集与自己求职有关的各种信息，认真地对这些信息进行分析、筛选、整理和应用，以把握机遇、正确决策。

（一）获取招聘信息的线下渠道

1. 人才交流中心或人才市场

近年来，我国从中央到地方都建立了不同类型的人才市场，为各类专业人才的合理流动和学生的求职择业提供了很好的场所。这种机构一般属于当地劳动部门，有的是劳动人事部门的直属机构。它们面向社会开展职介服务，其中也包括应届和往届毕业生，一般说来，从这些机构得到的人才需求信息可信度高、可靠性强。

2. 政府就业指导机构

随着国家机构改革的深入，无论是教育部门的就业指导机构，还是人事部门的人才交流中心，为毕业生提供政策信息和用人单位的需求信息是这些部门赖以生存和发展的基础。这些部门会定期收集所在地用人单位的需求信息，经过整理，分单位和专业汇编成册，然后通过多种渠道发布出去。政府就业指导机构也会通过各类形式的宣传及政策引导发布部分用人信息，这类信息对于当地生源具有很好的应用价值，但是发布不规律，所以求职者不好把握。

3. 高校毕业生就业部门

高校毕业生就业部门为毕业生提供专业未来趋势分析及用人单位的信息等。它专注于学生就业管理工作，整理和发布就业信息是学校毕业生就业部门的主要工作。该部门同上级主管部门和社会各界保持着广泛而密切的联系，而且经过多年的工作实践，与有关部门或单位长年合作，已形成良好与稳定的关系。这些用人单位的信息经过学校毕业生就业工作部门的筛选和分类，其可靠性高、信息量大，且针对性强。因此，本校毕业生就业指导机构也是毕业生获取就业信息的主要渠道。

4. 校园双选会、供需见面会

这类活动一般是由高校、社会机构、用人单位举办的一种招聘求职形式。高校会面向用人单位举行供需见面会，收集企业招聘信息，定期举办人才招聘会，在较短的时间内汇集了众多用人单位和大量的需求信息。这种招聘活动，由于双方能够直接面对面地交流，所以信息时效性、真实性较高，成功率也较高，而且很多时候当场就可以敲定，能够减少很多环节。但是由于举办地点的限制，所以面向的人群比较少。

对于毕业生来说，高校单独或联合举办的毕业生供需见面洽谈会针对性更强。这种招聘会以学校为主会场，用人单位进场设点，毕业生可以在最短的时间内获取大量的招聘信息，并与大量用人单位进行面对面的接触。但是这种招聘会的弊端就是场内人数太多，交流时间也有限，在沟通上会存在一定的问题。

5. 社会机构

包括职业中介、猎头公司等，也会发布一些就业信息。这类信息一般针对在职人员较多，但是也有部分信息针对应届毕业生，但是由于这类机构在监督监管方面存在多多少少的问题，而且大多是以盈利为目的的，所以求职者一定要慎重。

6. 家人、朋友、导师介绍

毕业生的家长和亲朋好友分布在社会各个领域不同的工作岗位上，他们十分了解各自工作的单位，并与社会有着较广泛的接触。通过他们了解社会需求信息，针对性会更强，从他们那里获取的信息，往往也比较准确、直接。况且，他们对用人单位和求职者双方都比较了解，因此，一般来讲，参考这种信息求职的成功率是很高的。

在求职过程中，同学之间的信息共享很重要。每个毕业生的信息渠道不同，求职的目的有差异，对待信息实用性的看法也不一样。有的同学可能掌握了较多信息，经过筛选后，有些单位不属于他考虑的范围，相关信息对自己无用，但可能对其他同学十分有用。遇到这种情况，千万不要抓住这些信息不放，主动输出对他人有用的信息，不仅对他人是帮助，同时也增加了与他人交流信息的机会，通过信息交流、信息共享，达到互利的目的。因此，应该提倡同学之间交流信息，做到信息共享。

（二）获取招聘信息的网络渠道

在信息传播速度日渐加快的今天，越来越多的用人单位通过网络渠道发布招聘信息，也有部分企业倾注了大量的技术、资金和人力专注于人才的招聘管理工作。

1. 地方人才网站

每个地区都有每个地区的人才网站，我们可以在这些人才网站上看到各大企业的招聘信息。这些人才网站上的企业一般都较为正规，求职者可以放心大胆地寻找。另外，地方传媒平台也有招聘专栏，求职者可以通过这些渠道获得招聘信息。

2. 企事业单位的官方网站、微博、微信公众号等网络平台

随着互联网时代的到来，现在每个企业都想打造自己的品牌，而校园招聘是企业重要的宣传机会，每家企业都会重视。现在各个企业都在建立自己的人才数据库，可以节约一部分渠道成本，利用技术更方便检索自己需要的人才。这种渠道具有信息透明度高、方便快捷、费用低廉等特点，其发挥的作用也越来越大。官方渠道信息更新快且准确，对于初入职场者来说可以很好地节省时间和体力。因此，我们应对这个渠道给予足够的重视。

3. 第三方求职平台

第三方网络招聘平台是近年来兴起的网站，是求职者和用人单位之间的媒介，主要专注于企业人力资源服务，依托互联网的快速发展而发展起来。现如今提供网络招聘服务的平台特别多，每个平台自身的特点也不一样，有些是面向全国的、有些面向某一个区域，有些针对蓝领工人，有些针对职场精英，因此求职者一定要选择适合自己企业需求的招聘

网站投递简历。

此类渠道覆盖面广，社会关注人数较多，但鱼龙混杂，需要认真鉴别。

四、解读并甄别招聘信息

求职者应该根据收集到的招聘需求信息，结合自己的实际筛选处理，掌握一定的阅读技巧，有目的、有针对性地进行排列、整理和分析，只有这样才能使需求信息具有准确性、科学性和有效性，使之更好地为自己的求职服务。

（一）解读招聘信息

用人单位在招聘前夕都会精心准备招聘简章和企业宣传资料，希望通过招聘简章让求职者首先进行自我筛选，即仅向自己能够达到要求的企业投递简历，这样可以提高招聘效率。一般的招聘简章都会介绍岗位要求、任职资格、工作时间、工作地点，甚至详细的薪资待遇也会罗列出来，以便于求职者理性投递简历。因此，求职者要正确解读招聘简章中隐含的条件。

1. 根据就业方向、地点，有针对性地关注媒体信息

毕业生应该根据所学专业和欲从事行业方向选择、利用媒体信息。在全面、细致分析的基础上，毕业生可以结合自身的实际情况，如专业特长、能力、兴趣和就业期望等选择和自己所学专业相近的就业信息加以利用。时常有这样两种情况出现：毕业生一味强调就业信息与所学专业完全一致而不看单位的实际需要，这样的求职很难成功；或根本不管就业信息与所学专业是否相关而只看用人单位经济效益的好坏，即使求职者侥幸在求职中取得“成功”，在未来的发展中也会逐渐暴露出自己的弱势，发展后劲不足。这两个极端都是很不明智的，毕业生应该尽量避免。

2. 区分“优先条款”与“绝对条款”，从“优先录用”中寻找突破点

招聘信息一般会明确提出招聘条件中的硬性指标，我们称之为“绝对条款”。有不少招聘单位进行初选时，基本上只看一些硬性指标。“绝对条款”一般包括：学历学位证书、英语或计算机等级证书、户口、专业背景、学校声誉、在校成绩、政治面貌等。而“优先条款”则是在多个求职者的“绝对条款”同时满足的情况下择优录用的条件，如是优秀毕业生、担任过学生干部、沟通能力强、具备双语能力等。

在就业压力比较大的情况下，特别是在应聘较热门的行业或较好的用人单位的时候，竞争者通常比较多且都比较优秀，这种情况下，求职者就应该在“优先条款”中寻找突破点才能提高成功率。很多招聘信息都注明了“具备某某条件某某能力者，优先录用”，如果求职者对该单位感兴趣，应该比照其“优先条款”，修改简历和求职信，突出自己拥有这些用人单位需要的条件，在面试中求职者也应该注意提到和表现这些能力。

3. 熟记招聘信息中的内容

对于招聘信息中关于招聘条件与招聘程序的信息一定要熟记。熟记招聘条件可以通过

比照看自己适不适合应聘该职位，如不适合应立即转而关注其他信息，以免浪费时间和精力。熟记招聘程序，求职者便可以安排、调整好自己的时间并为应聘做好充分准备，以免因错过时间、弄错地点或因准备不足而错失良机。

4. 不对招聘信息中与你关系不大的问题刨根问底

对于重要的信息，如关于单位的信息、关于工作或岗位的信息、关于招聘条件的信息及关于招聘程序的信息，一定要注意寻根究底，这样你才能在随后进行的面试中处于主动，让主考官在面试时拿你当“自己人”，在情感上首先予以接纳。但是对于招聘信息中与你关系不大的问题，如招聘信息中明显是为了给单位做广告的信息等，切记不要刨根问底，这样一来可能会引起用人单位的反感，二来会浪费求职者的时间和精力。故一定要分清楚重要信息和非重要信息。

（二）甄别招聘信息

现在，招聘渠道和方式多样化，为求职者提供了更多的就业机会，但是这种多样化的渠道和方式也带来了不可避免的负面效应。在万千的招聘信息中如好甄别出真实信息，这一环节其实十分重要。那么，如何甄别呢？具体说来，主要有以下几种方式。

1. 看发布招聘信息的网站的权威性

查询招聘单位的注册信息。合法的招聘单位一定在工信部门有备案登记的，招聘网站真实存在。一般发布招聘信息的网站都是一些常见网站，如智联招聘、中华英才网等。

2. 看招聘企业的资质真实与否

在工商部门核实企业是否存在，查看企业是否有官网，如有，看官网是否发布有招聘信息。可以拨打企业联系电话，核实信息。另外，常有一些虚假信息冒充事业单位招聘，这类多以国字号或者重要地名开头的虚假信息要高度重视并多方核实。

3. 查看招聘联系方式真实性

一般企业都有以其域名命名的招聘邮箱，注意联系电话与企业地址是否相匹配。

4. 看招聘内容特别是岗位描述的真实性

这主要是要注意岗位描述是否符合岗位定义，是否模棱两可、含糊不清。另外，一些公司招聘时，常常把想招的岗位用其他岗位替代进行招聘，以吸引更多的求职者，如招聘客服写成行政文员，招聘业务员写成招聘营销经理，这样的招聘信息往往只是吸引求职者眼球，因企业急缺这种岗位人才，而往往难以招聘到，故出此招。

5. 看薪酬待遇是否在合理范围内

求职者在甄别招聘信息时要注意企业提供的岗位与企业以及企业所在城市普遍情况是否相匹配。虚假信息往往夸大待遇，求职者在求职过程中或进入企业工作后才发现薪酬待遇不实，造成许多麻烦，因此一定要留心。

6. 看求职流程是否属实

求职流程在求职过程中很重要。正规公司的招聘一般会在招聘信息中同时发布招聘流程，一些虚假信息经常不同时发布招聘流程或是招聘流程看起来很正规，比如要求求职者携带必备生活用品到某某地方去进行面试、实习之类的，这些一定要提高警惕。

第二节 求职沟通的过程

一、什么是求职沟通

求职沟通是指在求职的过程中，实现和用人单位的双向沟通的过程。在这个过程中既要了解企业所需要的人才特性，也要让用人单位了解到自身的优势，达到双赢的目的。在求职过程中企业招聘人员主要通过面试来评价求职者，从而确定是否录用。而在面试过程中恰当展示自己的优势特质则需通过有效的求职沟通，所以求职沟通是把握面试机会的关键。

二、求职沟通的原则

沟通一定是双向的，而且要使双方共同的意愿达成，这样才可能实现双赢。求职沟通中恰当的方法会达到事半功倍的效果，反之适得其反，会使沟通不欢而散，得不到录用，所以在求职沟通中要坚持以下几个原则。

（一）公平对等

双方必须在平等的前提和氛围下，沟通才能顺畅进行，达到预期效果，否则就会使沟通双方无法达到目的。位置低的一方在讲话时会行所顾忌、不讲真话、所有的语言都会有“艺术”加工；位置高的一定会居高临下，使另一方不舒服，信息传递会大打折扣，沟通达不到预期效果。

（二）认真倾听

沟通的其中一方就某一问题发表意见时，另一方一定要认真倾听，不要打断或插话，更不要评论。要听清楚对方的观点，必要时笔录要点。在对方讲完时，口述核对，得到对方认可后，阐述自己的观点和看法。这样会使对方感觉到你是尊重他的，沟通的气氛会更融洽。

（三）先肯定再否定

在求职过程中如果发现考官在某些问题和看法上和你是不同的，那么首先肯定他的观点在某些意义上是对的，同时委婉指出对方观点的不足。把焦点集中在问题本身，不卑不亢。

（四）归纳总结

在求职过程中，每次沟通，在充分阐述自己的观点后，通过讨论求同存异、达成一致，一定要形成记录，以便下次求职沟通过程中参考。

（五）沟通准备

机会总是给有准备的人。尤其是对求职者来说更是如此，应该对所应聘的公司的主要情况、提供职位的要求、自己的能力和优点，甚至沟通的考官的性格都要有所了解，才能够做到有效的沟通。

三、求职沟通的流程

当你收到公司邀约面试通知时，说明你已经进入了该公司的招聘流程，这时需要对面试事项进行详细了解。

案例 5-2

一道别出心裁的面试题

张悦学的是秘书专业，毕业后便四处寻找工作。这天，她去一家企业应聘。例行问话后，面试经理问了张悦一个完全出人意料的问题："你在家里对你的父母说过'谢谢'吗？"张悦老老实实地回答："没有。"面试经理说："今天你回去对你的父母说声'谢谢'，明天你就可以来上班了。否则，你不用再来了。"

张悦回到家里，母亲正在厨房里忙碌。张悦读小学的时候父亲因工伤去世了，是妈妈靠着微薄的薪水独自支撑着这个家，把她拉扯成人并学有所成。想到母亲平时省吃俭用，连乘公交车都舍不得，每天步行 1 个多小时上班，平时总把最好的东西留给自己。张悦第一次感到自己欠母亲的太多了。她轻轻地走到母亲后面，紧紧抱住了正在烧菜的母亲，发自肺腑地说："妈妈，您辛苦了，谢谢您！"这时，她感到母亲炒菜的手停了下来，发现母亲眼睛里已是噙满了泪水。张悦这才明白面试经理的良苦用心。

第二天，张悦怀着感激之情来到那家企业。经理一见她的神色，就明白了一切，二话没说，径直把她带到了新的工作岗位。

（资料来源：姚伟，张东红．现代商务礼仪［M］．北京：人民邮电出版社，2011.）

案例点评：

个人素质是每个招聘单位都非常重视的，这家公司把对父母的孝顺和感恩作为面试的内容之一，确有独到之处。试想，如果这个员工不是个知恩图报的人，那公司对她再好又有什么价值呢？作为求职者，在面试之前要做好充分的准备工作，调整好自己的心理，才能从容应对用人单位的各种面试考核。

（一）面试前的相关工作

《孙子兵法》中有一句话："知己知彼，百战不殆。"面试就如同一场探视性战斗，每一个应试者都希望在面试时给主考官留下一个好印象，从而增大录取的可能性。可以说，这是求职者迈向成功的第一步。为此，求职者必须做好面试前的相关工作：确认面试目的、了解面试形式、核实面试的具体信息、调整好面试心理，做到心中有数，避免在面试时出现被动与尴尬。

1. 确认面试的目的

求职者面试的目的是向面试官证明自己能胜任这份工作，并通过沟通了解该组织/公司及职位的条件、要求等，判断自己是否真想在那里工作。面试是一个双向选择的过程。虽然求职者不能控制面试，但可以控制会谈的内容。

2. 了解面试形式

现在的招聘流程正逐渐趋向于复杂化和系统化，下面是最常见的一些面试形式。

（1）一对一面试。最常见的面试形式是一个面试官面试一个申请者。有时，这是几轮面试中的初试。第二轮和第三轮面试通常会有若干面试官。

（2）团体面试。团体面试分为普通团体面试和竞争性的团体面试。

普通团体面试目的在于向应聘者提供大量关于公司和职位的信息。这种形式节省时间，也可以保证每个人了解基本的事实。这个过程的下一步通常是个人面试。

竞争性的团体面试是许多应聘者同时被一个或更多面试官面试。面试官通过这种方式的面试，通常想了解你与团队互动的情况、每个应聘者在团队中的角色如何，谁会在团队中以领导身份出现等。考虑周到、机智表现很重要，但是不要独占会谈场面。

无论是哪种团体面试，与问你问题的人保持良好的眼神接触是重要的，但也需要定期看看其他在场的人。

（3）结构化面试。这种方式的目的在于去除偏见，帮助用人单位做出客观的决定。所有的应聘者都被问相同的问题，便于用人单位评价应聘者。如果在面试结束时，你还没有传达出重要的信息，当被问及你是否有其他问题或者有没有其他事情时，别忘了抓住这个机会呈现你的重要资质。

（4）半结构化面试。在半结构化面试中，你有很好的机会传达信息，因为只有很少的预先决定好的问题。但是，你需要很好地准备而且要知道你想表达的重点。

（5）电话面试。由于应聘者到用人单位公司所在地可能需要昂贵的旅途费用，第一轮面试中面试官会采用电话面试的方式。如果这个电话让你吃了一惊，你还没有做好面试的准备，请对方过 15 分钟后再打给你，或者另外安排双方都方便的时间再联络。所有面试技巧在电话里都适用，你只是不需要穿正装出席。不过，你会发现，穿着其实能帮你表现得更好。把简历和问题清单放在你面前，把笔和纸放在你够得到的地方，以便记下面试过程中想问的任何问题。注意语气语调是很重要的，确定利用语调和语气来表达你的兴趣。

（6）视频面试。通过在线会议服务技术，利用摄像镜头和话筒，可以使面试官坐在屏幕前对远方的应聘者进行“面对面”的面试。着装、身体语言和对话都与现场面试没什么不同。你的任务是争取得到公司第二轮面谈的邀请。

案例 5-3

我的薪金我做主

一家外资的数码公司招聘一名技术开发人员。面试时考官直接对前来求职的小平说：“你应聘我公司的那个职位，按照我们公司的薪金制度，基本工资每月只有 2000 元，有问题吗?”小平笑了笑说：“尽管这个薪金不算太高，但据我所知，贵公司对高级人才有另一套薪金制度——每月奖金最高大概是 1000 元，每年还可以发 16 个月的工资，工作一年后工资翻番。我本人拥有研究生学历，又有三年的工作经验，完全符合高级人才的标准。我希望自己能享受这套薪金制度的最高标准，如果那样的话，我非常愿意从事这项工作。”考官笑了笑说：“看来你是有备而来呀。我们的薪金制度的确是这样，你也符合高级人才的标准。欢迎你加盟本公司！”

（资料来源：周彬琳. 实用演讲与口才［M］. 大连：东北财经大学出版社，2010.）

案例点评：

小平在面试之前已经了解该公司的薪金制度，知道了对方的情况。而对自身的情况，更是能恰当地把握自己的长处——自己的研究生学历、丰富的工作经历，这些都是与用人单位讨价还价的重要筹码。根据自己事先了解的情况，小平准确地提出了自己的期望待遇——高级人才的最高标准。这个要求虽然看似不低，但实际上也是符合公司的规定和小平自身情况的，对于这样一位睿智的人才，公司怎能不喜爱呢？小平因为提前了解了公司的具体信息而获得满意的薪金也在情理之中。

3. 核实面试的具体信息

（1）了解企业概况及应聘岗位的信息。企业概况包括：企业的成立时间、主营业务、主要项目、取得的业绩、行业内的排名等，一般面试中面试官会问道，你对我们企业有没有了解，然后也会对企业做一些介绍，如果你能答到点子上，会有不错的加分。

应聘岗位的信息包括：工作内容、任职要求、在组织中的位置等。这需要对企业的组织架构有了解，认识应聘岗位在组织中的位置和作用。当然许多企业对于应届毕业生，并没有将其马上定位到具体岗位中，但是根据其所学专业已经有一个基本倾向，所以对于行业及职业的认知，是面试者面试前要做的准备工作。

（2）确认面试的时间和地点。前往用人单位面试前，要和招聘方面试负责人充分沟通，确认面试的时间和地点，地址越详细越好。为了安全，在出发前将详细的信息同时告知同学、家人或朋友。

（3）准备好所有的相关材料。企业一般要求带一份个人简历和身份证，如果有个人的重要奖励证书也要带上，同时所有相关的证明材料可以用求职档案的方式来整理和呈现。

4. 要准时，预留出充足的交通时间

在面试前查看路线，可以预估交通时间，一定要比预约的时间提前一点到达，比如提前 15 分钟，这样可以有时间整理你的思路，也利用这段时间观察公司的工作环境。

5. 礼仪准备

衣着要得体，通常面试者的服装应较正式，以与你希望应聘的职位相匹配为宜；不要用气味太浓的香水或化浓妆；不要戴太多的饰物（连眼镜在内不超过三件），检查手机是否关机或设置到了静音状态。

案例 5-4

特殊的考验

某电视台招聘记者，小郑前去应聘。面试中，面试考官指出："你说你爱好写作，可是我看了你填的报考表，在'自我评价'栏中居然出现了三处语法错误，现在既没有多余的表格，也不准涂改，你怎么办？"小郑听罢吃了一惊，心想填表时自己是字斟句酌的，怎么会有三处错误呢？但时间不允许他多想。他当机立断，回答说："为了弥补失误，我可以在表后附一张更正说明，上面写上：'某某地方出现了三处语法错误，实属填表人的粗心，特此更正，并向各位致歉。'不过……"他停顿一下说，"在发出这份更正说明之前，我想知道是哪些错误，因为不能无的放矢，错误地发出一份更正说明，我不愿意再犯这种错误。"

他的机智应对令面试考官们笑了。其实他的报考表并没有错误，这不过是面试考官设的一个圈套，用以考察他的自信心和反应能力。从表达角度看，他的得分主要在于后半部的补充说明。这一段内容的表达十分完满，滴水不漏，印证了他机敏全面，认真仔细，一丝不苟的品格，赢得了好评。

（资料来源：https：//www. qinxue365. com/edunews/25227. html）

案例点评：

该案例中的面试是一种压力测试，是面试官为了考核求职者的心理素质和承受压力的能力而特意设定的招聘手段。案例中的小郑面对对方的"刁难"虽然心存疑虑却坦然处之，最终通过了企业的考验。因此，求职者在求职前要做好充分的准备。

6. 心理准备

在面试之前，许多求职者感到紧张担心：一是担心自己在众多的竞争者中能否取胜；二是担心自己不符合招聘单位的要求；三是担心考官提出的问题刁钻，自己回答不了，有了思想负担，面试时就会心里发慌。因此，面试前应做好心理调适。心理准备就是要对自身有全面的认识和准确客观的评价，清楚知道自己的就业方向，即什么样的工作更适合自己的发展。了解自己的兴趣、专业强项、就业倾向、人生目标等，对自己的定位一定要全面、客观、准确，同时不要刻意回避自己的弱项和缺点，"当局者迷，旁观者清"，可以参考家长、老师、同学、朋友的建议。

（二）面试中的应对技巧

当进入面试环节时，求职者会与一个或多个面试官进行面对面的交流。面试官会根据沟通的情况分析求职者的求职目的，评价其综合素质，然后决定是否录用及确定岗位等。求职者应该事先模拟可能被询问的问题，并对这些问题进行准备，另一方面也要了解自己想了解的用人单位就业岗位的相关信息。

1. 应对面试官提问的技巧

不用担心在面试过程中会紧张，这很正常，而且适当的紧张可以帮助你有更好的表现。许多面试官会以一些“小谈话”作为面试的开始来帮助你放松。看起来好像与工作无关，但这也是评估你的一部分。利用这开始的几分钟表现你积极的态度。

接下来，面试官向你提问题，以此来决定你是否合适。要对面试官可能提出的问题有所了解，这样你就可以提前准备答案。想想面试官为何要提出这个问题，什么是用人单位真正想知道的。下列是用人单位可能问到的典型问题。

（1）向我介绍一下你自己。不要认为面试官已经看了你的简历，这个问题是多余的。这是一个推销自己的绝好机会！注意回答要简练（要做到这一点需要事先准备）而又不失全面，列举出你所具备的、对用人单位具有意义的三到五点品质特点、长处成就。建议你的回答要包括以下内容：你的职业生涯目标、与求职目标有关的技能、与求职目标有关的成就和资历、你所受教育的情况。你不一定要按照这样的顺序来介绍你自己，但要努力把各个方面都介绍清楚。回答以两分钟左右为宜，切忌啰唆冗长。

（2）你有什么业余爱好。业余爱好在一定程度上反映出求职者的性格、观念、心态，面试官提问这个问题的目的是想从另一方面了解你的性格特点。回答该问题时最好不要说自己没有业余爱好，也不要说那些庸俗的、令人感觉不好的爱好，最好不要说自己仅限于读书、听音乐、上网，否则可能会让面试官怀疑你性格孤僻，建议说一些户外运动类的业余爱好来“点缀”你的形象。

（3）谈谈你的优点。对于这个问题，你不要只是谈论你的优点/能力，还要把它们与应聘的职位和公司（组织）的需要联系起来。除了宣称你具有某项能力/长处以外，还要尽可能提供简略的例证，要向对方证明你是一个出色的人选。

（4）谈谈你的缺点。面试考官通过这个问题想了解求职者是否认真思考过自己，分析过自己，反省过自己。如果一个人能认清自己的缺点，并有改进的愿望和方法，他可能是一个不可多得的人才。

对这个问题可以有几种回答，如：避重就轻，说一些对工作不会造成太大影响的缺点；也可以用似坏实好的方式，说自己是完美主义者，做事过于认真细致，有时花去太多时间等。最好是用“我不擅长……但我已经意识到这一点，并采取……的措施/方法来改变它”的方式来回答。不要说自己什么缺点也没有，那样显得你不诚实也不真实。此外，切忌说自己不擅长职位所要求的某一重要能力。

（5）请谈谈你的职业目标。这个问题也可能是这样说的：请谈谈你打算在五年后做什么？面试官希望借此了解你对自己的职业生涯是否有切实的规划，以及这项规划与现在你应聘的职位是否相关，并由此看出你申请这一职位的动机。

（6）你为什么会选择我们公司。面试官希望了解的是你申请职位的动机、愿望以及对此项工作的态度。他们希望你的决定是经过深思熟虑的，是建立在对公司/职位和对自身兴趣及能力充分了解的基础上的，并非一时冲动或盲目做出的。

你可以从行业、企业、岗位这三个角度来回答，如：我十分看好贵公司所在的行业，我认为贵公司十分重视人才，而且这个岗位也很适合我，相信自己一定能做好。

（7）你为什么认为自己能胜任这份工作。这个问题也可能这样表述：你能为我们的公司或单位做出什么样的贡献？此时，你必须表现出对目标职位或公司业务以及自身长处的了解。强调自身所具备的正是公司所看重的品质（在专业和人际能力方面）。强调你所能做出的贡献而不是你能从这份工作得到的利益，因此不要只说“我希望从这份工作中得到技能”。

（8）对这项工作，你有哪些可预见的困难？这是面试官在考核你的职业规划能力、预测能力及应对方法。在回答时应该从技术、知识、经验等方面预见到的困难。说出自己对困难所持有的态度，如：工作中出现一些困难是正常的，也是难免的，但是只要有坚忍不拔的毅力、勤奋好学的学习态度、良好的合作精神以及事前周密而充分的准备，任何困难都是可以克服的。

（9）你有过与一个特别难打交道的人一起完成某项任务的经历吗？这个问题和其他类似的问题（如“当你跟合作伙伴意见不致时是怎么处理的”“你在压力特别大的时候是如何处理好生活与学习的”“你怎样处理与道德标准或商业规范相违背的请求”等），都是希望你能通过具体的例子来证明自己在某方面的能力。而这一能力正是用人单位所看重的，常见的如：沟通能力、领导能力、主创精神、团队合作/人际交往能力、问题解决能力、灵活性等（根据问题的具体内容而定）。重要的是要有具体实际的、令人信服的例子，而不是仅仅宣称自己具有某项品质（如我很擅长与人交往之类）。可以预先准备好一些这样的例子备用。在讲述时，不要过于啰唆，尤其是在事件情景部分，但也要有必要的细节。按照“事件发生的情景—我的对策—取得的良好效果”的方式讲述，突出自己应对的能力以及良好的效果。

（10）谈谈你的一次失败经历。这个问题是面试官想从侧面了解你面对挫折的心理承受能力和心态。为此你可以采用这样的回答思路：不能说自己没有失败的经历，也不能说和应聘岗位高度相关的失败经历，应该选取结果失败的经历，并突出在失败之前自己曾经信心百倍、尽心尽力地去努力，但因为外在环境变化而导致的失败，虽然失败了但自己很快振作起来，以更加饱满的热情面对以后的工作。

（11）为何到现在还没有找到工作。对于那些的确花费了很多时间还没有找到工作的同学来说，这个问题很有挑战性，也许它会一下子勾起你沮丧的情绪，立刻对自己没有了信心。如果你有这种负面感受，说明你可能真的认为这么长时间没找到工作是因为自己不够好。带着这样的想法，很难找到一份令人满意的工作。所以，不妨换个角度想想，你毕竟认认真真地为自己的未来付出了很多努力，比起那些比较顺利就找到工作的同学而言，你更能够承受挫折。虽然暂时失败了很多次，但从未放弃过，这也是你难能可贵的地方。从这个角度来看，你还得感谢自己。所以，对于这个问题，也许每个人都会给出不同的答案，但重要的是从积极的角度去回答。

（12）如果让你将梳子推销给旅游区寺庙中的和尚，你将如何去做。这一类以现实或假设情景为基础的问题。回答的基本原则是让面试官知道你是怎样思考和怎样解决问题的。关键不是得到“正确”的答案，而是演示提出答案的正确方式。

下面的五个步骤可以帮助你处理类似问题：

①专心倾听提出的问题；

②提出一些要澄清的问题以正确判断面试官想知道什么；

③首先解释你是你怎样收集必要的信息来做出明智的选择；

④论述你如何分析信息以做出决策；

⑤最后，基于你获得的信息、可利用的选择和你对开放立场的理解，解释你将会做出怎样适当的决定或建议。

这类问题没有“正确”的答案，只有“你的”答案。面试官通常利用这些类型的问题来决定你是否合适。

你可以通过分析向你提出的问题，发现更多关于你所申请的工作的细节。面试官把重点放在什么技能知识、个人特性和态度上，洞察这些更有助于你组织符合用人单位对职位要求的答案。

2. 把握你能问的问题

为了补充面试之前收集到的信息，你需要在面试期间问一些其他问题。提前准备好想了解的问题，并事先写好带在身上是明智的。这向面试官说明你为这次面试做了很多准备工作。问题应当与职位有关，并能表现出你的热情和知识。通过提出机智的、经过慎重考虑过的问题，你向用人单位表现出你对公司的态度很认真，需要更多的信息。如果在面试时你的问题得到了回答，就不要再重复问这个问题，否则会给别人留下你没有在听的印象。以下的问题可以供你参考：

①公司对员工有什么样的期望？

②怎么描述在这个职位工作的典型的一天？

③这个职位典型的事业发展路径是什么？

④这个职位有什么样的发展前景？

⑤我将会与哪些人一起工作？

⑥这份工作最大的挑战是什么？

⑦如果我有幸被录用，我会得到什么样的相关培训？

⑧目前对公司最大的挑战是什么？

⑨公司对未来的规划是什么？

⑩我从公司的网站上了解到（如公司的文化）……您能否再跟我详细谈谈这方面的情况。

有些问题，如薪水之类的话题，不适合在此时间，除非对方首先提起，否则应当留到你有足够把握获得该职位时再谈。

案例 5-5

你只有 10 分钟

集团公司的一位人力资源部经理告诉一名记者，他招聘人才的时间是 5 分钟，加上让应聘者走入他的办公室、入座、非正式简单对话的时间 5 分钟，总共不会超过 10 分钟。也就是说，公司是否录用一个人，只有区区 10 分钟。所有的成功、失败都浓缩在这里。

记者听后说这样做不公平，也不负责任。经理则说："10 分钟最公平，最负责任。"他说 70%以上的应聘者走入他的办公室不会首先打招呼说声"你好"；50%以上的应聘者衣冠不整洁；30%的应聘者神情紧张；20%的应聘者目光游移。还有什么好说的？让他们走吧！每个人只有 10 分钟，而他们在前 5 分钟就已经输了。记者听后心悦诚服，应聘者的确已经输了。

一位公共关系学教授曾经在课堂上问我们："你们看过孔雀开屏吗？"同学们说看过，很美。教授说："每个人都要学那孔雀，10 分钟让整个世界记住自己的最美。"那是公共关系学第一课中教授的开场白。

每个人像孔雀那样用 10 分钟展示自己的美，好像不符合中国人的审美传统，我们喜欢相信"日久见人心"和"细水长流"。但在现代工业以分秒计算的工作时间里，你没有更多的时间表现自己。

你很优秀，可是你要知道，你只有很少的时间，10 分钟，或者更少。

（资料来源：周彬琳．实用演讲与口才［M］. 大连：东北财经大学出版社，2010.）

案例点评：

在整个应聘过程中，面试无疑是最具有决定性意义的一环，事关成败。面试是求职者全面展示自身素质、能力、品质的最好时机，面试发挥出色，可以更好地展示、推销自己，特别是面试中的灵活应答，更是决定求职成功的关键。从以上案例中的人力资源部经理的对话中可见，面试沟通不仅仅是考察求职者的语言沟通能力，同时也是对求职者的礼仪、心理素质及肢体语言等进行的全方位的考核。

3. 注意言语和非言语沟通

在面试过程中，要热情和积极地回应。当你回答问题、谈论过去和现在的活动时，要通过你的措辞和身体语言（如：兴奋的语调、稍稍向前倾斜、点头表示同意）传达出你的激情和活力。保持眼神接触很重要，不这么做的话，说明你缺乏自信或者让用人单位认为你不够坦率。

保持一个舒适的坐姿，不要懒散。不要把任何东西放在你的膝盖上或者放在手里，因为这样会限制你自然的身体动作，甚至你会无意识地把玩它。把你的笔记本、公文包放在你椅子附近的地方，需要的时候随时可拿到。

明确而简洁地回答问题，但要注意提供充足的细节，以使面试官能评价你的资历。当面试官不得不听一些冗长而散漫的回答时，他们会感觉很不舒服。在讲话之前先想想。为了组织好你的思想，在谈话之前停顿一下是可以接受的。避免“嗯”“啊”“你知道”等这样的口头语，或为了留出时间而重复问题。

提前准备好如何谈论你关心的或会让你觉得不舒服的问题。如果你有什么事不想让面试官询问，那么你可以让面试官感觉到，也可以讲出来。练习大声回答问题，直到你说话的时候听起来很自信。

4. 把握自己的权利

一些用人单位错误地认为既然是他们支付薪水，他们就有权问任何他们想问的问题。还有一些用人单位面试很拙劣，会问一些不恰当的问题。你没必要回答那些令你难堪的问题。

在某些情况下，他可能问一些隐含的问题，比如：“你现在有或打算要孩子吗?”可能隐含着“你能够加班吗?”这样的问题。此时，你的回答可以是：当有必要时你愿意加班，你可以安排好孩子的看护问题。

你也可以问：“你能解释一下这个问题与这份工作要求的资历有什么关系吗?”这样可能会让用人单位重新考虑或者澄清他的问题，也可能会得罪一些用人单位，但无论如何这让你进一步了解公司的文化和价值观，并思考那是不是你需要的。

如果你感觉你不应该回答某些问题，因为没必要，或你对公司的工作不感兴趣，你可能会说，“我认为我没有义务回答这个问题”或“这个问题是不适当的”。这么说的结果有二：一是启发了用人单位，因为用人单位可能没认为它是不恰当的，而且对你指出它感到高兴；二是得罪了用人单位，用人单位因此不会考虑让你担任这个工作。所以，回答这些问题前，考虑好风险和你想要的，但无论如何你都有权利拒绝回答一些问题。

（三）结束面试

当要结束面试的时候，应做到以下几点：

（1）确定你了解招聘的全过程，例如知道对方在未选择好申请人之前还有面试要进行。

（2）表达你对这个职位的兴趣，感谢对方给你面试的机会。

（3）向面试官要张名片或者确定你知道面试官的名字、职务，在你需要跟进面试结果的时候，可以联系到面试官。

（四）面试后的注意事项

1. 及时退出考场

当主考官宣布面试结束后，求职者应有礼貌地道谢，及时退出考场，不要再补充几

句，也不要再提什么问题。如果你认为确有必要的话，可以事后写信说明或回访，不能在结束时拖泥带水，影响其他人的面试。

2. 不要过早打听面试结果

在一般情况下，考官组每天面试结束后都要进行讨论和投票，然后由人事部门汇总，最后确定录用人员名单，这个过程可能要等三到五天甚至更长的时间。求职者在这段时间内一定要耐心等候，切不可到处打听，更不要托人“刺探”，急于求成往往会适得其反。

3. 学会感谢

面试结束后，即使对方表示不予录用，也应通过各种途径表示感谢。要注意，面试后表示感谢是十分重要的，它能显示你的个人修养。因为据调查，10 个求职者中有 9 个往往不表示感谢，如果你没有忽略这个细节，则显得“鹤立鸡群”，格外突出，说不定会使对方改变初衷，也说不定会有补缺的机会。

4. 做好两手准备

参加面试往往是自己被单位挑选的时候，或被录取，或被淘汰，无论结果如何，都要有所准备。面试后的一段时间内最好不要到外地出差或游玩，当必须外出时最好向招聘单位事先说明，以表示你的诚意。

5. 要表现积极热情，让用人单位知道你非常有诚意

虽然面试后不能过早地打听面试结果，但也不是说面试后你就不问不管，只等着别人通知了。特别是竞争激烈的情况下，而你的“硬件”“软件”又和别人差不多，在适当的时候主动联系该单位，表示出热情和诚意，那么成功也许就是属于你的。

四、求职沟通的误区

在求职沟通中，如果沟通不得当，经常会走进一些误区，甚至出现一些错误。在求职沟通中要避免以下错误。

（1）总想表现“应该我”，而不是“真实我”。在面试中你想听什么，我就说什么；你想要什么样的人，我就是什么样的人。从心理学的角度说每个人都有三个我——实际我、应该我和理想我。不要试图去表现应该我，将真实的自我表现出来就可以。

（2）总担心别人误解自己。求职过程中，求职者总在心里问为什么不问最能表现我能力的问题？为什么哪壶不开提哪壶？能不能多给我点时间来表现？从心理学的角度讲，这种情况反映了应聘者的心态是力争成交而不是诚恳交流，要尽量避免这种心态。

（3）不注意非语言的沟通。一些非语言的沟通，例如姿势、眼神、表情、语气等比言语沟通更难，而且比语言更难控制，它更能反映一个人的真实面目。但是这可以通过练习来提高。

（4）不注意沟通的气氛。人们在交谈后一般很快忘记交谈的内容，而只记得交谈的气氛。要充分把握相关的信息：谈话者怎样看自己，怎么看他的观众；听话者怎么看双方的

关系。在尴尬的时候注意缓和气氛。

(5)被第一印象所左右。如果你去应聘的时候对公司或公司的员工的第一印象不是很好，而被第一印象左右就可能对你下一步的沟通造成麻烦。人们总是假定其他人有与其外显行为相一致的内在特点，其实外在行为是会受很多因素影响的，要避免这样的错误看法。

(6)不注意细节的行为。细节反映了一个人的教养和一个人的素质。例如敲门、握手、坐姿、送材料的方式、告别方式等都可以体现一个人的素质。在别的条件同等的情况下，细节是决定的因素。

(7)说话像背台词、不自然。说话要有一颗平常心，说平常话。

(8)说话时过多地描述细节。有的求职者紧张或激动，说话忘了自己的主线和层次。当跟别人交谈的时候，需要的时候再谈细节。这就要练习回答问题的方式。

第三节　求职沟通的礼仪与技巧

用人单位在招聘过程中除了重视学历以外，更加重视对人才综合素质的考察，而掌握一些礼仪和技巧就会有更多的就业机会。求职者首先要在求职过程中注重求职礼仪，注重自己的行为举止，表现出自己良好的专业知识和修养。在求职沟通的面试环节，求职者个人的仪容仪表、行为举止、语言谈吐都会体现个人的综合素养，也会给面试官留下第一印象，它往往会影响到面试官对求职者的看法与评价。

案例 5-6

小黄的最后面试失败了

小黄去一家外企进行最后一轮总经理助理的面试。为确保万无一失，小黄这次做了精心的打扮。一身前卫服装、时尚的手环、造型独特的戒指、亮闪闪的项链、新潮的耳坠，身上每一处都是焦点，她感觉简直是无与伦比、鹤立鸡群。她的对手只是一个相貌平平的女孩，学历也并不比她高，所以小黄觉得胜券在握。但结果出人意料，她并没有被这家外企认可。主考官抱歉地说："你确实很漂亮，你的服装配饰无不令人赏心悦目，可我觉得你并不适合做助理这份工作。实在抱歉。"

(资料来源：马幼道. 现代社交礼仪［M］. 北京：北京出版社，2007.)

案例点评：

求职者在去求职面试前，必须精心选择自己的服饰，要选择与岗位匹配且体现职业特点的服装，这样可以体现自己的个性和职业特点。但案例中的小黄没有分清场合，为了博取面试官的眼球打扮过于前卫，佩戴过多的饰品，过于张扬和夸张，反而引起面试官的反感。因此，求职者在前往面试、进行求职沟通前一定要注意求职的礼仪。

一、求职沟通的基本礼仪

（一）面试的仪容仪表礼仪

加州大学洛杉矶分校的一项研究表明：第一印象55%取决于穿着、化妆，38%取决于行为举止，7%取决于谈话内容。恰当的服饰搭配会给人留下明快、自信、精干、庄重的良好印象。因此，大学生在应聘时要特别注意自己的服装与化妆问题。

首先，服装的选择方面要根据自己的求职定位，既要表现出有教养、职业化的面貌，又要表示出对面试方的尊敬。应聘者在去求职面试前，必须精心选择自己的服饰。服饰要与自己的身材、身份相符，表现出朴实、大方、明快、稳健的风格。在面试时，着装应该符合时代、季节、场所，并且要与自己应聘的职业相协调，能体现自己的个性和职业特点。比如应聘的职位是机关工作人员、管理人员或教师、律师等，打扮就不能过于华丽，而应选择庄重、素雅、大方的着装，以显示出稳重、严谨、文雅的职业的形象；如应聘的职位是导游、公关、服务员等职位，则可以穿得时髦、艳丽一些，以表现热情、活泼的职业特点。一般说来，服饰要给人以整洁、大方得体的感觉，穿着应以保守、庄重为好，不要追求时髦，浓妆艳抹，尤其是女性，如果衣着过于华丽，描眉搽粉，项链、耳环、戒指都戴上，这样会给用人单位一种轻浮的印象，影响面试的成绩。此外，如果衣服的面料、品牌都挺好，却不洗不熨，不按正确的方法穿着，也容易给人一种精神不振的感觉。男生的最佳面试服装是西装，特别是在应聘外资企业、国有大中型企业，法律、银行、保险等行业职位时，尽量以简单稳重的造型为佳。深色的西装搭配浅色衬衣及丝质领带，配上黑色的皮鞋和深色的袜子是最佳选择。对女生而言，职业化的套装搭配中跟的皮鞋会让你看起来精明、干练、成熟。如果要应聘艺术、广告设计、大众传媒等行业的职位，可以穿着款式新颖时尚并能体现个性的服装。如果对于一个特定的公司不能确定该选择什么样的服装，那么选择穿套装是稳妥的。这样的穿着会显得你很重视这次面试且对该公司充满敬意。

其次，在选择面试服装时，要注重“协调搭配”的原则。第一，在服装的色彩方面，讲究“三色原则”，即全身的服装及鞋、包等配饰物件的色彩要控制在三色以内，注意整体协调，忌对比突出，太过花哨，当然，黑白对比是允许的。第二，在服装的款式方面，讲究端庄、简洁，要保持衣服的平整。复杂、夸张的款式不合适在面试时穿着。女生忌穿过于性感、暴露、薄透的衣服。第三，着装应与自身条件相适合，要扬长避短。每个人的形体都有优点、缺点，要根据自己体形、肤色的特点去选择最佳的面试服装。

（二）面试的举止礼仪

首先，保持生动、友善的面部表情。人的面部表情，能够传递丰富的内心情感，是个人修养、魅力和气质的外显表现。面部表情主要包括微笑和目光。微笑是一种无言的答语，它表示欣赏对方的盛情，表示领略，表示歉意，也表示赞同，同时更是展示自己友善、易于相处的人格魅力。眼睛则是心灵的窗口，合适的目光向人传达自己的坦诚、自信和涵养。恰当的眼神能体现出智慧、自信以及对公司的向往和热情。

其次，举止动作自然、大方、有条不紊，给人留下充满自信的良好印象。第一，要“站有站相，坐有坐相”。进入面试房间时，要先敲门，得到允许后再进入，开门关门尽量要轻，进门后不要用后手随手将门关上，应转过身去正对着门，用手轻轻将门合上。回过身来，将上半身前倾30度左右，向面试官鞠躬行礼，面带微笑说“你好”，彬彬有礼而大方得体，不要过分殷勤、拘谨或过分谦让。注意保持优美的站姿与坐姿。正确的站姿要求做到头正目平，面带微笑，微收下颌，挺胸收腹，两手自然下垂或叠放在身体前面，两腿立直并拢，脚跟相靠，脚尖张开约60度，给人以挺拔、优雅的印象。入座时动作要轻而缓，坐在椅子时最好只坐2/3，背部不靠椅背，女生必须两腿并拢，男生可以稍微分开，双手叠放或平放在大腿上，身体保持挺直并可稍稍前倾，自然放松，面带微笑，给人端庄、大方的感觉。第二，正确地握手。握手时讲究“尊者优先”，一是不能主动伸手，二是对方伸手后要热情友好，要把握好握手的力度和时间。第三，递物、接物时要双手接送。递名片时，面带微笑，注视对方，将名片下端对着对方，用双手的拇指和食指分别持握名片上端的两角恭敬地送给对方。递面试材料时，应面带微笑，注视着对方，将材料的正面朝向对方，双手送交对方或放在桌上。第四，要注意手机使用的礼仪。面试前要将手机关机或者设置到静音。

最后，动作要得体。进门时，不要紧张，表情越自然越好，在对方没有请你坐下时切勿急于坐下，请你坐下时，应说声“谢谢”，坐下后要保持良好的坐姿。另外各种手势语也要恰当、得体、自然。

（三）面试的语言礼仪

语言作为一种最基本的媒体形式，包括了听话和说话两方面，在很大程度上关系到面试的成败。所以必须注重礼貌谈吐，遵守语言的规范，讲究说话的艺术性，做到语言美。

首先，要成为一个主动、积极的倾听者。认真、专注地倾听对方说话，是对说话者的一种无形的赞美。在面试过程中，倾听时要做到虚心、专心、耐心，要自然流露出一个有教养、懂礼仪的人应有的表现。第一，要表现出对面试方的充分尊重。要记住对方姓名与职位；目光注视说话者，保持自然的微笑；身体微微倾向对方，表示对说话者的重视。第二，面试人员的每一句话都是非常重要的，要集中精力专心、认真地去听。要记住对方讲话的内容重点，适当地做出一些反应，如点头、会意地微笑，要了解说话人的目的所在。第三，切忌轻易打断对方的说话，即使自己不同意对方的观点，也不要急于辩解，等对方说完再委婉地阐明自己的看法和态度。如遇对方发言过长、乏味，也应控制自己的厌烦情绪，否则会留下不懂礼貌、不尊重他人的印象。

其次，要成为一个善于表达的说话者。面试方一般较欣赏谈吐优雅、表达清晰、逻辑性强的应试者，自然、自信、谦虚的态度以及合适的语言技巧，会受到用人单位的欢迎。谈话时注意发音清晰，咬字准确，语调得体、自然，音量适中，语速适宜；要注意谈吐文

明、礼貌，要尽量多用敬语、尊称，表示对面试方的尊重；语言要精练，自我介绍、回答问题时要简明扼要，语言啰唆、讲话散漫是面试的大忌；保持自信的谈话态度，讲话要充满自信，言之有据，思路清晰，有时过于谦虚会给人留下缺乏自信、没有主见的印象。当双方意见不一致时，要采取合适的方法，巧妙地表明自己的观点。

最后，巧用肢体语言。肢体语言对面试成败非常关键，有时一个眼神或者手势都会影响到整体评分。比如适当微笑，就显现出一个人的乐观、豁达、自信。在肢体语言中，手势是常用的表达方式。适度恰当的手势会加大对某个问题的形容和力度，起到事半功倍的作用。可手势太多也会分散人的注意力，需要时适度配合表达。交谈很投机时，可适当地配合一些手势讲解，但不要频繁耸肩，手舞足蹈。有些求职者由于紧张，双手不知道该放哪儿，而有些人过于兴奋，在侃侃而谈时舞动双手，这些都不可取。不要有太多小动作，这是不成熟的表现，更切忌抓耳挠腮、用手捂嘴说话，这样显得紧张，不专心交谈。

二、求职沟通的常用礼仪

（一）遵守时间

守时是现代交际时效观的一种重要原则，是作为一个社会人要遵守的最起码的礼仪。面试中，最忌讳的首先就是不守时，因为等待会使人产生焦急烦躁的情绪，从而使面谈的气氛不够融洽。有专家统计，求职面试迟到者获得录用的概率只有相当于不迟到者的一半。可见，守时这一礼仪在面试中的重要性。因此，面试时，千万不能迟到，而且最好能够提前10~15分钟到达面试地点，以有充分的时间调整好自己的情绪，也表示求职的诚意。假如依照约定的时间匆匆前往，对方也许已在等候你，那样就显得你不礼貌、欠诚意，同时还容易使你情绪紧张而影响面试效果。遵守时间有时还会有这样一种含义，即要遵守事先约定的面试时限。有时招聘者主动提出只能谈多长时间，有时需要你主动问可以谈多长时间，无论何种情况，求职者都一定要把握好时间，以体现你的时间观念和办事效率。

（二）要讲究文明礼貌

进门时应主动打招呼：“您好，我是某某。”如果是对方主动约自己面谈，一定要感谢对方给自己这样一个机会；如果是自己约对方面谈，一定要表示歉意“对不起，打扰您了”。面谈时要真诚地注视对方，表示对他的话感兴趣，决不可东张西望，心不在焉，不要不停地看手表，显得不尊重对方。另外，对对方的谈话的反应要适度，要有呼应。他说幽默话时，你的笑声会增添他的兴致；他说话严肃认真时，你屏住呼吸则强化了气氛，反应要自然坦率，不能故意做作或大惊小怪地做出表情。

（三）聆听时保持安静

在等候面试时，不要到处走动，更不能擅自到考场外面张望，求职者之间的交谈也应尽可能地降低音量，避免影响他人。最好的办法就是抓紧时间熟悉可能被提问的问题，积极做好应试准备。

（四）洽谈时注意分寸，随机应变

求职者在面谈过程中要诚恳热情，把自己的自信和热情写在脸上，不时表现出去对方单位工作的诚意。应答时要表现得从容镇定，不慌不忙，有问必答。回答提问之前要谨慎多思，应对自己的话稍加思索，想好了才说。

面试场上，考官们经常采用的一个基本策略就是尽量让应试者多讲话，目的在于多了解一些应试者在书面材料中没有反映的情况。面试时一定要注意管好自己的嘴巴，如果认为已经回答完了，就不要再讲。最好不要为了自我推销而试图采用多讲话的策略来谋求在较短的时间内让招聘方多了解自己，事实上这种方式对大多数人来讲并不可取。该讲的讲，不该讲的绝不要多讲，更不要采取主动出击的办法，以免画蛇添足。

面试当中，对那些需要从几个方面来加以阐述，或者圈套式的问题，应试者要注意运用灵活的语言表达技巧，不要一开始就把话讲死。否则，很容易将自己置于尴尬境地或陷入圈套之中。有时考官会冷不防地提出一个应试者意想不到的问题，目的是想试试应试者的应变能力和处事能力。这时，你需要的是稳定情绪，千万不可乱了方寸。

（五）面谈说辞委婉而机敏

考官时常会设置一些无论你做肯定的回答还是做否定的回答都不讨好的问题。比如，考官问：依你现在的水平，恐怕能找到比我们公司更好的单位吧？如果你的回答是肯定的，则说明你这个人心高气傲，或者身在曹营心在汉；如果你的回答是否定的，不是说明你的能力有问题，就是自信心不足；如果你回答我不知道或我不清楚，则又有拒绝回答之嫌。遇到这种任何一种答案都不是很理想的问题时，就要善于用模糊语言来应答。可以先用不可一概而论作为开头，接着从正反两方面来解释你的观点。

在面试中，有时考官所提的一些问题并不一定有标准答案，只是要求面试者能回答得滴水不漏、自圆其说而已。这就要求面试者答题之前要尽可能考虑得周到一些，以免使自己陷于被动。

三、求职沟通的技巧

案例 5-7

没有椅子的“座位”

一家大公司需要招聘办公室副主任，在省城的好几家大报上登出了“高薪诚聘”的广告。月薪的确具有不小的诱惑力，一时间应者如云，有近百人报名参加初试，其中不乏硕士生和许多有工作经验者。

初试之后，又经过了三轮面试，最后确定由三人参加最后一轮面试。他们是：一个硕士毕业生、一个应届本科毕业生和另外一个有着两年相关工作经验的专科毕业的年轻人。

最后的面试由总经理亲自把关，跟三位应聘者逐个进行交谈。面试的房间是临时腾出来的，设在人事部的一间小办公室里。谈话要开始了，才发现室内恰好少了一把供应聘者坐下来跟总经理交谈的椅子。办事人员正要到隔壁办公室去借一把椅子，总经理挥手制止了他："别去了，就这样吧!"

第一位进来的是那位硕士生。总经理对他说的第一句话是："你好，请坐。"他看着自己周围，发现并没有椅子，充满笑意的脸上立即现出了些许茫然和尴尬。

"请坐下来谈。"总经理又微笑着对他说。他脸上的尴尬显得更浓了，有些不知所措，略做思索，他谦卑地笑着说："没关系，我就站着吧!"

接下来轮到有工作经验的年轻人，他环顾左右，发现并没有可供自己坐的椅子，也是一脸谦卑地笑："不用了，不用了，我就站着吧!"

总经理微笑着说："还是坐下来谈吧!"

年轻人很茫然，回头看了看身后说："可是……"

总经理似乎恍然大悟，说："啊，请原谅我们工作上的疏忽。那好，您就委屈一下，我们站着谈吧！不过，很快就完的。"

几分钟后，那个本科应届毕业生进来了。总经理的第一句话仍然是："你好，请坐。"

大学生看看周围没有椅子，愣了一下，立即微笑着请示总经理："您好，我可以把外面的椅子搬一把进来吗?"

总经理脸上的笑容舒展开来，温和地说："为什么不可以?"

大学生就到外面搬来了一把椅子坐下来，和总经理完成了后面的谈话。

最后一轮面试结束后，总经理留用了这位应届大学毕业生。总经理的理由很简单：我们需要的是有思想、有主见的人，没有自己的思想和主见，一切的学识和经验都毫无价值。

事实也证明总经理的判断准确无误。仅仅半年之后，这位应届毕业生就被提拔为总经理助理，成为公司中最年轻的高层管理人员。

（资料来源：http：//www. lizhigushi. com/lizhixiaogushi/a17364. html）

案例点评：

案例中的总经理为应聘者设置了一个"陷阱"，主要目的是考核应聘者的应变能力。本科毕业的年轻人因能根据环境随机应变而通过面试考核。因此，求职者在面试前一定要多实践，才能掌握面试的技巧。

（一）把握眼神沟通技巧

面试中，回答问题并不仅仅是言语的交流，更多的是眼神之间的交流沟通。有的招聘者常抓住眼神的交流来判断求职者处理问题的灵敏度与稳重感。面试过程中，慌乱犹豫的目光，不仅会让招聘者对你产生缺乏自信的判断，更会使得招聘者反感。所以，求职者要主动与招聘者进行亲切的眼神交流，在重点照顾主招聘者的同时，还要对其他招聘者予以回应。但是求职者也要注意适时适度，不能让招聘者产生尴尬的感觉。

（二）巧妙运用体态语言

体态语言包括两个方面：一是面部表情，二是身体动作。丰富的面部表情，能带动倾听者的情感共鸣，这也是面试中与招聘者交流的办法之一。面部表情可以随着自己所讲述的内容有所变化，切忌太过呆板，尤其是在讲述你自己的经历的时候，不要让招聘者感觉只是在背答案。身体动作在进入考场的瞬间就已经被所有招聘者所关注，基本的要求就是“站有站相，坐有坐相”，基本原则是大方、得体。总之，对体态语言的适度把握、恰当运用，一方面可以增强说服力、感染力；另一方面可展现个人内心状况，流露个人的真情实感，为自己的面试增加记忆点。

（三）展现坚定自信气场

求职者要想取得面试的成功，就必须充分展现自己坚定的自信气场。求职者要真正赢得招聘者的青睐，就必须用自信心来打动招聘者，否则，纵然才华横溢，也只能被无情淘汰。但如果自信过了头，就会变成自傲，给招聘者一种言过其实、浮夸狂妄的感觉。要想正确把握“自信”与“自傲”之间的度，首先是正确看待自己，不妄自菲薄，其次是保持谦虚。

（四）善于推举事例论证

俗话说“事实胜于雄辩”，事例论证将使你的观点更加雄辩有力，如果能恰当地引用一个生活中的实例，就可以起到事半功倍的效果。有工作经历的求职者可以说自己在工作的过程中曾经组织过的活动，一定要列举到活动组织的成功之处，活动产生的良好影响。而没有工作经历的求职者，可以说在学校社团组织过的活动等，最重要的是要谈到带来的效果以及在同学中的反响如何。

本章小结

求职就业是大学生走出校门进入社会的必经之路。为了找到满意的工作，求职者在前期需要做大量的工作。首先需要运用测评工具对自己进行职业倾向测试，了解自己的职业倾向，再制作个性化的求职资料；其次要了解求职沟通过程及常见的面试手段，最后要掌握求职面试的礼仪，并勤加练习。

课后练习

一、单项选择题

1. 约哈里窗理论认为对个人而言，其认识世界的知识基本上是由（　　）部分组成的。

　A. 一部分　　B. 两部分　　C. 三部分　　D. 四部分

2. 约哈里窗理论中把“自己知道而别人不知道的关于自己的事情”称为（　　）。

　A. 开放　　B. 盲点　　C. 隐藏　　D. 未知

3. 美国著名的职业指导专家霍兰德，把人的个性分为 6 类，其中 R 型是指（　　）

　A. 现实型　　B. 研究型　　C. 艺术型　　D. 社会型

4. 霍兰德用一个六边图形来表示六种人格、职业类型之间的相互关系。他认为在六种类型中，越是相邻的两种类型，它们之间的相同性越（　　）。

　A. 越低　　B. 越高　　C. 不影响　　D. 越弱

5. 简历，又称履历，它是说明一个人的身份、学业、工作经历及能力等的（　　）。

　A. 包装材料　　B. 书面材料　　C. 档案材料　　D. 虚假材料

6. 以下不属于简历制作要求的是（　　）。

　A. 篇幅短小精美　　B. 内容真实可信

　C. 尽可能详细描述　　D. 实事求是

7. 以下不属于资源型求职渠道的是（　　）。

　A. 求职网站　　B. 家人

　C. 朋友　　D. 导师介绍

8. 在求职过程中如果发现考官在某些问题和看法上与你有些不同，那么首先肯定他的观点，这是求职沟通的（　　）原则。

　A. 公平对等　　B. 先肯定再否定

　C. 归纳总结　　D. 认真倾听

9. 许多应聘者同时被一个或更多面试官面试，这种面试形式是（　　）

　A. 半结构化面试　　B. 普通团体面试

　C. 竞争性的团体面试　　D. 结构化面试

10. 求职沟通中，求职者要注意时间礼仪，一般应该（　　）到达面试地点。

　A. 提前 10~15 分钟　　B. 准时

　C. 提前 2 分钟　　D. 提前半小时

11. 求职者的服装不应该（　　）。

　A. 大方得体　　B. 华丽高贵

　C. 整洁干净　　D. 色调和谐

12. 微笑是一个无言的答语，但它不表示（　　）。

　A. 领略对方意图　　B. 友善

C. 赞同　　D. 排斥

13. 正确的站姿要求不包括（　　）。

A. 头正目平　　B. 挺胸收腹

C. 脚尖张开约 90 度　　D. 脚跟相靠

14. 求职沟通的常用礼仪不包括（　　）。

A. 遵守时间，提前到达　　B. 言辞激烈，随心所欲

C. 聆听时保持安静　　D. 洽谈时随机应变

15. 求职者在应聘单位等待面试期间应该（　　）。

A. 保持安静　　B. 随意走动

C. 大声喧哗　　D. 相互吵闹

二、多项选择题

1. 为了给招聘单位一个好印象，在求职材料的自我介绍要（　　）。

A. 实事求是　　B. 扬长避短

C. 不写缺点　　D. 夸大优点

E. 自信而恰如其分

2. 校园招聘双选会一般都是由（　　）三方联合举办的一种招聘求职形式。

A. 高校　　B. 人社局

C. 社会机构　　D. 用人单位

E. 人力资源公司

3. 招聘简章的“绝对条款”一般包括（　　）。

A. 学历学位证书　　B. 英语或计算机等级证书

C. 专业背景　　D. 学校声誉

E. 在校成绩

4. 求职沟通过程中的肢体语言主要有（　　）。

A. 手势语　　B. 目光语

C. 身势语　　D. 面部语

E. 耳部语

5. 求职沟通期间，求职者的举止应该（　　）给人留下充满自信的良好印象。

A. 动作自然　　B. 频繁变化

C. 有条不紊　　D. 小心拘谨

三、简答题

1. 简述求职者应该怎样甄别招聘信息。

2. 简述求职沟通的常用礼仪。

第六章

职场沟通

学习目标

- 理解职场沟通人际关系。
- 掌握职场沟通礼仪。
- 掌握职场沟通的基本技巧。

导入案例

友善与尊重帮她解除困境

这是一个真实的故事。一位妇女在一家肉类加工厂工作，有一天，当她完成所有的工作，走进冷库进行例行检查时，一件不幸的事情发生了：冷库的门意外关上了，她被锁在里面。

虽然她竭尽全力地尖叫着，敲打着，但她的哭声却没有人能够听到。这个时候，大部分工人都已经下班了，在冰冷的库房里，没有人知道里面发生的事。五个小时后，当她濒临死亡边缘时，工厂保安最终打开了冷库的门，奇迹般地救了她。

后来她问保安：你怎么会去开冷库的门，这不是你的日常工作呀。保安解释说：我在这家工厂工作了35年，每天都有数百名工人进进出出，但你是唯一一位每天早上上班向我问好、晚上下班向我道别的人，很多人都把我看作透明的。今天你跟往常一样来上班，简单地向我问好，但下班后我却没听到你跟我说“嗨”和“再见”。于是，我决定去工厂里面看看，我期待你的“嗨”和“再见”。因为你的问候提醒我，我也是一个受尊重的人。今天没听到你的告别，我知道可能发生了一些事。这就是为什么我在每个角落寻找你。

（资料来源：https：//tieba. baidu. com/p/6910507982）

思考讨论：职场沟通成功的标准是什么？为什么？

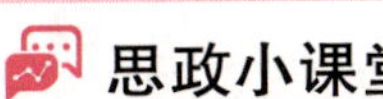

思政小课堂

推动社会主义文化繁荣兴盛

美国著名的人际关系学专家戴尔·卡耐基说：“一个人的成功，只有15%是由于他的专业技术，85%则要靠人际关系和他的办事技巧。”

尊重，是一种修养，也是一种品德，是以平等的心态去对待生活中的每一个人，是一种文明的高尚的社交方式，是对他人自尊维护的一种体现；友善，被称为“和平使者”，是一种发自于内心对他人的友好，也是人与人之间和平共处，友好和睦的桥梁。《为人三会》中曾说：友善和尊重你周围的每个人，将核心价值准则落细、落小、落实，因为你永远不知道明天会发生什么。案例中的妇女正是因为践行了推动社会主义文化繁荣兴盛个人层面的价值准则，予人良善，终得福报。

西方现代人际关系教育的奠基人戴尔·卡耐基曾经说过，决定一个人成功的要素，专业知识只占20%，80%要靠人际关系和沟通技巧。现实中人们经常可以看到有些职场人士工作业绩优异，但因忽视职场人际关系的构建和维护，以致久久不能加薪升职。在当今社会，人们的基本工作能力、知识水平相差不大，如何发挥自己的天赋，获得各种资源并取得成就，实现自己的理想？职场人际关系的有效处理起到了至关重要作用。本章的内容包括职场沟通人际关系、职场沟通礼仪、职场沟通的基本技巧等。

第一节 职场人际关系的认知

现代社会每个人都处在多层次、多方位、多角度、多类型的人际关系网络中。因人际关系的重要性，人们内心都希望能够游刃有余地处理好各种关系。同样，因人际关系的复杂性，很多人不知如何搞好职场人际关系。因此，掌握人际关系的基本知识、提升相应的能力，是职场人士处理职场人际关系的根本。因为只有在良好的人际关系的基础上，人们才有可能发挥自己的天赋，取得优异的成绩，实现自己的理想。

一、关系和人际关系

（一）关系

关系，按照《现代汉语词典》的解释，是指事物之间相互作用、相互影响的状态，或人与人、人与事物之间的某种性质的联系。

（二）人际关系

1. 人际关系的含义

人际关系指人们在人际交往过程中结成的心理关系、心理上的距离。交往双方在个性、态度、情感等方面的融洽或不融洽、相互吸引或相互排斥，必然会导致双方人际关系的亲密或疏远。

人际关系包括三种成分：认识成分（指相互认识、相互了解）、动作成分（指交往动作）和情感成分（指积极情绪或消极情绪、爱或恨、满意或不满意），其中情感成分是核心成分。人际关系反映了交往双方需要的满足程度。若交往双方能互相满足对方的需要时，就容易结成亲密的人际关系；反之，则容易造成人际排斥。

2. 人际关系的特点

（1）个体性。人际关系指个体与个体之间的关系，实质是人与人在交往中建立的直接的心理关系。在人际关系中，角色退居到次要地位，而对方是不是自己所喜欢或愿意亲近的人成为主要问题。

（2）直接性。人际关系是人们在交往过程中逐渐建立和发展起来的，个体可切实感受到它的存在。人际关系包括主体、对象与交往三大要素，没有直接的接触和交往不会产生人际关系，人际关系一经建立，一定会被人们直接体验到。

（3）情感性。人际关系的亲疏主要取决于心理距离的远近。人际关系的基础是人们彼此间的情感活动，而情感因素是心理距离的关键。人际情感可分两类：一类是使彼此接近和相互吸引的情感；另一类是使人们互相排斥的情感。人们在心理上的距离趋近，会感到心情愉悦和舒畅；若有矛盾和冲突，心理距离则疏远，会感到孤立和抑郁。

二、职场人际关系

职场，就是工作的场所。身处职场中的人，相互之间必定会产生各种关系，如上下级关系、平级关系、客户关系等。职场人际关系有广义和狭义之分。广义的职场人际关系是指在职工作人员之间各类关系的总和，包括与上级、下级、平级间的人际关系，与客户及有业务往来者的人际关系，与同事的人际关系等。狭义的职场人际关系专指与同事之间的人际关系。

无论是处理广义还是狭义职场人际关系，都考验着职场精英和普通员工，对初入职的新人来说，更是一种巨大的挑战。因为生活中其他人际关出现问题，人们还可以选择回避，但大部分职场人士，除了睡眠和往返交通时间，工作中的同事可以说是陪伴自己时间最长的人，所以，职场人际关系需要人们花费相当多的时间和精力去应对。如果职场人际关系出现问题，人们会感觉工作时间变得特别漫长，工作环境也让人感到窒息，如果处理不当，将使人们的内心面对较长时期的煎熬。

职场人际关系不仅决定着人们的心理舒适度，也影响着人们的工作表现和工作业绩，更影响着人们的个人职业生涯。掌握职场人际关系的处理方法，提高应对职场人际冲突的技巧是保证职业生涯成功的必修课。

（一）人际交往的动机

人际交往是指个体通过一定的语言、文字或肢体动作、表情等表达手段将某种信息传递给其他个体的过程。社会交换理论和自我呈现理论是研究人际交往动机的两个典型理论。

1. 社会交换理论

社会交换理论是所有解释人际交往动机的理论中最有影响。这个理论对社会交往中的报酬和代价进行分析。该理论提出那些能够给我们提供最多报酬的人是对我们吸引力最大的人，而且我们总是尽量使自己的社会交往给自己提供最大报酬。为了得到报酬，我们也要付出代价。因为人类社会的原则是互相帮助，别人给了你好处你要回报，社会交往过程因此可以说是一个交换过程。无论人们的交往动机如何，最基本的动机就是为了从交往对象那里满足自己的某些需求。

2. 自我呈现理论

自我呈现理论是指运用多种策略控制和反馈自己外在印象的理论，属于社会相互作用理论中的一种，主要阐述人际关系中的自我表现、自我暴露问题。其理论观点主要表现在以下三方面：

（1）人际交往是交往者借助自己的语言行动向对方叙述有关自己的事情，即向他人表现自己。

（2）认为人在交往中可能有不同的动机和目的。

（3）强调自我呈现是社会影响的一种手段。人际交往的动机一旦产生，接着就是动机所产生的需求。

（二）人际交往的需求

人际关系是人们生活中的重要组成部分，倘若搞不好人际关系，将对人们的工作、生活及心理健康有不良的影响。依据美国心理学家威廉·舒茨（William Schutz）的人际需求理论，人际交往的需求包括感情需求、包容需求、支配需求。

1. 感情需求

感情需求指个体爱别人或被人爱的需要，是个体在人际交往中建立并维持与他人亲密

的情感联系的需要。感情需求贯穿于人的一生，但其强度依年龄阶段而异，有的阶段强些，有的阶段弱些。一般来说，婴幼儿期、青春期和老年期的感情需求比较强烈。

2. 包容需求

包容需求是指个体希望与他人交往、结识，并与之建立起良好人际关系的欲望。包容需求又可分为主动型包容和被动型包容。主动型包容指能主动与他人交往，坦然共处群体之中，热情参与人与人之间的交往和合作性工作；被动型包容是指期待别人接纳自己。

3. 支配需求

支配需求指个体控制别人或被别人控制的需要，是个体在权力关系上与他人建立或维持满意人际关系的需要。实际上，并非只有位高权重的人才有支配需求，社会上每一个成员都存在这种需求。支配需求又可分为主动支配型和被动支配型。主动支配型表现为大胆、主动支配他人，爱发号施令，喜欢运用权力、权威来领导、控制、影响和支配他人等行为特征；被动支配型表现为期待他人领导，常常根据情境的要求使内在标准向外在标准妥协。

（三）人际沟通的特点

人际沟通是指人们之间的信息交流过程，也就是人们在共同活动中彼此交流各种观念、思想和感情的过程。这种交流主要通过言语、表情、手势、体态以及社会距离等来表示。人际沟通有如下特点。

1. 目的性

人与人沟通时，有其目的性存在。例如一个人在一个城镇中迷路了，想开口问路希望能够获得帮助。不论他问的对象是谁，一名警察或是儿童，不论他的语气是缓和还是着急，都有一个他设法求得的目的性存在：就是他想知道自己身何方，如何找到他要走的路。或者你要跟别人借东西，沟通中的许多文字或许是多余的，也许你不好意思直接开口而拐弯抹角地说，但目的仍是为跟人借东西而沟通，所以沟通时具有目的性。在人际沟通中，沟通双方都有各自的动机、目的和立场，都设想自己发出的信息会得到什么样的回答。而双方的动机、目的和立场可能相同也可能不相同，因此，沟通的双方在沟通过程中发出的不是简单的信息运动，而是信息的积极交流和理解。

2. 象征性

沟通的形式可能是语言也可能是非语言，如面部表情能够表现出你语言之外的真实思想或情感，用书信、报告、文章等书面沟通，也能够表情达意，这些均是象征性的体现。

再以吵架为例，既有破口大骂这样一种非理性沟通方式，也有冷战不说话，但彼此也能够明白对方所表达出的意思。人际沟通借助语言和非语言两类符号，这两类符号往往被同时使用，二者可能一致，也可能矛盾。

3. 关系性

其意指在任何的沟通中，人们不只是分享内容意义，也显示彼此间的关系。在互动的行为中涉及关系的两个层面，一种是呈现于关系中的情感，另一种是人际沟通中的关系本质在于界定谁是主控者。而关系的控制层面既有互补的也有对称的。在互补关系中，一人让另一人决定谁的权力较大，所以一人的沟通讯息可能是支配性的，而另一人的讯息则是在接受支配。在对称关系中，人们不同意谁能居于控制的地位，当一人表示要控制时，另一人将挑战他的控制权以确保自己的权力；或者是一人放弃权力而另一人也不愿承担责任。互补关系比对称关系较少发生公然的冲突，但是在对称关系中，权力可能较均等。

4. 互动性

人际沟通是一种动态过程，沟通的双方都处于不断的互动即相互作用中，刺激与反应互为因果，如乙的言语是对甲的言语的反应，同时也是对甲的刺激。我们把人际沟通定义为产生意义的互动过程。人际沟通是互动的，沟通的意义就发生于两位参与者之间的原始讯息和对讯息的反应中。沟通过程发生于不同人之间讯息的传递和接收，此过程会通过被噪声干扰的知觉管道来进行。要形成一个良性的双向互动沟通，必须包含三个行为：即说、听、问的行为。一个有效的互动沟通就是由这三种行为组成的。换句话说，考核一个人是否具备互动沟通技巧的时候，看他这三种行为是否都出现，以及三种行为分别出现的频率。

5. 可塑性

因为部分人认为人际关系沟通能力是自然的，与生俱来的能力，所以很少注意沟通形态与技巧。有时把一些沟通上或态度上的错误都认为成“天生的，无法改变的”，就不试着去改变自己的错误沟通态度。其实沟通是需要学习的，人们要试着去观察周围人，谁的沟通技巧好，谁的态度顽固，都是值得学习、借鉴、反思的，提醒自己不要犯类似的错误。

（四）影响职场人际关系的因素

影响人际关系的因素有很多，具体的有认知、情感、人格、能力四种心理因素和行为举止因素的影响。职场人际关系作为社会人际关系的重要方面，同样也受这四种心理因素的影响。

1. 认知因素

认知因素是人际知觉的结果，包括三个方面，即自我认知、对他人的认知和对交往本身的认知。对自我的认知会影响人际交往中的自我表现，对他人的认知会左右对他人的态度和行为，对交往本身的认知影响交往的目的、广度和深度。

2. 情感因素

人际交往中的情感因素，是指交往双方相互之间在情绪上的好恶程度，情绪的敏感性，对交往现状的满意度以及对他人、对自我成功的评价态度等。人际交往中的情感表现应该适时适度，随着客观情况的变化而变化。

3. 人格因素

人格因素对人际交往有至关重要的影响。一些不良的人格特征，如虚伪、自私自利、不尊重人等容易给人留下不愉快的感受甚至一种危险感，会影响人际交往。因此，好的人际交往离不开双方良好的人格品质。

4. 能力因素

交往能力欠缺是影响人际交往的原因之一。例如有些人交友愿望强烈，然而总感到没有机会；想着表现自己，却又出了洋相等。人际交往的能力不是固定不变的，可以通过有意识的锻炼来提高，关键要多进行交往实践、多动脑筋。

（五）人际交往的流程

人与人之间从彼此生疏到彼此交往，有一个循序渐进的过程，一般来说，这个过程可以分为八个步骤，其流程如图 6-1 所示。

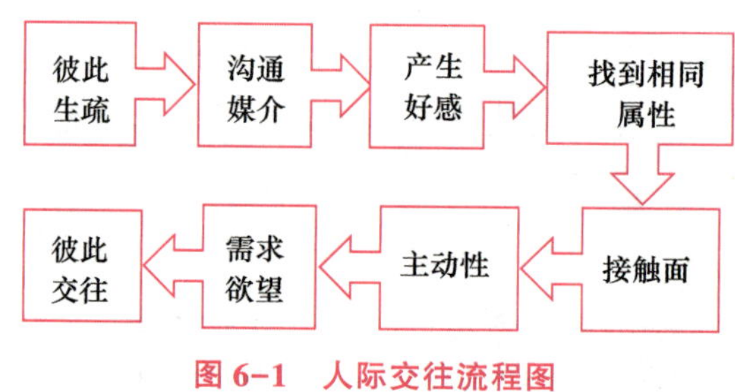

图 6-1　人际交往流程图

三、如何处理好人际关系

要想处理好人际关系，首先需要了解人际交往失败的原因。

（一）人际交往失败的原因

有的人在人际交往中常常会失败，其主要有以下原因：

（1）习惯动作不雅，如挖鼻孔、剔牙、抓头皮、随地吐痰等，让人退避三舍。

（2）语言艺术缺乏，如讲粗话，言语乏味，口头禅太多，都令人不喜亲近。

（3）肢体语言夸张或无礼，如碰触异性身体，忸怩作态等肢体语言使人生厌。

（4）思想自私或狭隘，如以自我为中心，攀龙附凤，好高骛远，卖友求荣，都是不受欢迎的。

（5）仪表不端庄整洁，如浓妆艳抹，或者邋遢肮脏，都让人无法产生好感。

（二）促进人际关系的技巧

人们想要有效的增进人际关系，需要掌握下面的一些技巧。

1. 守信用

做人要言而有信，才能赢得别人的尊重和信赖，建立良好的口碑。

2. 说好话

心存善意，学习说话技巧，多鼓励他人，随时赞美身边的朋友。一个懂得赞美别人的人，才是最佳的公关高手。赞美是人际关系的润滑剂，不花钱就能获得很好的效果。

3. 勇于认错

有些人明知犯错，却碍于面子死不认错，甚至将错就错，这样只能使自己走进死胡同。而勇于认错的人，却如冬日暖阳，令人觉得温暖可亲。

4. 尊重他人

“敬人者，人恒敬之”，一个懂得尊重别人的人，必能获得别人更多的尊重。人们不要因对方的地位低下或出身卑微而不尊重对方。在表达尊重的时候，要因人而异，因场合不同，选择不同的方式。

5. 欣赏别人

古人云，“三人行，必有我师”，每个人都有自己的强项和专长，如果每个人都能做到不耻下问，虚心求教，就能够不断进步。只有努力拓展狭隘的心胸，做个欣赏他人优点的鉴赏家，才能左右逢源，提升自己人际沟通的能力。

6. 善于倾听

很多时候，善于倾听比伶牙俐齿更受人欢迎。繁体的“听”（聽）这个字是由耳、王、十、四、一、心所组成的。其中的含义是需要眼到、口到、心到，并且要做到用眼看、用口说、用心记。“听”这一项行为在古代就已经被人们视为高尚的品格！

7. 重视仪表

据调查，一个人的第一印象会影响他与别人日后长期交往的意愿，所以人们必须重视仪表。一个人的容貌、衣着、谈吐、肢体语言等都能显露其内在涵养，人们应该对成功者的个人特质多加揣摩，建立自己的印象特质，找出属于自己的吸引力。

8. 合理运用语言

说话速度过快，如连珠炮，会使人无法完全理解，沟通时就会产生瓶颈；谈话时有气无力，冗长无味，也没有几个人能够忍受。只有音量适中、音调柔和、速度适中、用字遣词高雅动人、搭配合宜的姿态，才能展现语言的魅力。

9. 运用肢体语言

优雅的肢体语言就像一块磁铁，能紧紧地吸引别人的注意力，发言时语言与肢体语言相辅相成，更能带来好的效果。

四、处理好职场人际关系的意义

良好的职场人际关系是种生产力，因为它具有信息功能，通过信息沟通、思想沟通和

情感沟通，使职场人际关系在交往中获得发展，可以推进工作。营造和谐的工作氛围，能极大地提高员工的创造力和工作效率，通过集体效应和头脑风暴，能产生经济效益和社会促进作用。

初入职场者，学校学到的知识本身并不能保证其在职场中脱颖而出，将知识化为相应的能力才有可能成功。每个人在基本能力、人格和生活境遇等方面存在着很大的差异，应根据具体情况学习人际关系的知识和技能，并运用到自己的工作和生活中。

（一）了解为人处世的基本规律

了解一般人思考和行为的规律，学会有关人际关系的技能，就能够在工作和生活中与人和睦相处，给人留下好印象。例如自尊的获得，冲突的解决办法等将帮助职场人士更好地了解自己，适应环境。

（二）培养与人相处的技能

如果我们想获得高层职位，或者拥有丰富的社会资源，就需要学会与人沟通，与团队成员友好相处。随着全球化、国际化时代的到来，我们还要学会与不同地域、不同文化背景的人打交道，而这也会是我们获得的宝贵人生财富。

（三）积累人际交往经验

任何职场人士都会在工作中遇到人际关系问题，了解这些问题以及相关的处理方法可以避免混乱纷争，在职场中更好地生存和发展。例如，如何应对强势人物、办公室矛盾、如何缓解工作压力等。

（四）提高处理各种问题的能力

学习职场人际关系处理的知识技能，就能比较自如地应对挫折和困扰，提升自信心，有足够的勇气和能力去应对工作或者生活中出现的各种问题。

（五）学会利用机会发展自己

每一个关心职业发展的人都想利用有限的机会发展自己，都希望在工作上有所突破，以获取更多的回报，而不是一味地解决日常问题。掌握了职场人际关系处理的知识和技能，能够让我们更好地了解如何规划职业发展，了解如何晋升成为职场精英。

明智的人必须遵循多听、少说、多做的三大原则。人的潜意识里都有表演的欲望，总希望有观众认同，当自己滔滔不绝地表达见解的时候，有人聚精会神地倾听，你会感到自己受到了重视，所以一个倾听者会比演说家更受欢迎。

案例 6-1

办公室里的幽默

情境一：

小芬的个子不高，身体还比较单薄。一天，公司有个同事小袁拿了一根竹竿到办公室想和小芬开个玩笑。他伸手招呼小芬，示意小芬站起来。小芬对他的举动有点莫名其妙，于是就问他："有什么事吗？""没什么特别的，我就想拿竹竿和你比对比对，看到底哪个高点。"同事满脸堆笑，对着小芬说。小芬听他如此说，便对他顿生厌恶之意，随即转身就离开了。

情境二：

单位小张的儿子还比较小，所以小张上班的时候也会时不时地把儿子带上。一天，小张又带着儿子去上班。可是，没想到的是，这个小孩非常调皮，东奔西跑，不小心就打碎了同事的杯子。小张见状，腾地跳起来，指着儿子就大骂，并照着孩子的头就是一巴掌。

单位同事小王看到这样的情况，站起来就对着小张大喊："小张，你怎么打孩子呢？快给我住手。"整个办公室闻声都停了下来，看着这种场面，心想怎么小王要多管闲事。四下都安静了，接着又听到小王说："你这孩子原本可以当大学教授，就这一巴掌，把个好端端的大学教授打没了。"听到她这么说，原本紧张的局面一下子缓解了，大家都被小王的这句话逗乐了。小张也乐开了："王姐，你说话可真有意思，你说这小子能当大学教授？这小子要是能有这能力，我就不操这份心了。"

（资料来源：https：//www. qinxue365. com/kczx/216411. html）

案例点评：

职场中需要幽默。得体的幽默于人于己都是一缕玫瑰的芳香。幽默是闲暇之余的调味品，能否融洽办公室的气氛，那就要看懂不懂职场中的"潜规则"了。情境一中用别人的身高来调侃，根本就没有顾及小芬的感受，也没有设想自己这样做是多么的愚蠢，这样的幽默只会让别人更加厌恶。很多其他的同事把这一幕看在眼里也一定不喜欢这样的玩笑。情境二中的小王用恰当的"未来大学教授"小幽默来巧妙地化解办公室尴尬的气氛，不仅让同事之间的关系更加融洽，还能给同事留下良好的形象。

第二节 职场沟通礼仪

商务人员个人礼仪是商务人员在商务场合形象的设计、塑造与维护的具体规范，它是商务交往参与者在交往活动中很重要的一个环节，主要包括个人仪容、仪表、仪态等方面的礼仪知识。

在商务交往中，人们留给初次见面者的第一印象至关重要，它往往会影响到他人对自己

的看法与评价，这将对此后的交往产生较大的影响。第一印象一旦形成就很难改变，这就是所谓的“首因效应”。根据首因效应，他人对自己看法与评价的第一眼印象，通常由个人的仪表、言谈举止、待人接物等方面决定。因此，个人礼仪被视为商务交往礼仪的基础。

一、仪容礼仪

仪容主要指人的容貌，而且是经过修饰以后能给人以良好知觉的容貌。仪容反映个人的精神面貌、朝气与活力，好的仪容是人的第一张名片，也是给对方留下感官印象最直接、最深刻的部分。仪容美是内在美、自然美和修饰美这三方面的高度统一。三者之间，仪容的修饰美是可以直接实现的，仪容之美体现了自然美和修饰美的和谐统一。

（一）面部修饰

面容是仪容中最引人注目的地方。脸面对于人的自尊心具有无与伦比的重要性。面部修饰的基本要求是洁净、自然、健康。保持清洁是最基本、最简单、最普遍的要求。

1. 局部修饰

（1）眉部修饰。眉毛应坚持修剪，要将其长度、形状及时修整，保持清晰的眉形。

（2）眼部修饰。眼睛是心灵的窗口，最能反映人的神采和风韵。眼部的清洁很重要，应保证眼睛无分泌物，不充血。

（3）耳部的修饰。要求耳朵内外干净，无分泌物，养成及时清洁耳部卫生和修剪耳毛的习惯。可以佩戴陪衬得体的耳环。

（4）鼻部修饰。鼻孔干净，鼻毛不外露，鼻端不能留有污秽物，及时清理黑头、修剪鼻毛。

（5）口部修饰。胡子要刮干净或修剪整齐，商务场合不留长胡子，不留人字胡或其他怪状胡子。保持牙齿整齐洁白，口中无异味，嘴角无泡沫；保证口部及牙齿清洁，无食品残留物，饭后应及时漱口。

2. 皮肤修饰

皮肤具有调温、分泌、吸收、代谢、感觉等功能，是天然的保护屏障，是人体健康美丽的基础。面部皮肤是人体的“门面”，其修饰对于人的形象至关重要。修饰面部首先要做到清洁面部，清洁面部最简单的方式就是勤洗脸。

3. 化妆修饰

化妆是修饰仪容的一种方法，是指使用化妆品按一定技法对自己进行修饰装扮以使自己容貌变得更加靓丽。在商务活动中，商务人员进行适当的化妆是必要的，这既提升了自身的形象，也表现出对交往对象的尊重。

（1）化妆的基本原则

第一，美化原则。化妆的目的是使人变得更加美丽，因此在化妆时要注意适度矫正、修饰得法。

第二，自然原则。化妆既要美化、生动，又要真实、自然。

第三，协调原则。高水平的化妆，强调的是其整体效果，所以在化妆时，应努力使妆面与着装、场合、身份协调。

（2）性别妆容

男士妆容：对男士来说，做到面颊干净整洁即可，不留胡须。此外，注意修剪鼻毛。

女士妆容：女士妆容应秉持素淡的原则，让面容更精致、更显精神的同时给人以爽洁、大方、清新的感觉，切不可浓妆艳抹。

案例 6-2

化妆的局部修饰与整体美

阿美和阿娟是一所美容学校的学生，初学化妆非常感兴趣，每当走在大街上，总爱观察别人的妆容，因此总能发现一道道奇特风景线。一位中年妇女没有做其他化妆，光涂了一个嘴唇，而且是那种很红很艳的唇膏，只突出了一张嘴。一位女士的妆容看起来真的很漂亮，只可惜脸上精彩纷呈，脖子却马虎了，在脸庞轮廓上有明显的分界线，像戴了面具一样。再看，还有的女士用粗的黑色眼线将眼睛轮廓包围起来，像个“大括号”，看上去那么的生硬、不自然。一位很漂亮的女士，身穿蓝色调的时装，却化着橘红色的唇膏……

（资料来源：https：//wenku. baidu. com/view/07e1d0cce53a580217fcfe4f. html）

案例点评：

该案例中出现的种种“问题”，反映了相关个体在化妆上的整体不协调。她们往往只注意到了其中的一种或一部分化妆技巧，关注了局部的细节却忽略了整体的搭配。其实，化妆上需要注意的地方是很多的，要追求一个自然、清爽而富有美感的整体形象。

（二）头部修饰

头发位于人体的“制高点”，在交际交往中更容易先入为主，直接影响你留给对方的形象。对于商务人士而言，头发的修饰是仪容的重要组成部分。头发整洁、发型得体是美发的基本要求。头部修饰主要包括发型选择和头发护理。

1. 发型选择

女士的发型应该是能够结合优雅和干练职业感的发型，通常发型的线条流畅，颜色自然，式样也很简洁，切忌夸张和叛逆。

男士的头发一般要求较少。男士和女士一样应勤于清洁和护理自己的头发，按照自己的发质、发量、脸型以及工作需求选择适合自己的发型，充分利用头发让自己更有品位，更有朝气。男士发型的基本要求是：前发不覆额，侧发不掩耳，后发不及领。

2. 头发护理

总体而言，人们的头发要保持整洁、健康、无异味，同时要经常洗护、梳理和修剪。注重头发洗护主要是为了清除头屑，防止异味，使头发条理分明。

重视头发的修理就是要做到头发整洁秀美、清爽悦目，需要对头发进行梳理，这特别有利于促进头部血液循环。

除梳理外，还要经常对头发进行修剪，以达到美观大方的效果。在理发时，应当留意头发长度。对商务人员而言，通常以短为好，一般要求不理光头，头发也不宜过长。

案例 6-3

松下幸之助的改变

日本的著名企业家松下幸之助从前不修边幅，企业也不注重形象，因此企业发展缓慢。一天理发时，理发师不客气地批评他不注重仪表，说："你是公司的代表，却这样不注重衣冠。别人会怎么想，连人都这样邋遢，他的公司会好吗?"从此松下幸之助一改过去的习惯，开始注意自己在公众面前的仪表仪态，生意也随之兴旺起来。现在，松下电器的各种产品享誉天下，与松下幸之助长期率先垂范，要求员工懂礼貌、讲礼节、注重个人形象是分不开的。

（资料来源：http：//wenwen. soso. com/z/q243256629. htm）

案例点评：

头发的护理特别富有"门面感"，门面的不善打理将会给交往对象留下"特殊"的印象。在松下幸之助前后对头发的清洁与护理的不同态度，我们能充分地体会到个体修饰对组织形象的影响。

（三）肢体修饰

肢体修饰包括手臂和腿部修饰。

1. 手臂修饰

手臂是人肢体中使用最多、动作最多的部分，人们通过它能完成各种各样的手势。如果手臂的形象不佳，人的整体形象会大打折扣。

（1）不涂艳丽的指甲油。商务人员不应涂艳丽的指甲油。出于养护指甲的目的，可以涂无色指甲油。为了美观和时尚而在指甲上涂彩色指甲油或在指甲上进行艺术绘画，对于商务人士来说容易造成本末倒置之感，让其他人难以接受。另外，商务人士不适合在手臂上刺字、贴画和文身。

（2）不要腋毛外露。一般情况下，商务人员最好不要穿无袖外衣以免露出腋窝，但在某些特殊情况下需要穿无袖外衣时，应注意剃去腋毛以免外露。

2. 腿部修饰

下肢的清洁须做到以下几点：勤于洗脚，勤换鞋袜。男士不应穿短裤暴露腿部，女士不应穿超短裙。

下肢的美化应考虑以下几方面：注意腿毛，修剪指甲，忌化彩妆。一般在公共场所不应赤脚穿鞋，也不应在别人面前脱鞋、脱袜，更不应抠脚趾。

案例 6-4

细节决定成败

一天，黄先生与两位好友小聚，来到某知名酒店。接待他们的是一位五官清秀的服务员小李，接待服务工作做得很好，可是她面无血色，显得无精打采。黄先生一看到她就觉得心情欠佳，仔细留意才发现，小李没有化工作淡妆，在餐厅昏黄的灯光下显得病态十足。上菜时黄先生又突然看到传菜员涂的指甲油缺了一块，他的第一个反应就是“不知是不是掉我的菜里了”。但为了不惊扰其他客人用餐，黄先生没有将他的怀疑说出来。用餐结束后，黄先生唤柜台内服务员结账，而服务员却一直对着反光玻璃墙面修饰自己的妆容，丝毫没有注意到客人的需要。自此以后，黄先生再也没有去过那家酒店。

（资料来源：https：//zhidao. baidu. com/question/348418001. html）

案例点评：

所谓细节决定成败，酒店员工的一系列行为招致了客人的反感，相关服务员在基本仪容仪态上不得体。其实，这些在仪容上存在的问题完全是可以避免的。从该案例我们可以看出，某些细节的不到位最终导致酒店客人的流失，不能不说是管理环节存在很大的漏洞。长此以往，酒店形象将面临急剧下降的危险。

二、仪表礼仪

商务人员的个人形象至关重要。商务人员的仪表礼仪是个人道德品质、文化素养、教养良知等精神内涵的外在表现，往往通过举手投足表现在商务活动中。商务人士良好的仪表礼仪，会给人留下美好而深刻的印象，使人从内心产生信任感，并激发出与之合作的想法。

（一）仪表礼仪基本原则

服饰是透视商务人员仪表礼仪的重要窗口，体现着商务人员的性格、文化修养、气质品位及职位等。服饰美不仅表现人的外在美，还反映着人的精神面貌。整洁得体的服饰能给人留下干净、利落、干练的形象，容易取得他人的信任和好感，也是尊重他人的具体表现。为了使着装达到一种和谐统一的整体视觉效果，商务人员必须掌握着装的以下原则。

1. TPO 原则

TPO 原则是着装礼仪基本原则，是指人们在着装时要兼顾时间（time）、地点（place）、场合（occasion）这三个基本因素，并与之相适应。该原则于 1963 年提出，现已成为世界服装界公认的着装审美原则之一。着装的 TPO 原则要求人们在选择服装，考虑其基本款式时，首先应力求使自己的着装及其具体款式与着装时间、地点、场合协调一致、力求规范。

2. 三色原则

服装配色以整体协调为基本准则。全身着装颜色搭配最好不要超过三种颜色，而且应以一种颜色为主色调，以它为基础色，再配一两种次要色，使整个服饰的色彩主次分明、相得益彰。这样做有助于保持着装的庄重、传统、大方，并使着装在色彩上显得简洁、和谐。在各种色彩中，灰、黑、白三种颜色在服装配色中占有重要的位置，它们几乎可以和任何颜色相配。常用的服饰配色和谐的方法有以下几种：

（1）上下装同色。上下装同色有两种情况：一种是上下装同色，明度、纯度完全相同，通常是套装，以饰物点缀；另一种是用同种色系，但明度、纯度有所不同的色彩搭配，即同色系配色。如深红与浅红、橙色与黄色等，这种利用同色系中深浅、明暗度不同的颜色搭配能给人以柔和、自然和协调的色彩美感。这种搭配方法通常适用于工作或庄重的社交场合的着装配色。

（2）对比色搭配。利用明暗度对比或相互排斥的颜色对比搭配，可以使着装在色彩上反差强烈、静中有动、突出个性。这种搭配方法适用于各种场合的着装配色，运用得当，会有相映生辉、令人耳目一新的效果。年轻人着上深下浅的服装显得活泼、飘逸、富有青春气息，中老年人采用上浅下深的服装搭配则给人以稳重、沉着静感觉。

（3）呼应配色。呼应配色包括服装色彩的上下呼应或内外呼应。例如：上穿黑底红花纹上衣，下着黑色裤子；穿西装讲究鞋子和皮包同色。这种搭配方法也适用于各种场合的着装配色。这样的服装色彩给人以遥相呼应和统一协调的感觉。

（4）点缀配色。补色之间是相互对抗的，如红和绿、黄与紫搭配在一起会过于醒目、刺激。可以进行点缀和过渡，如在红衣绿裙之间增加一条白色的腰带就可以使两种颜色面积与分量各有取舍。可在大面积的一种色彩上，点缀些它的补色，这样就会既鲜明又不刺眼，形成强烈的对比美。例如，穿一身浅驼色的衣服，露出红色的衬衫衣领，这一点红色就会使整个服装的色彩活起来，起到画龙点睛的作用。

简而言之，职场服装的基本特点是端庄简洁、持重和亲切。

（二）男性商务人员着装礼仪

西装是一种国际性服装。西装以其设计造型美观、线条简洁流畅、立体感较强、适应性广泛等特点深受商务人士的喜爱和青睐，形成了固有的穿着要求。

男士西装穿着的基本礼仪如下：

（1）西装袖标要去掉。穿西装前一定要将西装袖口上的商标去除，否则会让人感觉非常无知而贻笑大方。

（2）注意西服的口袋。除西装左上方的胸袋可放置一些装饰性手帕外，名片、卡片等超薄型物品可放置于西装内袋，西服的口袋中切勿放其他鼓鼓囊囊的物品，以免有损着装形象。

（3）领带搭配要合适。通常来说，在正式场合穿西装都要打领带，领带的颜色要选择与西装颜色协调搭配，打领带要使领带的末端刚好盖住皮带扣（领带尖部位置可适当上下调整）。

（4）纽扣的规范系法。对于双排扣的西装，必须全部扣上；单排双扣的西装，可不扣或只扣最上面的一扣，单排三扣的，可只扣上面的两扣或只扣中间一颗。

（5）搭配衬衫有讲究。穿西装出席正式场合一般都要穿素色的衬衣，衬衣袖口的纽扣要扣上，袖口要外露出西装袖口 1~2cm。如果在聚会性质的非正式场合，则可以在休闲西服内穿上比较活泼的花衬衫，但是衬衫纽扣还是必须扣上，尤其是正式场合，衬衫最上边的第一颗扣一定要系上，切不可用领带勒住。

与西装搭配其他方面还要注意：

（1）鞋子的选择。一般来说，穿西装都要穿皮鞋，因为皮鞋与西装最为匹配。皮鞋的颜色应为深色和单色，皮鞋的款式要庄重、正统。

（2）袜子的选择。男士对袜子的要求比较简单，颜色的选择上一般倾向于深色，如蓝色、黑色、灰色、棕色等。不要穿浅色袜子，也不要穿彩袜或发光、发亮的袜子。穿西装时，袜口不要露出来。商务男士在穿袜子时必须遵守三项基本规则：袜子干净、完整、合脚。

（3）公文包的选择

标准的公文包是手提式的长方形公文包。公文包的质地以真皮为佳，颜色以黑色或棕色为宜。除商标外，男性商务人员使用的公文包外表不要带有任何图案。

（三）职业女性着装礼仪

裙装最能体现女性的体态美，在所有的裙式服装中女式正装又以套裙为首选。套裙是西装套裙的简称，上身是女式西装，下身是半截式裙子。另外，也有三件套的套裙，即女式西装上衣、半截式裙子和背心。

1. 女士正装的着装基本礼仪

（1）干净整洁。女士正装要保证衣着整洁、无污渍，口袋和纽扣保持完整。

（2）优雅得体。注意正装与饰品的搭配，首饰不可过多，应不失优雅，得体合身。

（3）彰显魅力。着装要合时宜，既不超前也不落伍，可在一定程度上彰显个人魅力。

（4）忌露忌透。商务场合中，女士着装忌露忌透，特别是在夏季着装中露出内衣是十分不雅观的。

2. 女士职业套装的搭配

（1）衬衫。从面料上讲，要求轻薄而柔软，从色彩上讲，它的要求则主要是雅致而端庄。除了白色之外，其他各式各样的色彩，只要与所穿的套裙的色彩不相互排斥，均可用作衬衫的色彩。不过，还是以单色为最佳。

（2）衬裙。衬裙的色彩宜为单色，如白色、肉色等，但必须使之与外面套裙的色彩相互协调。通常情况下，衬裙上不宜出现任何图案。从款式方面来看，衬裙亦须与套裙相配套，应特别注意要线条简单、穿着合身、大小适度。

（3）鞋袜。选择鞋袜时，应当首先注意其面料。女士所穿的与套裙配套的鞋子，宜为皮鞋。与套裙配套的皮鞋，以黑色最为正统。此外，与套裙色彩一致的皮鞋亦可选择。但是鲜红、明黄、艳绿、浅紫的鞋子，则最好回避。

高筒袜与连裤袜，则是与套裙的标准搭配；中筒袜、低筒袜不宜与套裙同时穿着。

案例 6-5

因穿毛衣而丢失大客户的大卫

大卫是位年轻气盛、聪明勤快的小伙，虽然进入理财行业刚满 3 年，但积累了一定的客户群，因为是公司里最年轻且业绩又出色的职员，所以经常受到上司的表扬，大卫开始扬扬自得。

有一天上午 10 点，他要去拜访预约了五六次才成约的客户。因为下午他休息并要和以前的大学同学郊游散心，所以就穿了一件休闲毛衣和牛仔裤前往客户公司。客户对大卫的第一印象是："我如何放心把财产交给这个上穿休闲毛衣、下穿牛仔裤、脚上一双时尚运动鞋的小伙子管理？看上去太不靠谱了。"不到 10 分钟，客户就以要开会为由打发了大卫并解除了彼此的约定。

（资料来源：万里红 . 最实战商务礼仪［M］. 北京：机械工业出版社，2012. ）

案例点评：

商务人士要访问多家企业，经常和客户会面，穿着打扮就不能以自我为中心，而要考虑到公司的形象。在商务场合，从业人员整洁、高雅的着装不仅能增添自己的翩翩风度，给人以信任感和亲和力，而且更重要的是能代表职业素养和企业的外在形象。商务人员良好的仪表礼仪，会给人留下美好而深刻的印象，使人从内心产生信任感，并激发出与之合作的想法。

三、仪态礼仪

仪态是指人们的身体所呈现出的各种姿态，包括神态表情、体态姿势和举止动作等形体语言。如果说仪容和服饰是个人形象的静态方面，那么仪态则是个人形象的动态方面，更是展现个人精神面貌和文化素养等个体信息的无声语言。在商务活动中，商务人员可以通过自己规范的、美的仪态向他人传递自己的学识与素养，借以交流思想、表达情感。因此，仪态在传情达意方面的功能是不容忽视的。仪态礼仪主要包括站姿礼仪、坐姿礼仪、走姿礼仪、蹲姿礼仪和手势礼仪。

（一）站姿礼仪

标准的站姿，从正面看，全身笔直，精神饱满，两眼正视，两肩平齐，两臂自然下垂，两脚跟并拢，两脚尖张开，身体重心落于两腿正中；从侧面看，下颌微收，挺胸收腹，腰背挺直，两手中指贴裤缝，整个身体庄重挺拔。

1. 男士站姿

男士站立时，应将身体的重心放在两只脚上，头要正，颈要直，抬头平视，挺胸收腹不斜肩，两臂自然下垂，从头到脚呈一条直线。双脚可微微分开，但最多与肩同宽。站累时可将一只脚后挪半步，但上体仍保持正直。这种站姿从外观上看有如挺拔的青松，显得刚毅端庄、精神饱满。

2. 女士站姿

女士要想使自己具有优雅迷人的站姿，关键是要让自己的双脚、双膝、双手、胸部和下颌五个部分都处于最佳位置。双脚的脚跟应靠拢在一起，两只脚的脚尖应相距 10 厘米左右，其张角为 45 度，呈 V 字状。两脚一前一后，前一只脚的脚跟轻轻地贴靠于后一只脚的脚弓，将重心集中于后一只脚上，切勿两脚分开，甚至呈平行状，也不要将重心均匀地分配在两只腿上。无论处于哪种场合，双膝都应当有意识地靠拢，这样方能确保双腿自上而下地全方位并拢，并使髋部自然上提，避免双腿“分裂”、臀部撅起等极不雅观的姿势。

总之，站的姿势应该是自然、轻松、优美的。不论站立时摆何种姿势，只有脚的姿势及角度和手的位置在变，身体一定要保持绝对挺直。

（二）坐姿礼仪

坐是一种最常用的姿态。良好的坐姿既传递着自信、友好和热情的信息，又显示出高雅庄重的良好风范。商务人员多数时间都是和客户坐着谈话，因此，良好的坐姿是塑造自身形象不可或缺的。

入座基本要求是上体自然坐直，两肩放松，两腿自然弯曲，双脚平落地上，双膝并拢，男士双膝可稍稍分开，但女士的双膝、脚跟必须靠拢，男士两手半握拳放在膝上，女士双手交叉，虎口相握放在膝上。就座时右腿后退半步，碰到座椅后轻坐在椅子上，坐椅子的三分之二处，坐下后双腿并拢放在中间或侧面，双膝合拢，后背挺直，目视前方，面带笑容。

1. 男士坐姿

（1）标准式。上身挺直，双肩平正，两臂自然弯曲，两手交叉叠放在两腿中部或扶手上，并靠近小腹，男士两脚自然分开成 45 度。

（2）前伸式。在标准坐姿的基础上，两小腿向前伸出双脚并拢，脚尖不要翘。

（3）屈直式。右脚前伸，左脚收回，腿部自然放松，两脚前脚掌着地，并在一条直线上。

（4）重叠式。也叫“二郎腿”或“标准式架腿”等。在标准式基础上，两腿向前，一条腿提起，腿窝落在另一条腿的膝盖上。要注意脚尖朝下，切不可架在另一条腿上形成“4”字型，也不可脚底对人，这样非常不礼貌。

2. 女士坐姿

（1）正位坐姿。身体的重心垂直向下，双腿并拢，大腿和小腿成 90 度，双手虎口相交轻握放在左大腿的二分之一处。

（2）双腿斜放式。双腿斜放式（右斜）的具体规范是：右腿平行向右侧跨出一小步，同时右脚尖朝向右前方 45 度，脚全部落地；左脚快速跟上；双脚要紧密重叠，双手放好。

（3）双脚交叉式。双脚交叉式（右侧）坐姿的基本动作要领为：右脚向右侧平行移动一小步，左脚在右脚后面脚踝处交叉，脚尖右侧稍做倾斜。此时右脚的前脚掌落地，两膝盖之间与两小腿之间尽量靠拢。左侧交叉式的动作方向刚好相反。

（4）前伸后屈式。左腿前伸右腿后屈式坐姿的基本动作要领为：身体的重心垂直向下，双膝并拢，左脚向前拉动右脚向后拉动，前后脚的内侧在一条直线上，双手虎口相交放在前伸的腿上，挺胸直腰面带微笑。前后两脚之间略有距离，后一脚脚跟稍往上翘，换脚位时双手要相应进行交换。

（5）双腿叠放式。右叠放的基本动作要领是：右腿平行向右侧跨出一小步，脚尖朝向右侧；左脚轻盈搭上，大腿和膝盖紧密重叠，犹如一条直线，脚尖下压；双手自然交叉，放在腿上二分之一处，面带微笑，目视前方。

总之，在常见的五种女性坐姿中，女性的正位坐姿和前伸后屈式坐姿适合于所有场合；双腿斜放式和双腿交叉式坐姿一般建议在社交场合采用，且在女性穿裙子时坐姿相对比较优雅。双腿重叠式由于优雅高贵但略显傲慢等原因，是社交场合的第一选择，一般不用于职场。

（三）走姿礼仪

步态是人行走时的姿态，即走姿。步态能直接反映出一个人的精神面貌、性格特点等，优美的步态具有动态美，能体现出一个人良好的精神面貌和良好的气质风度。

1. 走姿的基本要求

良好的走姿应通过四肢和髋部的运动，以大关节带动小关节，整个身体移动来实现。

行走时，既要考虑步幅、步速、协调感和韵律感，又要与环境、身份及出行目的等因素相适应。基本要求是身正胸挺两臂摆，两眼平视正前方，脚掌着地步子匀，这样走起路来稳当当。

2. 步态规范

规范的步态应考虑基本的三要素，即一个人在行走时的步位、步幅和步速。

（1）步位。即指脚落地时的位置。女子行走时，两脚内侧着地的轨迹宜在同一直线上；男子在较为正式的场合中行走时，行路轨迹应该是两条线，行走时两脚的内侧应是在两条直线上。

（2）步幅。即跨步时前脚跟与后脚尖之间的距离。标准的步幅是本人的 1～1.5 个脚长，男性一般略微稍大一些，女性略小，但因身高不同、场合不同，所穿服饰不同，步幅也会有一定差异。

（3）步速。即行走时的速度或频率。据统计，一般女性每分钟行走 90 步，男性每分钟行走 100 步，合适的步速会显得有节奏和韵味。

3. 行走的禁忌

行走必须用双胯向上提的力量带动双腿，这样方显得轻快敏捷。如果以腿部为主动，尤其是以小腿为主动，就有身体下沉、步履蹒跚之感。走路不要大甩手、扭腰摆臀、左顾右盼，或歪肩晃膀、弯腰驼背。

（四）蹲姿礼仪

蹲姿是人处于静态时的一种特殊情况。一般情况下，捡拾东西、拍摄合影、服务客户或者自我需要时，商务人士不可避免地要行蹲姿，因此蹲姿在商务场合也是必不可少的。蹲下时，一腿高一腿低，腿高一侧的手轻轻扶在腿上，腿低一侧的手用来捡拾物品，上体尽量保持垂直。

1. 规范的蹲姿

（1）半蹲式蹲姿。这种姿态一般用来从地上取较高的物品，如较大的手提箱等。其要求是走到物品的一侧，上身稍许下弯，但不宜与下肢构成直角或锐角，臀部应向下而不是撅起。物品在右侧时，身体重心应放在右腿上，反之则应放在左腿上。

（2）高低式蹲姿。这种姿势比较优雅，而且最重要的是女性着裙装时采用这种蹲姿会比较得体，因而商务场合应尽量采用高低式蹲姿。

（3）交叉式蹲姿。交叉式蹲姿的基本要领是：下蹲时右脚在前，左脚在后，小腿垂直于地面，全脚着地，左脚跟抬起，脚掌着地，两腿紧靠，臀部向下，上身稍前倾。

2. 蹲姿的禁忌

（1）不要距离客户太近而唐突下蹲。在下蹲时，应与身边人员保持一定的距离，与他人同时下蹲时，更不能忽略双方之间的距离，以防彼此“迎头相撞”；下蹲时，要有目光示意，千万不可唐突蹲下，令对方不知所措，在下蹲时动作应保持一贯的频率，不能生硬下蹲，应尽量保持优雅。

（2）不要方位失当。在他人身边下蹲，尤其是在客人身边下蹲时，最好是与之侧身相向。正面面对客人，或者背部面对客人下蹲、臀部朝人，通常都是不礼貌的。

（3）不要毫无遮拦。蹲在大庭广众之前时，尤其是身着裙装的女士这样做，一定要避免下身毫无遮掩的情况。

（4）不要长时间蹲着休息。在不少人的印象里，蹲着是可以休息的，但对商务人士来说这种做法应避免，不可长时间蹲在地上休息，不太雅观。

（五）手势礼仪

手势是通过手掌和手指的活动来传递信息的，是人际交往中不可缺少的动作。由于手

是人身体上最灵活的部位，所以手势是一种表现力较强的体态语言，是体态语言中最丰富、最具有表现力的传播媒介。

1. 基本手势

（1）自然垂放。垂放是最基本的手姿，其做法有二：一是双手自然下垂，掌心向内，叠放或相握于腹前；二是双手伸直下垂，掌心向内，分别贴放于大腿两侧，它多用于站立之时。

（2）背手。背手多见于站立、行走时，其既可显示权威，又可镇定自己。其做法是将臂伸到身后，双手相握，同时昂首挺胸。

（3）持物。持物即用手拿东西，其做法多样，既可用一只手，又可用双手。但最关键的是拿东西时动作应自然协调，五指并拢，用力均匀。

（4）鼓掌。鼓掌是用以表示欢迎、祝贺和支持的一种手势，多用于会议、演出、比赛或迎候嘉宾。鼓掌时，以掌心向下的右手有节奏地拍击掌心向上的左掌，必要时还应起身站立。但是，不应以此表示反对、拒绝、讽刺和驱赶之意，即不允许“鼓倒掌”。

（5）指示。指示是用以引导来宾、指示方向的手姿。其做法是将右手或左手抬至一定高度，五指并拢，掌心向上，以肘部为轴，朝一定方向伸出手臂。

2. 手势禁忌

商务人员在使用手势时应注意以下禁忌。

（1）很多人喜欢将单手或双手抱在脑后，这一体态的本意是放松。但在别人面前特别是在为他人服务时这样做会给人一种目中无人的感觉。

（2）反复摆弄自己的手指，要么活动关节，要么捻响，要么攥着拳头，往往会给人一种无聊的感觉。

（3）在工作中，通常不允许把一只手或双手插在口袋里，这种表现，会让人觉得你在工作上不尽力，忙里偷闲。

（4）手势宜少不宜多，多余的手势，会给人留下装腔作势、缺乏涵养的感觉。在商务活动时，还有些手势会让人反感，严重影响形象，如当众挠头皮、掏耳朵、抠鼻孔、咬指甲等。

案例6-6

与人交往的体姿礼仪

风景秀丽的某海滨城市的朝阳大街，高耸着一座宏伟楼房。某照明器材厂的业务员金先生按原计划，手拿企业新设计的照明器材样品，兴冲冲地登上六楼，脸上的汗珠未及擦一下便径直走进了业务部张经理的办公室，正在处理业务的张经理被吓了一跳。“对不起，这是我们企业设计的新产品，请您过目。”金先生说。

张经理停下手中的工作，接过金先生递过的照明器材，随口赞道：“好漂亮啊！”并请金先生坐下，倒上一杯茶递给他，然后拿起照明器材仔细研究起来。

金先生看到张经理对新产品如此感兴趣，如释重负，便往沙发上一靠，跷起二郎腿，一边吸烟一边悠闲地环视着张经理的办公室。当张经理问他电源开关为什么装在这个位置时，金先生习惯性地用手挠了挠头皮。好多年了，别人一问他问题，他就会不自觉地用手去挠头皮。虽然金先生做了比较详尽的解释，但张经理还是有点半信半疑。谈到价格时，张经理强调："这个价格比我们预算高出较多，能否再降低一些？"金先生回答："我们经理说了，这是最低价格，一分也不能降了。"张经理沉默了半天没有开口。金先生却有点沉不住气，不由自主地拉松领带，眼睛盯着张经理，张经理皱了皱眉："这种照明器材的性能先进在什么地方？"金先生又挠了挠头皮，反反复复地说："造型新，寿命长，节电。"张经理借故离开了办公室，只剩下金先生一个人。金先生等了一会儿，感到无聊，便非常随便地抄起办公桌上的电话同一个朋友闲谈起来。这时门被推开，进来的却不是张经理，而是办公室秘书，秘书找了个借口将金先生送走了。

（资料来源：https：//wenku. baidu. com/view/c75d3d553d1ec5da50e2524de518964bcf84d20b. html）

案例点评：

人们总是以一定的仪态举止出现在别人面前，给人留下一定的"动感印象"。商务人士良好的仪态举止，不仅是个人良好形象、气质和风度的展现，能够给客户带来心理上的愉悦和美的享受，也是企业良好形象、内涵文化及管理水平的体现。案例中的金先生去客户公司沟通，如果他的仪态举止存在问题，他就永远达不到沟通的目的。金先生不敲门径直走进拜访对象办公室、跷起的二郎腿、在拜访对象办公室随意吸烟、挠头皮、拉松领带、眼睛盯着对方、随便使用拜访对象电话等不良仪态，给对方传递了负面信息，招致抵触和不认同，也失掉了订单。

第三节　职场沟通实施

在商务活动中，所有参与沟通的个人、部门及上下级之间都特别需要彼此进行沟通，互相理解，互通信息。这就需要沟通个体根据不同的交流对象，采取不同的方法和扮演各种角色来呈现自己的沟通技巧。职场沟通一般分为与上级沟通（上行沟通）、与平级沟通（平行沟通）和与下级沟通（下行沟通）。

一、上行沟通

所谓上行沟通，就是与自己的上级沟通。在工作中，每个商务人员都免不了要和上级打交道，而如何与上级进行沟通堪称一门艺术。一方面，需要通过组织规定的书面或口头报告形式，或者态度调查、座谈会、意见箱等鼓励性沟通途径来进行上行沟通。另一方面，与上级沟通一定要讲究方式方法。掌握和运用与上级沟通的技巧，能减少矛盾和冲突的发生，与上级建立良好的人际关系，也能使自己的工作顺利并获得更多的晋升机会。

（一）分析上级的行为方式

上级的行为方式是一种具有权威性与结果性的组织行为方式和社会行为方式，是上级领导主体以其特定的作风、习惯、性格、态度、倾向、思想和教育素质在特定的领导环境制约下形成的。

上级领导按照性格，可分为专制型上级、民主型上级和放任型上级；按照权力的控制程度，可以分为集权式上级、分权式上级和均权式上级；按照管理重点，可以分为重事式上级、重人式上级和人事并重式上级；按照办事风格，可分为专断式上级、民主式上级和放任式上级。

一般来说，风格强硬的上级往往对琐事不感兴趣，他们充满竞争的心态，做事实际、果决，旨在求胜，在态度上表现得较为强硬，要求下属必须服从。与这样的上级打交道，下级要遵循简、快、直、恭的沟通要点。善于互动的上级凡事喜欢参与，喜欢与他人交流，同时喜欢享受下级对他们的赞美。与这样的上级打交道，下级要遵循夸、亲、面的沟通要点。尊重事实的上级为人处世自有一套标准，理性思考能力强，重逻辑而反对感情用事，喜欢弄清楚事情的来龙去脉。与这样的上级打交道，下级要遵循核、直、细的沟通要点。

（二）上行沟通的原则

1. 尊重而不吹捧

上级的权威和尊严是需要下级适时、适地、适度地尊重和维护的。尽管许多上级不反对下级讨好、奉承，但他们更喜欢那种工作踏实、作风正派的人。如果下级能把上级布置的每件事情都做到有落实、有交代，然后说几句上级爱听的话，上级更希望提拔这样的下属而非只会溜须拍马的人。除了对上级的意见明确表示尊重并积极执行以外，有不同意见，也应注意表达的方式方法，以维护上级尊严。

2. 信任而不亲密

信任上级，上级才会信任你。有了相互的充分信任，才能更好地配合工作。信任并不意味着交往过密，与上级保持适当的距离更能赢得上级的青睐，也不会招致同事的轻视和厌恶。

3. 请示而不依赖

该请示的不能擅自做主，该做主的不能事事依赖上级，商务人员要把握好这个度。其实上级不需要只知道唯命是从的员工，而需要富于创新精神、能主动开展工作的员工。适度的请示是必要的，但不可依赖，更不能等待。商务人员在提问题时应尽量附上自己的意见，让上级觉得你已经思考过并试图解决问题。

4. 主动而不越级

商务人员对工作要积极主动，敢于直言，善于发表自己的意见，勇于承担责任，既不唯唯诺诺，也不阳奉阴违，越级上报。

5. 自信而不自负

与上级沟通时应大方自信，让上司了解自己的工作能力和真才实学，而不是盲目自大，无视上级。

案例 6-7

委屈的老刘

老刘是某公司的技术工程师，负责公司产品的售后服务工作。公司新上市的一种产品存在技术缺陷，导致客户投诉增多，售后维修工作量加大。作为售后服务部的主管，老刘更是忙得团团转。由于产品设计本身有问题，老刘也无能为力，客户就把不满反映到了公司总经理那里。总经理找到老刘，也不问事情缘由，对老刘劈头盖脸就是一顿臭骂，最后放出狠话："今天工作不努力，明天让你努力找工作。"老刘是哑巴吃黄连——有苦说不出，自己忙前忙后地给别人收拾烂摊子却一点也不落好，出去被客户抱怨，回来还要挨总经理的骂，骂错了还不能对他发泄，心里郁闷到了极点。于是，老刘开始消极怠工。

（资料来源：史峰. 人际沟通与礼仪［M］. 北京：北京师范大学出版社，2011.）

案例点评：

在职场，老刘面对上级批评选择消极怠工的做法是非常不理智、不明智的，这样做不但会影响上级对他的印象，而且会在下级和平级中产生不良的影响，最终妨碍自身的职业发展。他应该采取其他办法释放批评带来的压力，如与总经理主动沟通，向同事、家人倾诉等。

（三）上行沟通的技巧

1. 选择恰当的沟通时机

与上级沟通一定要选择恰当的时机，刚上班时，上级工作繁忙；快下班时，上级疲倦心烦；上级心情不太好时，难以细心静听……这都不是沟通的好时机。与上级沟通一定要抓住上级的闲暇时机，即时间充分、心情舒畅的时候。例如，上级刚刚处理完某项工作，有种如释重负的感觉。此时，商务人员适时、委婉地提出自己的意见，会比较容易得到上级的重视和认可。在某项工作的过程中、结束后，商务人员都应及时与上级沟通，做到勤工作、常汇报。

另外，商务人员在非正式场合向上级提出意见，显得比较随意，上级不必做出回应，这样有较大的回旋余地。双方都可以采取"有则改之，无则加勉"的态度。上级认为应该接受，自然会认真对待，若难以接受则可置之不理。总之，轻松的气氛可以消除沟通障碍，使上下级的信息沟通在一种融洽的气氛中进行。

2. 做好充分的沟通准备

上级对某项工作提出疑问后，如果下级事先毫无准备，或者准备不充分，缺乏有力的

论据，回答时吞吞吐吐，前言不搭后语，甚至自相矛盾、漏洞百出，经不起上级的细问，不仅不能让上级信服，还会给上级留下不好的印象。因此，商务人员应事先设想上级会提什么问题，自己该如何回答。

商务人员不仅要设想问题，更应解决问题。一方面，商务人员要拟订详细的工作计划，具体阐述行动方案，尤其是对工作进度要给出明确的时间表，以便上级进行监控。另一方面，商务人员要多准备几套备选计划，既不会让上级感到除了接受你的建议外别无选择，也会显得你做事严谨周密，考虑问题全面仔细，更为重要的是给上级提供充分的选择余地。

对某项工作的建议，如果只凭嘴说，或者只是空洞的计划，没有太大的说服力，只有摆明利与弊，用事实加以证明，才能让上级认为下级不是主观臆断。因此，在与上级沟通前，商务人员应先收集整理好有关资料，做成书面材料，借助图表，增强说服力。

3. 传递合适的沟通信息

上级很赏识那些有主见的下级。所以，商务人员应该提出自己的想法，不要人云亦云。

在与上级交谈时，商务人员一定要简明扼要，突出重点，尤其是上级关心的问题，商务人员要做到言简意赅、结论清晰，不要东拉西扯，言之无物。其实，上级在听取你汇报的同时也在考查你的工作能力和工作作风。

4. 运用有效的沟通方式

在沟通过程中，采取迂回战术易使对方接受你的意见。当你的主张跟上级相悖时，应注意收敛锋芒，以委婉谦虚的口气表达意见。即使你的意见是正确的，也要以谦和得体的藏锋式语言维护上级的威信。但是，话说得太委婉也不行，有时话语转弯抹角会使上级觉得你油嘴滑舌、不诚实。

一般来说，上级不太喜欢平庸无能的部下，所以直接或间接地让上级了解你的工作能力显得非常重要。一方面，商务人员必须善于领会上级的意图。如果一件工作需要上级反复交代，直到他明确说出自己的意图时你才“茅塞顿开”，就会显得你的能力有限。另一方面，上级布置的工作不仅要一丝不苟地对待，还要圆满完成。除此之外，商务人员还要学会用自信心去感染上级。试想一下，如果下级表情紧张、局促不安地对上级说：“领导，我有信心完成这项工作。”上级肯定从他的肢体语言中读出了“不自信”这三个字，因此不敢相信他的建议。

商务人员应勇于承认自己的过失，诚恳地接受批评，而推卸责任只会使自己错上加错。受批评时的辩解不仅于事无补，反而会让上级质疑你的工作态度。承认过失也有诀窍，就是不要所有的错误都自己扛。面对上级的批评或责难，不管自己有没有错误，都不要将不满流露在脸上，要让上级知道你理解他的意图，不卑不亢会让你看起来自信而稳重。

案例 6-8

能干的小田

小田是某保险公司团险发展部主任。一次总经理要求他完成一项 A 公司的团体保险计划。小田一边仔细聆听经理的指令，一边简要地做了记录，然后对总经理说："总经理，我对这项工作的理解是这样的，为了增强我们公司在团体寿险市场的竞争力，您希望我们团险部门不遗余力地于本周五之前与 A 公司签订员工福利保险合同，然后交给您。您看还有什么要交代的？"总经理点点头，微笑着说："就是这些，抓紧执行吧。"在确认无误后，小田制订了详细的工作计划，然后拿给总经理征求意见。几天的紧张工作情况，他都及时向上级做了汇报。对一些不易解决的问题。上级也给予了充分的帮助和支持。团险发展部终于在周五成功签订了那份合同。在总结这项工作的过程中，小田充分肯定了部门的通力合作带给他的极大帮助，也向上级表示感激，并对工作期间出现的某些小问题做了自我检讨。一项工作就这样被出色地完成了。

（资料来源：https：//www. doc88. com/p-0897889830688. html）

案例点评：

小田的做法很合适，在接到任务后能及时跟上级确认并制订详细工作计划；工作中遇到问题之后，能够及时向上级请示汇报和寻求帮助；任务完成后，对成功的经验和存在的不足能及时进行总结和反思。

二、平行沟通

平行沟通即横向沟通，是指平级之间的沟通。因为处于平等的地位，沟通双方很容易产生互不服气的心态。如果处理不当，沟通双方就会出现相互推诿、缺乏配合意识的情况。正因如此，平行沟通就对沟通双方的沟通能力提出了很高的要求。

（一）平行沟通的原则

在平行沟通中，沟通双方除了要遵守一般性的尊重、理解、宽容、坦诚、互动和渐进等原则外，还应注意以下几个重要原则。

1. 乐观

要以积极乐观的心态去面对问题，而不应消极逃避。乐观会增强人解决问题的信心，支持为解决问题而不懈努力。悲观则会使人失去信心，放弃努力，以致遭受事业的失败。

2. 从容

要善于从容面对敏感信息。不少人在面对同事冷漠的面孔时，会感到不安。遇到这种情况，可以对自己说："他的缺点是不懂得善待别人，我没有这个缺点，我更受朋友的欢迎。"这样的自我安慰可以让心情得以舒缓。即使受到同事的责难，也要控制情绪，耐心倾听，接受其中合理的成分。对于同事的误解，应在合适的场合进行解释。

3. 分享

在与同事沟通的过程中，要善于分享，将自己在工作中积累的心得体会和成功做法分享给同事，以实现共同进步。同时，也要善于帮助同事，当同事在工作中遇到困难时不袖手旁观，主动提供有益的建议。

4. 坚持

在平行沟通中，面对不同部门的沟通对象，应持积极合作的态度，在坚持原则的前提下申明自己的立场，坚决维护自己的权利。在工作遇到严重挫折时，不要心灰意冷，即使当前没有有效的解决办法，也要相信自己，只要坚持不懈，就一定会使问题圆满解决。

5. 团队协作

在商务活动中，团队协作是一种为达到组织预定目标所展现出来的资源共享和协同合作的精神，它可以调动团队成员的聪明才智，并清除不和谐、不公正的现象，对表现突出者及时予以奖励，可以使团队产生强大而持久的力量。

6. 距离

有人把人际交往的距离准则比作“刺猬理论”，即两个刺猬，如果靠得太近，就会被各自身上的刺扎伤，如果离得太远又不会得到温暖。平级相处也是这样，并非越密切越好，过于密切会使彼此受到伤害。只有双方保持适当的距离，让彼此拥有适当的私人空间的沟通才是对双方有益的。

案例 6-9

职场小马和陈经理的问题

财务部陈经理每月总会按照惯例请手下员工吃一顿，一天，他走到休息室叫员工小马，通知其他人晚上吃饭。快到休息室时，陈经理听到休息室里面有人在交谈，他从门缝看过去，原来是小马和销售部员工小李在里面。小李对小马说：“你们陈经理对你们很关心，我见他经常请你们吃饭。”“得了吧。”小马不屑地说，“他就这么点本事笼络人心，遇到我们真正需要他关心、帮助的事情，他没一件办成的。你拿上次公司办培训班的事来说，谁都知道如果能上这个培训班，工作能力会得到很大提高，升职机会也大大增加。我们部几个人都很想去，但陈经理却一点都没察觉到，也没积极为我们争取，结果让别的部门抢了先。我真的怀疑他有没有真正关心过我们。”“别不高兴。”小李说，“走，吃饭去。”陈经理听完只好满腹委屈地躲进自己办公室。

（案例来源：https：//wenku. baidu. com/view/1f5dc63c59fafab069dc5022aaea998fcc2240c4. html）

案例点评：

案例中员工小马的错误在于：第一，作为下属他没有跟自己的主管领导沟通，没有把自己和同事想去参加培训的意愿让领导知道，领导也不可能面面俱到，了解每个员工的适时想法；第二，领导已经通过每月请员工吃饭体现领导的关心，作为员工小马不该在背后议论领导，且表现出对领导的极不尊重。

陈经理没有替员工今后发展着想确实缺少点领导高度，作为领导应主动多和部下接触，及时了解部下的思想动态。

（二）平行沟通的技巧

有效的平行沟通可以使办事程序和手续更加简便，节省工序和时间；可以增进平级同事的了解和协调，消除相互之间的冲突；可以增进团队内部的合作和协助，培养团队精神，克服个人本位主义的弊病。

1. 切勿推卸责任

有些人缺乏集体观念，不能从组织利益出发，不愿承担责任，结果工作效率低下，而且团队成员间关系恶化。此时，无论哪方有错，成员都要勇于主动承担一部分责任，推卸责任只会错上加错。

2. 切勿背后议论

在沟通时一定要注意讲话的内容，哪怕是对比较信得过、合得来的同事也不要信口开河。向同事谈及自己对公司、领导、其他同事的负面看法，对于问题的解决非但没有帮助，反而会给自己带来麻烦。

3. 切勿满腹牢骚

有的人不管在什么环境中总是怨天尤人，逢人就大倒苦水。尽管偶尔推心置腹的诉苦可以营造有利于平行沟通的氛围，但同事没有为你保守秘密的义务。一些话若被上级得知，很容易产生误解，使你成为上级心中的“问题员工”。

4. 切勿过分表现自己

在职场中要想做出成绩，需要适当表现自己的能力，让同事和领导看到你的卓越之处，这也是适应挑战的必然选择。但是表现自己要分场合和方式，特别是在众多同事面前，如果只有你一个人表现得特别积极，往往会被认为做作、虚伪，效果往往适得其反。真正懂得表现自己的人，常常是既表现了自己又不露声色。不要总是以自己为中心，讲话时多用“我们”少用“我”，对自己要轻描淡写，要谦虚谨慎。

5. 切勿结派站队

平级同事之间要保持良好关系，但是不要拉帮结派。若形成小圈子，很容易引发圈外人的对立情绪。另外，平级同事之间的事应当通过平行沟通解决，若通过上级或其他人进行沟通，常常会把事情弄得更复杂，造成当事部门之间、同事之间关系的紧张。

案例 6-10

不会沟通，从同事到冤家

小贾是公司销售部一名员工，为人比较随和，不喜争执，和同事的关系处得都比较

好。但是，前一段时间，不知道为什么，同一部门的小李老是处处和他过不去，有时候还故意在别人面前指桑骂槐，对跟他合作的工作任务也都有意让小贾做得多，甚至还抢了小贾的好几个老客户。起初，小贾觉得都是同事，没什么大不了的，忍一忍就算了。但是，看到小李如此嚣张，小贾一赌气，告到了经理那儿，经理把小李批评了一通，从此，小贾和小李成了绝对的冤家了。

（资料来源：https：//wenku. baidu. com/view/7918daec3069a45177232f60ddccda38366be15e. html）

案例点评：

小贾所遇到的事情是在职场常出现的一个问题。在一段时间里，同事小李对他的态度大有改变，这应该是让小贾有所警觉的，他应主动及时和小李进行真诚的沟通，比如，可问小李是不是自己什么地方做得不对，让他难堪了之类的，而非一味忍让，可能他们之间的误会和矛盾在比较浅的时候通过及时的沟通就会消失。但是小贾到了忍不下去的时候，他选择了告状。其实，找主管来说明一些事情，不能说方法不对，关键是怎么处理。在这里，小贾、部门主管、小李三人犯了一个共同的错误，那就是没有坚持“对事不对人”，主管做事也过于草率，没有起到应有的调节作用，他的一番批评反而加剧了二人之间的矛盾。正确的做法是应该把双方产生误会、矛盾的疙瘩解开，那结果肯定会好得多。

三、下行沟通

下行沟通即与自己的下级沟通，是组织中信息从较高的层次流向较低层次的沟通过程。一个优秀的管理者，与下级沟通应是很顺畅的。下行沟通一般以命令方式传达上级决定的政策、计划、规划之类的信息。有经验的管理者会针对下级性格、情绪的不同，有的放矢地进行沟通。

（一）下行沟通的原则

1. 人格平等

上级在心理上必须认定下级是自己的重要伙伴，是为自己执行任务、落实责任、帮助自己成功的人，不可认为下级低自己一等，不可以盛气凌人、高高在上的姿态与下级沟通。用平等的态度与下属沟通，显得亲切、有人情味，容易唤起对方表达的愿望。平等的态度要求上级在语言内容、语气声调、肢体动作等方面都要尊重下级。

2. 民主信任

对于某个问题，当下级有不同的意见时，上级应允许下级提出疑问，不要武断地否定不同的意见。在给下级下达命令时，上级要给下级尽可能大的自主权，遇到问题时共同探讨情况、提出对策，而不是抛出问题，只追求结果。

3. 涵养承担

上对下沟通时，下级通常会主动礼让三分以示尊重。但是下级也有情绪不好的时候，上级也有着急的时候。此时，上级就应该表现得更有涵养，不要厉声指责，尤其避免态度不好以一副冷脸色面对下级。若伤了和气引起争论，一定要忍耐，不要发火，尤其是不要有错不认、死要面子。敢于向下级认错的管理者更能得到下级的信任。

案例 6-11

换位思考、对等沟通

美国玫琳凯化妆公司的创办人玫琳凯女士，在面对下属员工的时候，总是设身处地地站在员工角度考虑问题。她总是会自问："如果我是对方，我希望得到什么样的态度和待遇。"经过这样考虑的处理，往往再棘手的问题都能很快地迎刃而解。

当时，卖化妆品并不是件容易的事。玫琳凯总是不厌其烦地指导员工，无论如何也不要得罪美容师和推销指导员，而应尊重他们的工作，并为其工作创造有利的条件。

20 年过去了，玫琳凯的公司从 9 个人发展成拥有 20 万名员工的国际性大公司，这是和她独特的管理哲学密不可分的。

（资料来源：https：//wenku. baidu. com/view/ae690f83d0d233d4b04e690c. html）

案例点评：

管理沟通需要换位思考。良好的沟通建立在相互理解的基础上，因此处理事情时，不仅要从自己的角度，而且要站在对方的立场上，以对方的思维方式或思考角度来考虑问题，找出对方的合理点，进而提出双方都能够接受且对企业有利的建议和对策，最终解决问题，实现双赢或多赢。在沟通中通过换位思考，能改变人的认知和需求，促进相互了解、尊重，建立信任关系，营造良好的人际关系，提高团队凝聚力。因此，换位思考是实现沟通的桥梁，是管理沟通的润滑剂。

换位思考有助于改善企业管理。换位思考有利于企业的可持续发展。可持续发展有赖于正确的发展战略，而正确的战略方向指引着企业的长远发展。企业只有在兼顾社会利益的前提下，对内为员工和股东着想，才能制定出正确的发展战略；对外为顾客和用户着想，兼顾社会利益，站在社会角度换位思考才能实现企业的可持续发展战略。

换位思考还有利于企业文化建设。企业文化是企业的灵魂，要有特色、深入人心，并能引起员工及社会各方的共鸣。合作是建立企业文化的基础，换位思考以诚信为基础，诚信又是合作的前提。合作的成功需要人、心合力的最佳结合。换位思考可以营造宽松和谐的气氛，实施愉快式管理，对建立以合作为前提、双赢式的企业文化至关重要。

玫琳凯的公司由小到大的发展历程说明了管理者换位思考的积极意义。

（二）下行沟通的技巧

1. 积极倾听

如非紧急情况，上级应该是说最后一句话的人，而不是说第一句话便做出决定的人。通过积极倾听，上级可以获取重要的信息；可以感受到下级的情感，缓和下级的自卫意识；可以激发下级的谈话欲望，促使下级的思维更加活跃；可以使自己的要求得到下级的

认同，甚至使下级产生知音的感觉。倾听中，管理者能发现下级的立场和弱点，充分了解下级的需要和见解，这样才能有效地说服下级。所以，养成让下级主动沟通的好习惯，对下行沟通十分有利。

2. 广开言路

管理者有很高的修养就是要什么话都听得进去，这样才可能广开言路，这就需要管理者善于利用不同的沟通渠道，如会议、汇报、传真、函件等。使信息简单化的关键就是有效地使用多渠道内部通信系统。上级应该学会借力而不是什么事都亲力亲为，一定要从办公室走出来，抱着真诚的态度和下级进行双向交流。另外，上级还须及时向下级反馈信息，这不但可以缓和由于谣言引起的紧张关系，还能在上级和下级之间建立紧密的联系，防患于未然，避免下级因为不能及时得到准确信息而产生各种各样的猜想。

3. 巧传命令

命令是上级对下级特定行动的要求，目的是让下级按照上级的意图完成特定的行为或工作。为了确保沟通畅通，首先，上级必须正确地传达命令，不能笼统含糊，不能让下级去猜测上级的意图。其次，要突破“命令—执行”的固有认识，想方设法让下级愿意接受并愿意执行任务，如利用友善的态度让下级明白工作的重要性，给下级更大的自主权，征询并提供建议让下级自愿执行。最后，要保持下级执行命令的热情。对下级的工作，上级一般不应过多干涉，但应了解和关心工作的进展情况，尤其当下级遇到问题和困难时，上级要给予物质和精神的帮助。

4. 当众表扬

当下级很好地完成任务时，要适时、适度地给予表扬。首先，表扬下级的态度要情真意切，是发自内心的，不要做表面文章。其次，表扬内容要翔实具体。表扬时不要张冠李戴或无中生有，一定要针对某个具体的事情，实事求是地予以表扬。最后，要注意表扬的场合。最好是在会议或团体活动上，公布好的做法、经验，并给予表扬。

5. 私下批评

第一，要尊重客观事实，对事不对人。在批评下级时，一定要做到客观公正，不允许公报私仇，做到对事不对人。第二，要注意批评的方法。在批评下级时，可采取宽容型批评、表扬型批评、安慰型批评等方法，不要以居高临下的态度批评下级。第三，要注意批评的场合。与表扬相反，批评下级时要在私下进行，除非下级造成了重大的事故。另外，上级在批评下级前一定要弄清事情的来龙去脉、责任归属，不要草率地下结论、做决定。

案例 6-12

小峰的苦恼

小峰刚刚从名校管理学硕士毕业，出任某大型企业的制造部门经理。小峰一上任，就对制造部门进行改造。小峰发现生产现场的数据很难及时反馈上来，于是决定从生产报表上开始改造。借鉴跨国公司的生产报表，小峰设计了一份非常完美的生产报表，从报表中可以看出生产中的任何一个细节。

每天早上，所有的生产数据都会及时地放在小峰的桌子上。小峰很高兴，认为他拿到了生产的第一手数据。没有过几天，出现了一次大的品质事故，但报表上根本没有反映出来，小峰这才知道，报表上的数据都是随意填写上去的。为了这件事情，小峰多次开会强调认真填写报表的重要性，但每次开完会，在开始几天可以起到一定的效果。但过不了几天又返回了原来的状态，小峰怎么也想不通。

（资料来源：https：//wenku. baidu. com/view/13ef977a168884868762d6ff. html）

案例点评：

小峰的苦恼是很多企业中经理人一个普遍的烦恼。现场的操作工人，很难理解小峰的目的，因为数据分析距离他们太遥远了。大多数工人只关心好好干活，拿工资养家糊口。

不同的人，他们所站的高度不一样，单纯的强调、开会，效果是不明显的。

站在工人的角度去理解，虽然小峰不断强调认真填写生产报表可以有利于部门改造，但这距离工人们较远，而且大多数工人认为这和他们没有多少关系。

若小峰将生产报表与业绩奖金挂钩，并要求干部经常检查，工人们就会知道要认真填写报表。此案例说明，不要简单地认为所有人都和自己的认识、看法、高度是一致的，对待不同的人，要采取不同的模式，要用听得懂的“语言”与别人沟通。

本章小结

本章首先介绍了人际关系的含义及个体性、直接性、情感性特点；人际沟通的含义及目的性、象征性、关系性、互动性、可塑性特点；人际交往的社会交换理论和自我实现理论；影响职场人际关系的认识、情感、人格和能力等诸多因素及守信用、说好话、勇于认错、尊重他人、欣赏别人、善于倾听、重视仪表、运用语言表情、运用肢体语言等促进职场人际关系的九个技巧。

其次介绍了职场沟通礼仪相关内容，主要涉及仪容、仪态、仪表方面的知识。仪容主要涉及面部、头部和肢体修饰；仪态主要包括男士和女士的直立挺拔的站姿、文雅端庄的坐姿、流畅稳健的走姿、美现大方的蹲姿以及谦恭有礼的手姿；仪表从着装兼顾时间（time）、地点（place）、场合（occasion）的 TPO 原则和全身着装颜色搭配最好不要超过三种颜色的三色原则出发，简单介绍了男士西装和女士正装的一些基本规范。

最后介绍职场沟通中与上级沟通（上行沟通）尊重而不吹捧、信任而不亲密、请示而不依赖、主动而不越级、自信而不自负的沟通原则及选择恰当的沟通时机、做好充分的沟通准备、传递合适的沟通信息、运用有效的沟通方式的沟通技巧；与平级沟通（平行沟通）乐观、从容、分享、坚持、团队协作、保持距离的沟通原则和切勿推卸责任、切勿背后议论、切勿满腹牢骚、切勿过分表现自己、切勿结派站队的沟通技巧；与下级沟通（下

行沟通）的人格平等、民主信任、涵养承担的沟通原则及积极倾听、广开言路、巧传命令、当众表扬、私下批评的沟通技巧。

课后练习

一、单项选择题

1. 办公室是我们工作的主要场所，因此处理好办公室关系与有一个良好的工作环境同样重要，以下办公室里的行为不符合商务礼仪的是（　　）。

   A. “时间就是生命”，因此守时是很重要的

   B. 在办公室里应爱惜办公用品，用完后应妥善处理，以方便下一个人使用

   C. 不要谈及私人问题

   D. 午睡时不要打扰到别人，所以可以不用锁门，免得弄出声音

2. 以下商务礼仪错误的是（　　）。

   A. 不得当众整理个人衣物

   B. 上班前不吃异味食物以保证口腔清洁

   C. 女员工在岗位上可化妆、补妆

   D. 手臂的修饰，可以分为手掌、指甲与汗毛三个部分

3. 商务场合女士穿着套裙时，做法不正确的是（　　）。

   A. 不穿着黑色皮裙

   B. 可以选择尼龙丝袜或羊毛高筒袜或连裤袜

   C. 袜口不能没入裙内

   D. 可以选择肉色、黑色、浅灰、浅棕的袜子

4. 对行走姿态要求正确的是（　　）。

   A. 目视前方，挺胸抬头，双臂自然摆动

   B. 女士姿态稳健，男士姿态优美

   C. 快速步行

   D. 步伐从容，斜线行走

5. 标准站姿的基本要求不包括（　　）。

   A. 头正、肩平　　B. 脊柱垂直于地面

   C. 手指并拢伸直　　D. 直腰、绷腿

6. 在商务场合中，递送名片错误的是（　　）。

   A. 地位低的人先向地位高的人递名片

   B. 女性先向男性递名片

   C. 当对方不止一人时，应先将名片递送给职务较高或年龄较大者

   D. 递送名片时，应起立双手递送，并放在桌上或者放入名片夹，离开时应记得带走名片

7. 正确握手时间长短为（　　）。

A. 1~2 秒　　B. 3~4 秒　　C. 5~6 秒　　D. 10 秒

8. 乘坐电梯的礼仪包括（　　）。

A. 乘坐电梯时，应在电梯两侧等候，男士、晚辈或下属可站在电梯开关处提供服务

B. 让女士、长辈或者上司先进入电梯

C. 遵循先下后上，中间上人，两边下人的原则

D. 以上都对

9. 在没有特殊情况时，上下楼应（　　）行进。

A. 靠右侧单行　　B. 靠左侧单行

C. 靠右侧并排　　D. 靠左侧并排

10. 公司下发有关文件是典型的（　　）。

A. 上行沟通　　B. 下行沟通

C. 平行沟通　　D. 反向沟通

11. 不少公司设立了公共关系部，其主要目的是实现企业的（　　）。

A. 上行沟通　　B. 外部沟通

C. 下行沟通　　D. 平行沟通

12. 企业规定，职工在休探亲假时必须写一份探亲地的市场调查报告，否则不予报销来回车票。这种通过报告形式而提供信息是一种（　　）。

A. 正式沟通　　B. 平行沟通

C. 下行沟通　　D. 上行沟通

13. 在上行沟通中，汇报工作的重点是（　　）。

A. 谈结果　　B. 谈感想

C. 谈过程　　D. 谈方案

14. 人际关系包括（　　）。

A. 认识成分（指相互认识、相互了解）

B. 动作成分（指交往动作）

C. 情感成分（指积极情绪或消极情绪、爱或恨、满意或不满意）

D. 以上都对

15. 依据美国心理学家威廉·舒茨（William Schutz）的人际需求理论，人际交往的需求包括（　　）。

A. 感情需求　　B. 包容需求

C. 支配需求　　D. 以上都对

二、多项选择题

1. 影响人际关系的因素有很多，具体有（　　）这几种心理因素和行为举止因素的影响。职场人际关系作为社会人际关系的一种重要方面，同样也受几种心理因素的影响。

A. 认知　　B. 情感　　C. 人格　　D. 能力

2. 人际沟通的特点包括（　　）。

A. 目的性　　B. 象征性　　C. 关系性　　D. 可塑性

E. 互动性

3. 商务人员个人礼仪是商务人员在商务场合形象的设计、塑造与维护的具体规范，它是商务交往参与者在交往活动中很重要的一个环节。主要包括个人（　　）等方面礼仪知识和规范的修养。

A. 仪容　　B. 仪表

C. 仪态　　D. 人际交往

4. 职场中平行沟通的技巧包括（　　）。

A. 切勿推卸责任　　B. 切勿背后议论

C. 切勿满腹牢骚　　D. 切勿过分表现自己

E. 切勿结派站队

5. 仪态礼仪主要包括（　　）、蹲姿礼仪和手势礼仪。

A. 站姿礼仪　　B. 坐姿礼仪

C. 睡姿礼仪　　D. 走姿礼仪

三、简答题

1. 简述处理好职场人际关系的意义。
2. 简述平行沟通的原则。

会议沟通

学习目标

- 熟悉会议的基本概念、会议的组织流程、会议相关文稿的内容与格式要求。
- 能组织小型会议，会编写会议议程、会议通知，并以恰当的渠道发布通知。
- 能实事求是领悟会议精神，学会编写会议记录、阅读会议纪要。

导入案例

十三届全国人大二次会议在北京开幕

2019年3月5日上午，第十三届全国人民代表大会第二次会议在人民大会堂开幕。春暖大地，万物勃发。人民大会堂万人大礼堂气氛庄重热烈，主席台帷幕正中的国徽在鲜艳的红旗映衬下熠熠生辉。近3 000名全国人大代表肩负人民重托出席盛会，认真履行宪法和法律赋予的神圣职责。

大会主席团常务主席、执行主席栗战书主持大会。党和国家领导人及大会主席团成员在主席台就座。

十三届全国人大二次会议应出席代表2 975人。5日上午的会议，出席2 948人，缺席27人，出席人数符合法定人数。上午9时，栗战书宣布：中华人民共和国第十三届全国人民代表大会第二次会议开幕。会场全体起立，高唱国歌。

思考：请上网查看十三届全国人大二次会议开幕式的视频，并思考这种大规模的会议

是如何组织的？

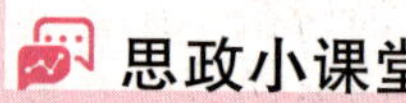
思政小课堂

实事求是

会议是一种群体沟通活动，可以集思广益。“实事求是”是会议沟通的基本原则，上述案例中，会议主持人按照法定程序，如实报告了出席会议的领导和参加会议的代表的人数。

“实事求是”思想作为党的指导思想，指导中国的新民主主义革命取得了胜利，在建设中国特色社会主义的过程中也取得了阶段性的成果。随着经济、政治和文化的不断发展，人们对“实事求是”指导思想的应用不再仅仅是局限于有关国家和社会发展的宏观层面，更强调要回归“实事求是”思想固有的意义，将其运用于指导个人自由全面发展的微观层面。

“实事求是”作为人们日常生活实践中的基本准则，其最基本的含义就是诚实。社会主义核心价值观明确倡导“爱国、敬业、诚信、友善”的公民道德规范，它要求每个人都要如实面对事实，说话、做事都要以事实为依据，要存有一颗诚实的心。随着互联网产业快速发展，各种传播、交流手段也日益丰富，作为当代大学生一定要将“实事求是”的思想落实到具体的行动中。

会议在管理工作中起着十分重要的作用，它是决策的重要方式，也是沟通信息的主要手段。企业或组织为了开展必要的活动经常会召开各种类型的会议。有关资料表明，一些管理者用于参加各种会议的时间占其工作总时间的三分之一。由此可见，会议开得好坏、效率高低，直接关系到管理效能的高低。

第一节　会议沟通概述

会议沟通是群体或组织中相互交流意见的一种形式，是一种常见的群体活动。根据不同的目的和要求，会议既可以被看作一个集思广益的过程，也可以被当作一种信息传递的方式。通过会议，可以将许多人聚集在一起，就某些问题与员工互相交流思想并提出相应的对策。在企业中会议也是上行沟通的途径之一，管理者可以借开会的机会听取下属的意见和建议。

一、会议沟通的概念

会议沟通是指两个或两个以上的人（其中一个为主持人），为发挥特定功能而进行的一种面对面的多向沟通。

会议是人类社会自古以来就有的一种社会现象，开会的历史可谓是源远流长。早在原始社会，人类为了生存和分配共同的劳动成果，就已经出现了“氏族议事会”。在议事会开会时，当时的公民、氏族的男男女女都站立在周围，按照规定的程序参加讨论。随着近代社会经济的发展，会议在人们社会交往实践中作为一种重要的交流、管理手段逐渐发展和完善了起来。

在现今的生活中，各类会议活动更是随处可见，并成为一种经常性的社会活动形式。无论是各种国际组织、国家机关，还是企事业单位，无论是国家之间建立外交关系、达成协议，还是组织内部开展经济事务、文化教育及其他活动，都要通过召开会议来达到集思广益、有效沟通，或传达信息、资源共享，或表彰先进、树立典范，或解决问题、推广经验等目的。

由上可知，会议是一种围绕特定目标进行的、以口头发言或书面交流为主要方式的、有组织有计划的商议活动。会议有广义和狭义之分：狭义的会议是指至少有三人参加的集体性商议活动，即传统的会议；广义的会议还包括两人或双方之间的会见与会谈以及各种仪式。形成会议的主要条件是：有明确的指导思想、预期目标、具体议题；有明确的时间、地点；有主持人和参加人员。

二、会议沟通的功能

现代企业强调给员工提供更多的参与机会，鼓励管理者与员工一起做决策以创造更加和谐的工作氛围。成功的会议是达到管理沟通目的的最有效途径之一。会议的目的大致有以下几种。

(1) 交流信息。通过会议，管理者可以将有关政策和指示传达给员工。同时，管理者也可以从与会者那里及时得到反馈及获得其他方面的有关信息。

(2) 给予指导。企业通过把员工组织起来进行培训，以提高他们某些方面的技能，使他们更好地适应工作环境。

(3) 解决问题。会议可以帮助澄清误会，处理各种冲突，并利用某些人的知识和技巧来解决问题。

(4) 做出决策。会议可以帮助营造民主的气氛，给员工提供共同参与和共同讨论的机会，最终做出正确决策。

一场有效的会议，应该能使与会者心情舒畅并积极参与，让大家通过有效的方式得以沟通，从而获取有用的信息或达成一致的合作协议。

三、会议的类型

无论在企业还是在其他各种组织中，经常会举行各种各样的会议。一般而言，会议有三种划分标准。

(一) 按照会议目的分

(1) 谈判。目的是解决双方在利益上的冲突，常采取双向互动式的讨论方法，力求达

成一致的意见。

（2）通知。目的是传播信息，其传播方式通常为单向式。一般不鼓励讨论，否则会影响信息的传播。

（3）解决问题。这类会议的目的在于利用团队的创造力来解决问题。通常，要将待解决的问题摆在桌面上，与会者应提出解决的方法。在这类会议上，人们都会为探求解决方案而努力，不会停留在对过去状态的讨论之中。

（4）决策。其目的是在不同方案中权衡利弊，做出抉择。与会者不仅要参与讨论和决策，而且还要遵守会议的决议，即便自己持不同观点。

（5）交流。这类会议的目的在于集思广益，常采取“头脑风暴式”讨论法，即安排5~7人，每一位与会者都可以讲自己对问题的看法，并从他人的发言中得到启发，激发灵感，产生创意。这类会议鼓励讨论和提问。

案例 7-1

中外两家企业的会议沟通

中国一家大型机械制造型企业A集团高管与国外提供核心组件的B集团的合约到期，B集团派约翰逊先生作为代表，来A集团洽谈，双方就续签合作的问题进行会议沟通。

会议期间，约翰逊先生提出，A集团如果要续签协议就需要在原来定价的基础上提高50%的价格才可以继续使用他们的部件，并且不允许中方搞自主研发。A方代表认为对方的价格太高，以这样的价格企业连成本都无法回收，提出加10%的价格是可以接受的，并要求B方同意进行自主研发。会议陷入了僵局，为了缓和气氛，会议主持人宣布会议暂停10分钟，大家休息后再继续。

案例点评：

该会议是典型的谈判性质的会议，会议的目的明确，会议的地点在中方企业的会议室，参与会议的人员有中方企业领导、中方谈判代表、外方企业代表、双方的翻译人员、会议主持人。当谈判陷入僵局时，会议主持人果断宣布暂时休息10分钟以缓和现场的氛围。

（二）按照企业中会议的层次分

1. 经营层会议

（1）股东大会。决定公司的最高执行方针，选出董事、监事人选；审议股份公司的重要报告、方案和对公司的重大业务事项进行决议；修改股份公司章程。每年至少举行一次。

（2）董事会议。由股东大会选举出来的董事监事构成，是股份公司的常设领导机构，是股东大会和股份公司章程所赋予业务的决策机构。会议主要决定举行股东大会的时间，代表董事的选任，新股发行等重要事项。

（3）董事会常务会议。由董事长、副董事长、常任董事、常务董事、常勤董事等参加，是决定公司业务执行上最高方针的重要会议，如公司专业计划、人员配置等具体方案的提出。

2. 各部门会议

企业各部门内部开展的会议，如营销、财务、生产、研发、人事等部门的会议。

3. 班组会议

班组会议也称小组会议，通常是指生产型企业的各班组进行的会议。如每天上下班前召开班组会议，分配生产任务、通报生产数据、统计生产效率等。

（三）按照会议的性质和内容分

1. 年会

年会是就某一特定主题展开讨论的聚会，议题涉及政治、经贸、科学、教育或者技术等领域。年会通常包括一次全体会议和几个小组会议。年会可以单独召开，也可以附带展示会，多数年会是周期性的，最常见的周期是一年一次。参加年会全体会议的人员通常比较多，一般要租用大型宴会厅或者会议厅。小组会议上讨论的是具体问题，所租用的是小会议室。

2. 专业会议

专业会议的议题通常是具体问题并就其展开讨论，可以召开分会，也可以只开大会。就与会者人数而言，专业会议的规模可大可小。

3. 代表会议

顾名思义，代表会议指由代表某一利益群体的与会者参加的会议。代表会议的规模和出席人数差别很大。

4. 座谈会、专题讨论会

座谈会和专题讨论会比论坛要正式和严谨一些，由主持人或演讲人进行一种陈述讲演，有一些预定好的听众参加。

5. 研讨会、专家讨论会、讨论会

这类会议通常在主持人主持下进行，与会者参与较多，可以平等交换意见、分享知识和经验。这类会议一般在特定范围内进行，规模较小；当规模变大时，就演变成了论坛、讨论会或专题讨论会。

四、会议沟通的特征

因为目的不同，要解决和商议的问题不同，因此就会出现形形色色的会议。尽管会议种类繁多，但是它们却存在着共同的特点。

（一）目的性

会议是为了某一明确的目的而开展的活动。无论是远古社会，还是当今国际经济一体化社会，举行任何一种形式的会议都有其明确的目的。有的会议是布置任务、落实措施，有的是贯彻政策、互通信息，有的是总结工作、交流经验，还有的是为了宣传教育、表彰先进。比如“2005 首届中国旅游景区管理经验交流会”，目的是帮助旅游行政管理人员、旅游景区管理人员和理论研究者更深入、更集中地了解国内旅游现状和发展趋势，为解决景区可持续发展道路中出现的前沿问题搭建互动平台，从而使景区更快、更健康地发展。

（二）集体性

会议是一种至少有三人参加的群体沟通活动。随着科技的迅猛发展，人们的沟通方式越来越多，现在人们可以通过电话、电子邮件、网络即时通信工具等各种形式进行沟通，但是面对面地进行集体性沟通，即会议这种方式，是任何其他沟通方式都难以替代的，因为这种方式最直接、最直观，也最符合人类原本的沟通习惯。

（三）组织计划性

会议活动不仅有明确的目标，而且还通常有一定的组织和计划。一般会议都会有会议主持人，一场大型的会议有时还要设立会议组织机构，包括主席团、秘书组、会务组等。组织一场会议，常常要经过确定会议目标、制定会议议题、选择会场、确定会议时间等一系列程序。会议活动只有具备高度组织性才能使会议有序地进行，从而实现会议的目标。

（四）交流方式多样性

传统的会议是以口头交流为主、书面交流为辅的活动方式，但是现代会议还可以运用电脑、多媒体、影视或录像等进行交流。会议是一个集合体，大家聚集在一起共同讨论、交流。通过会议使不同的人相聚、不同的想法汇聚，相互碰撞，从而产生新想法、金点子，许多高水准的创意就是开会期间不同观念相互碰撞的产物。

五、会议沟通的特点

会议作为一种重要的沟通手段，在每一家公司、单位都占有极其重要的地位。据统计，一个大型企业的主管一年有 60%的时间在开会（约 30%参加上级部门的会议，30%参加本部门会议），每年召开的会议约 240 个；每年会议成本达 3 500 万元，由此可见会议沟通在企业管理中的重要性。

（一）会议沟通的优点

会议沟通主要有两个优点：产生更多的方法，产生更好的决策。产生更多的方法指的是：在会议中，良好的沟通能让大家集思广益，在面临一个问题时，往往能想出多个解决办法。产生更好的决策指的是：在面临多个决策时，有效的沟通往往能在多个决策中产生最优决策。

（二）会议沟通的缺点

任何事物都有两面性，会议也是一样。会议的缺点主要有：从众心理、领导和专家的压力、推卸责任。

1. 从众心理

在会议中，当大多数人都认同一个看法时，对于有些人来说，就算他之前有不同的看法，由于存在从众心理而放弃自己的观点。

2. 领导和专家的压力

在会议沟通的时候，由于领导和专家的权威高，在某些会议中就会出现领导或专家的“一家之言”压倒其他的声音，由于大家都害怕他们的权威，所以就算有异议也不会提出。

3. 推卸责任

在会议中，每个决定都是大家一起做的，这就有可能导致某些人在完不成一些任务的时候推卸责任。特别是出现一些不良事件时，大家怕承担责任就会互相指责，谁也不肯承认自己的责任。

六、会议沟通的原则

（一）有明确的目的

会议沟通应该围绕会议的主题进行沟通，而不是想到说什么就是什么，这一点在会议偏离主题的时候一定要纠正过来。

（二）要按对象分类开会

召开会议的次数，总体来说要少而精，但也不能一刀切。具体召开会议的次数，要根据不同的情况、不同的岗位、不同的层级来定。

1. 根据不同的情况召集会议

有些工作问题比较多，需要的沟通比较多，那就需要多开会。比如，项目型的工作，既要对内沟通，又要对外沟通，且问题很容易出现，衔接性比较强，涉及的部门也比较多，这种情况，必须开会才能解决问题。

员工的工作需要延续性的，则尽量少开会。如研发岗位，他们可能需要长时间去思考，如果早上开一个会，然后隔两个小时又叫他们去开会，不利于他们研发。

2. 根据不同的岗位召开会议

一般来说，职能型岗位开会次数不要太多，如人力资源岗位，可以每周开一次。像一

些销售岗位、操作岗位、易出错的岗位，则应加大开会的频率，可以每天开一次。

3. 根据不同层级召开会议

总的来说，管理层岗位要多开会，而执行层的岗位要少开会。层级越高，开会次数要越多。因为开会是一种沟通，而中高层平时就是要多沟通，才能让公司发展得越来越好！

（三）会议要短而高效

开会时大家都要离开自己的工作岗位，放下手头的工作，因此在开会时别把时间耗费在那些无谓的事情上，能用一句话说完的，就别用两句话。所以，企业的会议时间的设置应尽量短一些。

一般的会议通知都告知参会人员开会起始时间，并不通知结束时间；如果是大型会议，一定要有会议议程且告知开会的结束时间。

如何做到高效呢？最重要的是，要有议题。开会要有一个目的，目的就是要解决什么问题。然后围绕要解决的问题谈建议、谈看法、谈解决方法，其他无关内容少说。

（四）会议要有决策人

没有决策人的会议不要开。因为没有决策人的会议，很可能是无效的。比如，公司的产品出了品质问题，然后你要组织各部门负责人开会，结果老板不在，开会的都是平级的部门负责人，那这个会议基本是无效的，因为大家都只会推脱责任，相信开一个下午，该解决的问题没有解决，散会后，该有的解决方案没有。

（五）会议要有跟踪

开会并不一定能解决问题，但是开会可以使大家统一思想，达成共识，因此开会时一定要做好会议记录，对于有些会议还需要做好会议纪要。会后，要发给相关参会人员，同时，对在会上要求完成的事项，要有责任人，要有完成时间，到时间后，要有验收和通报等。

（六）为会议沟通设置时间限制

开会前，要预估好结束的时间，尽量在规定的时间内结束，以免耽误大家的工作。在会议中，应该为每个议题都设置时间限制，让参会人员在规定的时间内讨论结束，之后必须进入下一个议题。

（七）精心策划，全面筹备

凡事预则立，不预则废，会议沟通也是需要提前进行精心策划。特别是人数众多、规格层次较高的会议必须进行精心策划，给与会者留下深刻印象，全面筹划、按部就班实施才能实现会议沟通的目的。

第二节　会议组织过程

会议是一种重要的商务活动，作为重要的交流形式，会议能够通过面对面交流、身体语言的沟通，使所有参会人员对交流的信息做出更全面的理解，会议提供双向的交流机会，可以提问、回答、讨论。要开好会议，会议的组织、会议与活动的组织流程及实施是非常严谨的工作。

一、会议前的筹备工作

会前筹备是会议举办前的准备工作，准备工作是会议成败的关键因素，会前筹备包括以下内容。

（一）会议时间的确定

确定会议时间要考虑单位的生产任务周期，为使会议有充分的准备，一般要给出2~8周的时间提前让参会的人了解会议安排。因此，会议时间的确定是一个非常重要的决策，要尽早进行。

（二）会议议程的安排

会议议程是会议要讨论的项目列表，会议的目的就是对这些项目进行沟通，因此议程是整个会议方案的灵魂，是会议成功的关键，因此，议程是整个会议筹备前需要最早确定的事情之一。

在制定议程的时候，要根据会议主题及工作需要、预算等因素来考虑选择哪些项目是一定需要的，哪些项目是备选的，哪些项目是全体人员参与，哪些项目是部分人员参与。

（三）会议的三类相关人员

会议通常有三类相关人员：领导小组、筹备与接待人员、参加人员。

1. 领导小组

领导小组是所有重要事项的决策人，包括会议时间、议程、邀请人员、地点等，为整个会议定下基调。

2. 筹备与接待人员

筹备与接待人员的职责是按照领导的安排，为领导小组提供会议筹备的具体细节，提供备选方案，供领导决策，在会议过程中进行接待并处理突发事件，因而也是承担会议成败重要责任的人员。一个会议通常是千头万绪的，筹备与接待人员是否有好的方案，考虑是否周全很重要，需要进行精心策划。

要做好每一项接待工作，首先必须进行方案的策划与制订。只有精心策划、充分准备接待活动才有可能成功地进行会议沟通。这就要求会议接待人员必须具备较高素质，树立强烈的责任意识。要树立“每一个人都代表企业形象，每一个人的一言一行都是企业文化的折射”的思想意识，保证高质量地完成每一次接待任务。有些客人可能只造访组织方单位一次，如果这一次的接待工作热情周到、精心细腻，企业良好的精神风貌、浓厚的文化氛围和高水平的服务将会给客人留下良好印象。

筹备与接待人员要有明确的职责分工：

（1）要设定一个负责人；

（2）要有人专门负责日程安排及与各部门协调；

（3）要有人专门负责联系场地、布置会场；

（4）要有人专门负责餐饮及外地赶来参会人员的住宿安排；

（5）要有人专门负责设计活动；

（6）要有专人负责会议现场的接待事宜等。

3. 参会人员

为了做好接待工作，我们还要根据参会人员的情况制定接待程序，落实各项细节。

在确定了参会人员名单后，要明确参加人员中，谁坐主席台，谁要在会议过程中发言或演讲，谁是参与讨论的人，谁要表演，等等。要针对不同参会人员的需求，做不同的事先准备并制订不同的接待计划。

（1）根据来宾的基本情况制订合理的接待计划，做到让客人高兴而来，满意而归。

（2）根据来宾级别确定接待规格和接待方式。

（3）详细了解酒店及酒店设施，包括酒店位置、菜单、餐饮、娱乐设施、安全保卫及价格等，并将上述情况告知领导，提供分析及使用建议，以便领导选择酒店。

（4）客人抵达前，必须在醒目处悬挂好欢迎词。

（5）做好接待前的准备工作，根据来宾身份预订房间、会客室（会议室），确定接待人员、相关资料、接待车辆、茶水、礼品等。

（6）提前召开有关部门协调会，明确任务分工，落实到人。

（7）领导审批接待计划，申请接待费用。

（四）会议地点的选择

在筹备会议期间，要根据会议类型、会议主题、会议规模、会议目的及会议的费用等选择合适的会议地点。最好达到以下几个标准：①会场大小要适中。会场太大，人数太少，空位太多，松松散散会给与会人员一种不景气的感觉。会场太小人数过多，挤在一起不仅显得小气也根本无法把会开好。②地点要合理。如果是单位内部的小型会议可以是单位内部的会议室，如果是大型会议要考虑租用酒店的会议室。临时召开的会议，一两个小时就散会的，要考虑把会场定在参会人员较集中的地方；超过一天的会议，会场要尽可能离与会者的住所远一点。③选择会议附属设施齐全的地点。会场的照明、通风、卫生、服务、电话、扩音、录音等各种设备都要配备齐全。

（五）会议场地的布置

会议场地的布置是一门学问，应该根据参会人员和会议场地的不同，选择合适的布置方式与布置风格。会议场地的布置非常重要，是影响会议成败的关键因素，参会人员对会议感受、会议预算都与会议环境场地的布置关系密切。

会场布置通常由会议场所提供方和会议筹备人员配合完成，在会场布置之前，通常要出个会场布置方案，画出会场布置的效果图，报告给会议领导小组来审批。

（六）会议座位的安排

如何安排会议座位是会议筹备人员不能忽略的一个细节，会议座位安排既要保证所有的参会人员能够看到发言者和听到发言人的发言，还要考虑就座的礼仪，会议座位安排礼仪。

会议室座位安排通常有六种方式。

1. 礼堂型

座椅横向成排，面向主席台。除了横排外，座椅也可以编成环形，或者跟随焦点形成所需角度，一般适用于大型论坛、研讨会、演讲、新闻发布会等活动。这种座位排列方式，应稍微多提供一些座位，因为在中间的座位有可能是空的，听众通常不会坐得非常满。

2. 圆桌会议型

所有人围着桌子就座，方便所有人参与讨论，通常用于小型会议及需要讨论较多的会议。尽管圆桌会议型就座人员相对平等，但仍然需要注重就座的礼仪，可在座位上摆放姓名牌，用于提醒就座的次序。

3. 正式演讲型

正式演讲时，要给演讲者、发言人一张讲台或办公桌，方便演讲者站立或坐着讲话，同时，还要根据演讲人的要求及演讲需要，摆放相应的音像辅助设备。听众在演讲者对面，按各排就座，面向演讲者。这样的布置有利于演讲者与听众的沟通。

4. 小组讨论型

根据会议的需要，把座位分成几个圆桌型，在会议主要发言人发言结束后，参会人员将分成几个小组进行讨论，培训经常采用这种形式，方便对课题进行小规模的深入研讨，保证能让更多的人对议题表达意见。

5. 宴会型

参会者围绕圆桌而坐，对于正式的晚餐或宴请，应选择这种方式安排座位，在餐桌上要摆放桌号提示牌，或提供座位牌用于表示就座的次序，可在参会人员的请柬上标明就餐的餐桌号。适合于公司年会、晚宴、答谢会。

6. 礼仪型

有些非常正式的会议，对就座礼仪要求很高，例如有上级领导、重要嘉宾参加的会

议，在主席台上就座的人，如何安排座位一定要参照礼仪指导书，并事先征求会议领导小组、领导及嘉宾本人或秘书的意见。

（七）会议的辅助设备

安排任何会议都应该事先确定是否需要在会议室使用音像辅助设备，由于音像辅助设备能够表现事先准备的内容，会议室设备是否准备妥当会影响会议的效果。使用音像辅助设备有以下优点：

（1）可事先准备图片与图表，便于观众理解演讲的内容；

（2）运用音像辅助设备能够显示专业的演讲与报告水平；

（3）音像辅助设备可显示现场书写的内容，方便与观众沟通；

（4）帮助观众集中精力听讲与讨论。

会议常用的音像辅助设备有以下 7 类。

1. 白板

通常能在上面进行书写，可反复擦除上面的笔迹，也可以用磁吸将纸张粘在上面展示内容，因此，在准备白板的同时，要准备白板笔、板擦、磁吸、大张的白板纸、打印纸等。

2. 计算机

有些演讲人不方便携带笔记本电脑，可将其演讲、展示的内容事先拷贝到会议室的计算机中，用计算机演示可以使演讲内容更形象，便于理解。所以，计算机也是会议室常备的音像辅助设备之一。

3. 投影仪

投影仪可以把计算机屏幕上的内容放大显示到幕布上，使更多的观众看到，属于会议室的重要设备。在准备计算机及投影仪的时候，一定要准备好相应的电源设备，并为突然停电的意外事故做好准备。

4. 画架、活动挂图

画架上面可挂多层白板纸，方便在会计过程中，由主持人、演讲人、报告人记下与会人员的讨论过程、重要观点，画架也可以用白板代替。

5. 展板

展板是便携式的图板，展示会议相关的内容或宣传信息，由会议组织者事前准备好，摆放在会议室相关位置。

6. 音响设备

根据会议室的大小及演讲者的需要，提供麦克风、音箱等必要的音响设备。

举办会议时，音像辅助设备须事先与演讲人、报告人进行沟通，并按他们的要求准备。如果会议场地没有足够的音像辅助设备，就需要会议筹备人员通过其他方式，如租赁、借用，事先在会议场地布置好。

（八）会议食品、饮料安排

会议筹备过程中，一定要事先确定各类用餐的次数，把每次用餐都考虑周全，并确定所有用餐的时间、提供者、菜单与费用。安排食品饮料时，需要了解是否有特别饮食要求的参会人员。

（九）会议预算

会议预算是会议管理与策划的重要内容之一，会议筹备期间的各个环节都会影响会议经费预算，因此，会议预算要进行精心核算，筹备人员应及时将会议预算范本或会议预算报告上报会议领导小组，并根据领导的决策用好会议预算。

（十）编写会议通知、请柬、邀请函等文稿

会议筹备基本完成后，需要发布会议信息。如果是内部的会议需要编写会议通知，有些会议或活动需要邀请某些特定的人来参加，因此，要给他们发送请柬或邀请函。会议相关文稿在下文详细论述。

二、会议过程控制与管理

案例 7-2

某生产制造公司面临着巨大的市场挑战，市场个性化程度越来越高，交付周期越来越短，竞争对手云集，经营管理活动难度大大增加，企业经营业绩快速衰退，各种库存持续增加。企业总经理为此忧心忡忡，不知如何下手才好，于是就召开全体中、高层干部会议，想听听各个部门有何良策。

市场部门是公司对外的窗户，掌握着企业所有客户关心的数据和信息。市场经理首先发言："最近订单减少，主要原因是产品的报价太高，客户经常杀价，如果把产品价格降低一成以上，我们产品才有竞争能力。客户对我们的产品质量也有些抱怨，部分售出产品被客户退货，造成成本高而且信誉受损，因此提升企业的产品质量是关键。另外，公司在交货期上也有问题，有些有购买意向的客户对我们的报价还可以接受，但一听到交付期是在下订单30天之后，就把订单转给别人做了。"市场经理总结产品价格（C）、产品质量（Q）、产品交货期（D）是企业转危为安的关键。

总经理请其他部门也谈谈看法。

财务经理接着发言："目前我们的产品没有太多的利润，如果再降低销售价格，就已经亏损，除非我们降低我们产品的成本。"财务经理总结企业转危为安的关键是降低产品成本（C）。

质量经理发言："我们的产品虽然不能说十全十美，但比起同行业仍然不差。我们公司推进QC小组活动，也成功通过ISO 9000认证工作，质量管理的系统性还是很好的。"

质量经理总结，解决企业问题的关键是趁着现在不景气的时候多加强员工的教育和培训工作，以提高产品质量。

制造经理发言："我们的产品交货期已经从以前的两个月降低到现在的一个月，我们的产品交付能力不能满足市场的需求原因不在内部，而在外部原因干扰和破坏。"制造经理总结，市场部门的市场计划预测可以准确一点，采购物料应准时到位，设备维护部门应提高对生产的响应速度，或许还可以提高一些对客户的响应速度。

总经理有疑惑："各个部门工作都已经非常尽力了。但我们的企业为何业绩不佳？我们如何才能够刺激客户的需求呢？"

总经理助理提出解决建议："工厂订单减少，生产及后勤员工工作量减少，建议实行企业变革、精简人力，把多余的或不重要的人力予以遣散。研发部门的新产品开发已经比原来预定的计划落后，应该加快脚步，力争近期试生产成功。"

制造经理心情沉重地说："不到万不得已不要裁员，可能会出现'劣币驱逐良币'的情况，培养一名员工不容易，好的员工虽然不在裁减之列，但听到风声也会跳槽。裁减员工会造成员工士气低落，管理形成恶性循环，难度增加。减人容易加人难呀！到我们市场出现好转的时候就会出现紧急加人的情况，没有经过好的培训的员工对产品的质量和效率会产生巨大影响。"

市场经理对制造经理的说法进行补充："由于市场开拓不理想，业绩不好，销售人员士气低落，需要加强销售人员的士气才可能提升销售能力，开拓市场才有希望。"市场经理进一步提出解决员工士气的办法："要提高销售的业绩，最直接的方法是鼓励一线销售人员，因此给销售人员发放业绩奖金，依据订单给销售人员一定的奖金，最高不超过5%的销售提成可以激发员工的销售工作动力。"

其他部门经理提出异议："市场是否能够得到订单不是一个部门的努力的结果，而是全体人员努力的结果，不能只厚待某一个部门。何况从前没有奖励时，销售业绩也不差。"

会议随后围绕是否应该给销售人员奖金，如果给应该给多少奖金的问题展开了讨论，持续了两个小时还没有得出结果。

（资料来源：https：//wenku. baidu. com/）

案例点评：

上述案例是一个典型的发生在企业的会议，很显然这次会议是一次无效的会议，会议管理存在着很多问题。如会议前期准备不充分；会议过程控制不足，导致讨论问题时非常"发散而不能聚焦"，不能提出解决问题的办法；会议目标不明确，会议进行过程中不能引导大家针对问题提出有效的解决办法，"踢皮球"的现象存在；会议主持人的管控能力差，导致会议无果而终。那如何组织好一次高效的会议呢？需要进行会议管理。

会议进行过程中，要严格按照会议的议程，对会议各环节进行控制和管理，以便会议可以按计划完成。

（一）会议接待

会议接待是整个会议过程中的一个重要环节，会议接待方案准备、会议接待礼仪、会议接待注意事项，也是学习组织、筹备一个会议的重要内容，对于大型会议，应该准备专门的会议接待方案。会议接待中要注意以下事项。

1. 妥当安排接待人员

会议的接待人员一定要安排好，保证在会议开始、中间休息、结束的时候，都有接待人员为参会者提供服务。为保证安排好接待人员的工作，会议筹备的时候要准备一个接待人员排班表，把各个时段的接待人员都妥当地安排好。对会议接待人员要进行培训，使他们熟悉会议的日程安排、会议场地情况、意外情况处理办法等。

2. 充足准备接待资料

在接待处应该准备充足的接待资料，一方面保证每个参会人员都能领到资料，另一方面保证每个人领到的资料都是全面的。接待处应该准备的资料和材料如下：

（1）胸卡或吊牌；

（2）参会人员名单；

（3）参会人员登记表、签到表；

（4）办公用品，如笔、纸张、记录本；

（5）会议日程；

（6）关于会议地点、卫生间设施、停车、用餐地址等的信息；

（7）会议相关印刷品；

（8）会议评估反馈表；

（9）其他会议信息。

为每个参会人员准备的资料要集中放入一个资料袋中，方便参会人员领取。

（二）有效控制会议进程

会议沟通是围绕某个目标在规定时间内完成沟通与讨论的过程。在会议沟通的过程中，会议主席组织能力的高低使得会议的效果有天壤之别，如果会议主席不熟悉主持会议的工作，则很容易会使会议陷入无序状态。

根据会议的目的和性质不同，会议主席所扮演的角色及所承担的职责会略有差别，但一般而言，会议主席应该承担以下职责。

1. 会议主席的五项基本职能

（1）会议控制。会议控制的方式取决于会议召开的目的。会议控制工作应该着眼于建立行为标准，以这些标准衡量会议结果，并在必要时进行调整。领导者必须确保做到这一点，因为他们个人必须对小组的表现最终负责。作为有效的会议主持人，应当遵守以下五个基本原则：

①决定讨论主题。

②明确讨论范围。

③确保人们围绕主题依次发言。

④尽可能做到公正，尽全力避免与会者的争论。

⑤确保其他成员了解会议进展情况。

(2) 会议引导。作为会议主持人，必须能够发起会议，并且确保以良好的秩序进行与主题相关的问题讨论。为此，主持人需要明确以下四个基本步骤：

①识别主题/问题：对会议主题清楚地加以说明，如有必要，会议间隔后要重复强调。

②交换建议：在取得解决问题的建议之前，交换建议。

③评价不同方案：列出可选方案，预测每个方案的可能结果（时间、成本、资源、政治因素）。

④选择行动计划：为达到预期效果，决定“谁”“何地”何时”“怎样做”，并确保每个人都明确自己的责任。

(3) 促进讨论。会议是集思广益的过程，主席应当经常以提出恰当问题的方式激励与会者。提问不仅有助于激励会议成员，也是控制讨论的手段。也可以被用于打断滔滔不绝的人，征询更多未发言者的意见。

(4) 处理不同意见。由于与会者的观点不一致，可能在讨论过程中会因为意见不一致而产生争论。这种争论很容易导致群体沟通问题的出现，从而会影响、转移群体的注意力，使会议无法达到预期效果。此时，会议主席需要做些协调工作以维持秩序，这些工作包括：

①对争论双方或各方的观点加以澄清。

②分析造成分歧的因素。

③研究争论双方或各方的观点，了解协调的可能性。

④将争论的问题作为会议的主题之一，展开全面的讨论，以便把会议引向深入。

⑤若分歧难以弥合，那就暂时放下，按会议议程进入下一项。

(5) 做出决策。群体做出决策一般可以采取以下四种方式。

①权威决策。权威决策出现于最高掌权者具有决策权和否决权，单方面做出决定时。适宜使用的场合为当组织授权团队领导人做最终决策并全权负责时。这种决策方式的优点表现在决策迅速高效、在亟须行动的情况下最实用、在权力界限明显的地方最有效。不足之处表现在虽然可迅速做出决策，但实际支持和执行建议也不易；当复杂性增高时，权威决策的质量会由于考虑面不宽而受到影响。

②少数服从多数决策。少数服从多数决策出现于多数成员同意提案时，它以民主原则为基础，当时间有限，而决策结果不会对反对者造成消极影响时可以使用这种方法决策。诸如团队成员投票接受一项新的工作程序、团队成员投票选举团队领导等都是少数服从多数的决策实例。这种决策方法的优点表现在允许多数人对问题发表自己的意见，保证大多数人获胜，决议可通过简单唱票的方式相对迅速和高效地做出决策。不足之处是在小集团内，投票将促成人们分派，这种竞争会影响一项决议的质量和执行。

③共识决策。共识决策用于所有成员都不同程度地支持某项提议，每一个团队成员均有否决权时。共识决策提供一种反映所有成员想法的全面解决办法，能够提高成员实施决

策的积极性，体现平等。但是如果决策时间有限，或团队成员不具备决策的足够技巧，决策就难以形成。这种决策方法的优点表现在保证所有问题和思想得到公开辩论，每个团队成员有机会发表意见；复杂的决议会经过深思熟虑，从而产生高质量决议。不足之处是达成一致需要相对长的时间，并具挑战性。而且需要大量的沟通、耐心地聆听并理解他人观点，为确保所有团队成员有机会发表意见和分享其见解，必须有效推动会议进程。

④无异议决策。无异议决策用于所有成员对某项决策完全赞同时。当提案非常重要，要求所有成员达成完全一致时，团队应做出无异议决策。但是无论团队具备什么样的经验，无异议决策都很难达成。只有当一项决策的结果对每个成员都至关重要时才有可能做出无异议决策。这种决策的优点是可以确保团队每个人都认为所达成的决议是最佳的，并公开支持它，且意见不合和冲突是最低的。缺点表现在因为没有哪两个人的思想完全合拍，达成无异议决策也许会花费很长的时间。无异议决策常常难以做出。

2. 掌握控制议事进度的技巧

掌握议事进度对一次会议的成功可谓至关重要。控场也就成为一个主持人最应训练的技巧之一。掌握议事进度主要包括两种方式：语言方式与非语言方式。

（1）语言方式。语言方式是指主持人用一些比较有技巧的话语来控制会议的议事进度。例如，面对一些非常容易滔滔不绝的发言者，主持人可以凭借对其的了解，让其先发言，使其尽量缩短发言的时间。具体做法如："能不能用 3 分钟的时间给我们简单地说一下？"当他说到 5 分钟的时候，你可以再说："嗯，已经 5 分钟了，你说的正是我们需要的。"或者可以采用一带而过的方法，例如："你刚才说的内容非常好，你对下一个问题怎么看？"这样就可以把他从一个问题带到另一个问题，或是可以转移说话对象，如："你说得很好，坐在旁边的这位您怎么看呢？"通过以上这些话语，即语言方式，主持人可以有意识地、合理地控制议事进度。

（2）非语言方式。更有效地掌控议事进度的方式是用非语言性的方式，即通过眼神、手势等告诉发言人说多了或者别说了，或者是说得不够接着说。比如，主持人把目光转向别人，就可能是在提示正在说话的人可以停止说话了。

语言和非语言这两种形式的合理运用，可以做到有效地控场，使会议既不会太短，也不会太长，准时开始，准时结束。

3. 会议主持人的控场要求

主持人对会议的流程应该非常熟悉，根据会议的议程安排控制会议的方向和节奏。组织大家围绕主题进行会议，一旦有人偏题主持人要及时"救场"，以防偏离主题。如果有重要的人物发言，应该提前和发言人做好沟通工作，以便提前做好发言准备。

主持人还有如下职责：

（1）宣布会议的主题和目的；

（2）根据会议顺序提出每个议题，征求与会者意见；

（3）给每个人表述自己观点的机会；

（4）控制讨论进程；
（5）概括与会者观点；
（6）把握会议时间，不要拖延；
（7）针对会议讨论结果进行概括；
（8）确定下次会议的议题和时间。

三、会议结束后续工作

（一）整理会议现场

会议结束后，应疏导参会人员离开会场，查看有无遗留物品、资料，清退会议室、客房等。对需要收回的会议文件（包括书面、电子文件等），在会议结束时即时如数收回。

（二）处理会议文件

会议结束后要进行会议文件的归档，将形成的所有文件包括会议方案、通告、报告、简报、记录、签到表等文件整理归档。另外要根据会议记录编制会议简报，重要的会议需要根据会议精神编制会议纪要文件，对执行工作进行监督和检查。

（三）进行会议总结

会议结束后会务组的人员要及时总结、反馈本次会议组织的经验和不足。由会务人员对会议费用进行结算，整理单据（合同、发票、清单等）。

四、会议意外事件的处理与预案

会议参会的人员较多，组织者要对会议过程进行控制，需要制订意外事件处理预案以应对会议过程中的突发事件、紧急事件。会议前详细的筹备可使意外事件的出现可能降低到最低程度，紧急事件、意外事件还是有可能会发生，以下几个方面最有可能出现问题。

（一）人员

会议的重要嘉宾、主持人、演讲人、发言人缺席，他们可能会因为生病、其他重要事项而无法出席会议，或者因为交通问题而无法准时到达会议现场。

处理预案：①为每个重要角色准备后备人选；②会议前与他们联系，以确保无缺席情况出现，安排会议接待人员及时反馈交通、天气变化；③及时调整会议日程，例如增加提问时间，以应对某个发言人的缺席。

（二）场地

会议场地可能会出现的意外情况有：因其他紧急安排，预定的会议室无法按时提供；

为参会人员预订的客房不足；会议场地的设备突然出现故障，如空调系统故障、网络系统故障等；停车场不足等。

因此，会议场地在选择时，一定要选择有信誉的地方，以降低出现意外事件的可能性，一旦出现意外，要能为大家及时提供备选场地，或者是备选日程安排。

（三）音像辅助设备

音像辅助设备也较易出现问题，如投影仪的灯泡突然不亮、电源不足、音响系统故障等。

在会议筹备时，一定要了解会议的音像辅助设备的状况，保障设备能够运转，确保能及时找到设备维护的人员或服务商，必要的情况下，要准备备选设备。组织者在参会时，要携带一些必要的备用品，如白板、白板笔、胶片等。

（四）会议资料

会议资料可能会出现短缺，或者因为复印设备、打印设备的故障而无法按时按量提供，会议相关印刷品的供应商可能无法按时将资料送达，等等。

要事先了解会议场地附近能够提供资料打印、复印的场所。会议组织者确保自己携带有原始稿件，如资料短缺一时无法解决，要及时向参会人员进行解释，并说明能够提供资料的时间或备选方法。

（五）其他意外情况

其他可能存在的问题，如参会人数不足，或超过预期。突发安全事故等要提前做好预防措施。

第三节　会议文稿

案例 7–3

公司经理在星期一早上告诉文员小刘，星期四上午 9:00~11:00 召开销售员会议，要求小刘通知有关人员。小刘刚到公司不久，不太清楚公司有多少销售员。他到几个业务部门转了转，大多数人外出了，也没有遇到销售员，接下来小刘忙于其他的事情几乎把通知的事情忘了。一直到星期三下午经理问他会议通知了没有。他才匆忙在公司的布告栏里写下了如下的通知：

通　知

兹定于周四上午在会议室召开销售员会议，会议重要，请务必出席。

星期四上午 8:30 左右有两个销售员到了会议室，但会议室里没有人招呼，他们以为

会议不开了，坐了一会儿就走了。9:00左右，有6个销售员来了，什么资料也没带，其中两个说他们已经约好客户在10:00见面。到了10:00只剩下4位销售人员，也谈不出什么东西，会议草草结束了，经理很不高兴。公司一共有12位销售员，经理事后去问另外4位，他们说根本没有看到通知，经理对小刘非常不满。

案例点评：

案例中的小刘由于缺乏工作经验，不懂会议组织的流程，不了解会议通知与会议实施的关系，因而写了一份无效的会议通知文稿。小刘没有与经理进行深入沟通，因此编写的会议通知时间、地点、主题均未交代清楚，会议通知发布的时间和方式不恰当，导致应该前来参加会议的12名销售员未能按时参加会议，浪费了大家的时间也引起了领导的不满。可见会议通知的编写与发布是一门需要深入学习的学问。

一、会议通知

（一）会议通知的概念

会议通知是上级对下级、组织对成员或平行单位之间部署工作、传达事情或召开会议等所使用的应用文，是在会议准备工作基本就绪后，为便于与会人员提前做好准备而发给与会者的通知。一般分为口头通知和书面通知。

（二）会议通知的写作要求

一篇完整的会议通知应该包含标题、上款、正文、结尾、落款，具体的写作要求则要根据会议情况而定。

第一部分，标题。写在第一行中间，字略大一点。标题有三种写法：一是只写“通知”二字；二是紧急或重要事情，可以写成“紧急通知”或“重要通知”借以引起人们重视；三是把发文单位、名称、会议的主要内容和文种也写进去。

第二部分，上款即称呼。写被通知者的单位名称或者姓名，称呼的写法有两种：一种写在第二行或第三行，顶格写，称呼后面加冒号。另一种是写在正文的下面一行第三、四格，写“此致”二字，接着另起一行顶格写被通知者的单位和姓名，“此致”后不要加标点符号。这种通知，被通知者见通知后要在自己的名字后边写个“知”字，重要的会议多用此种通知方法。

第三部分，正文。从标题下第二行，空两格写通知的内容，这是通知的主要部分。召开会议的通知要把开会的时间、地点、什么人参加、开什么会、会前要做好哪些准备工作等内容写清楚。如果内容多，可分段或分条来写。

第四部分：落款，署名和日期。分两行写于正文右下方。如果通知以公文形式下达，则要加盖公章。

会议通知的范例

会议通知
各×××单位： 经研究，定于×月××日至×月××日召开全县××工作会议，现将有关事项通知如下： 一、会议内容 传达贯彻全市×××会议精神，开展以局长在全市××工作会议上的讲话为主要内容的专题学习活动。回顾“十三五”期间××工作取得成绩；谋划“十四五”××工作和部署20××年××工作；开展××专题讲座和××业务知识培训等。 二、会议时间 会议于×月××日上午8:30在××楼会议室召开，会期××日、××日、××日三天。 三、参会人员 县局机关、××稽查局全体人员，××、××、××分局各留2名人员值班，其余全部参加会议。 四、几点要求 1. 会议实行点名制，参会人员务必准时参会，不得迟到、不得无故缺席，特殊情况须履行请假手续。 2. 参会人员必须着××制服，保持仪表整洁。 3. 各××分局、××局请于×月××日下午下班前将参会人员名单上传至×局办公系统下。 特此通知。

（三）会议通知的发布方式

会议通知的方式有2种，一种是布告通知，另一种是书信通知。其中布告通知常用于小型会议，把事情通知有关人员，如学生、观众等，通常不用称呼。书信通知则用于较庄重的会议以及出席人数较多的会议，比较重要的会议也要发书信通知。

二、会议请柬与会议邀请函

邀请函的内容为被邀请者提供了会议的相关信息，为了让被邀请者了解会议信息，邀请函的内容应体现7类信息：

（1）活动类型；

（2）活动日期、时间与会期；

（3）会议邀请者与被邀请者；

（4）会议地点；
（5）是否需要回复（会议回执）；
（6）提供的餐饮；
（7）其他信息，如着装要求、地图、旅行安排等。

会议邀请函的范例

会议邀请函

×××先生/女士：

××公司将于2月5日8:30~17:00，举办公司年会，特邀请合作伙伴派员参加。会议议程如下：

（略）

会议地点在×××国际会议中心中餐厅，会议提供午餐及茶点。请贵公司于2月2日前提供参会人员人数及名单。

××××年1月9日
×××单位

邀请函要提前发出，以便参考者提前安排时间。邀请函的样式、纸张取决于会议与活动的类型，可以是卡片，也可以是信函的形式，越是重要的会议，邀请函的预算越高。对有回复要求的邀请函要做好跟踪，对回复要及时登记，以便统计精确的人数。人数在预定餐饮、住宿等项时非常重要，也与会议的预算密切相关。

三、会议议程

（一）会议议程的概念

会议议程指会议组织人员对整个会议议题性活动顺序的总体安排，不包括会议期间的仪式性、辅助性的活动。其目的在于帮助会议顺利召开，主要包括两层含义，一指会议的议事程序，二指列入会议的各项议题。目前大中型的会议议程主要包括：开幕式、上司做报告、分组讨论、大会发言、参观或其他活动、会议总结（宣读决议）、闭幕式。

（二）会议议程的内容

制定会议议程时，首先要明确目标和参加者，然后安排各议程事项的时间，接着确定每一项议程，再决定会议讨论形式。会议议程的内容一般包括会议的标题、会议的时间、地点、参会人员、会议的议事顺序。

1. 会议议程的标题

指可以概括整个会议内容的标题，标题一般根据会议主题写，通常是在会议主题后面加会议议程，如某单位年终表彰大会会议议程。

2. 会议时间

一般写会议开始的时间，具体到××××年××月××日××时××分，需要住宿和控制时间的会议，应提前告知参会者前来报到、登记或签到。

3. 会议地点

会议召开的地点，具体到门牌号。在安排会议时要根据参会人数，选择有足够座位的会议室，对路途较远的参会人员，要提前安排好住宿地点。

4. 参会人员

指参加本次会议的所有人员，须分别列出参会的人员、嘉宾单位或部门，重要人员应由会议主席单独注明工作岗位及职务等信息。

5. 会议的议事顺序

会议的议题顺序是以会议进行的时间节点为顺序，分条列出整个会议需要举行的内容。有的会议分阶段进行，也要清楚各阶段的会议内容。

6. 注意事项

作为会议议程的补充内容，向参会者说明会场纪律，需要携带的资料、工具等。

（三）编写会议议程

会议议程是给参会者的一个会议流程表，甚至会标明会议结束的时间，因此编写会议议程时一定注意具体的细节。

1. 标明主题

会议议程一般通过“会议通知”传达，会议通知的标题一般为“关于××××的会议”，“××××”为会议议程讨论的主题。整个会议围绕主题进行，否则就会偏题，甚至延长会议时间。会议议程标题的字号通常为二号字体。

2. 标明具体的会议时间和地点

会议议程一定要选好会议的时间和地点，时间的选择一般选择上午或下午，也有的选择晚上。会议地点可选择单位的会议室，也可选择一家大的酒店。

3. 标明具体的会议参加人员

每场会议都有特定的参加人员，如果是部分人参加，标明部门和人员姓名，如果是全体员工，则只需写全体员工。

会议议程范例

2020 级企业班主任聘任仪式暨校企合作授牌捐赠仪式活动议程

时间：2020 年×月×日下午 15:30~17:30

地点：×××××学院行政楼 403

参与领导及嘉宾：

×××××学院领导、A 学院教研室主任、A 学院新生班主任、A 学院企业班主任、校企合作企业代表、捐赠企业代表

第一阶段：聘任仪式暨授牌捐赠仪式

1. 主持人介绍出席仪式的领导、嘉宾；
2. 领导宣读企业班主任聘任文件；
3. 颁发企业班主任聘书；
4. 校企合作授牌仪式；
5. 捐赠企业代表发言；
6. 捐赠签约仪式；
7. 企业班主任代表发言；
8. 2020 级新生代表发言；
9. 学院领导总结发言；
10. 领导、嘉宾合影留念。

第二阶段：企业班主任与 2020 级新生班级代表沟通交流

A 学院

2020 年×月×日

4. 控制和计算好每个人发言的时间

会议发言的人一般不止一个，有的会议发言人很多，从董事长、总经理、各部门经理、员工代表都会发言，这时就应控制和计算好每个人发言的时间，时间要求也要写在会议通知上。

5. 设立会议主持

会议主席是极其有必要的，由主持全程参加会议，宣布会议开始、介绍会议的流程、会议的注意事项、在发言人间转换时起引导作用。

6. 会议议程通知

会议议程确定好后，经领导审核、批准，然后就可以发送给大家了，一般可通过邮件或书面形式发送。接到会议议程后，会务组人员就可以开始准备写发言稿、整理数据、做 PPT、准备节目、安排会场做标识等。

7. 议程顺序要正确，切不可前后倒置或杂乱无章

这就要求组织者会前要进行周到细致的安排，重要的议程还要事前预演和排练，防止出错。

8. 议事数量要适度

会议议程既不能安排过多，也不能太少。过多必不精，无法达到；过少则浪费时间。同时还应根据会议的性质、内容、方法、目的和要求，逐项周密细致地安排会议议程，确保不错、不漏。

9. 操作性要强

议程是具体、详细、实际的活动内容，只有内容明确具体了，与会人员才能集中精力围绕议程开展活动，发言讨论才能抓住中心和重点，才能避免发言不着边际。在具体安排上，要注意将同类性质的议题集中排列在一起，以便引起与会者的高度重视，起到强化、深化的作用，确保实现会议目标。在时间上，要把保密性强、涉及人员范围小的议题排在后面，以便无关人员届时退席。

10. 主次要分清

当会议议程较多时，要注意分清主次和轻重缓急。一般情况下，重要的、亟须解决的问题可安排在前面，一般性问题可放在后面。对于虽然重要，但议决的难度较大的议题，可按先易后难的原则放在后面，而先议较容易解决的问题，以提高议事效率。

11. 留有余地

会议议程安排时要注意应该留有余地，以应付临时出现的情况。空留时间大小视会议规模而定，时间较长的会议一般留半天至一天机动时间为宜。

四、会议记录

（一）会议记录的概念

会议记录是指在会议过程中，由记录人员把会议的组织情况和具体内容记录下来，形成会议记录。“记”有详记与略记之别。略记是记会议大要，会议上的重要或主要言论。

（二）会议记录的特点

1. 综合性

会议记录是在对会议中各种材料、与会人员的发言以及会议简报等进行综合分析和概括、提炼的基础上形成的，它具有整理和提要的基本特点。

2. 指导性

这一特性包含两层含义：一是会议本身的权威性；二是会议记录集中反映了会议的主要精神和决定事项。因而记录一经下发，将对有关单位和人员产生约束力，起着类似于指示、决定或决议等指挥性公文的作用。会议记录还可以作为与会人员向单位领导汇报、向

群众传达的文字依据。

3. 备考性

一些会议记录主要不是为了贯彻执行，而是向上汇报或向下通报情况，必要时可做查阅之用。

（三）会议记录的分类

按照会议性质来分，会议记录大致有办公会议记录、专题会议记录、联席（协调）会议记录、座谈会议记录等。

办公会议记录是记述机关或企业、事业单位等对重要的、综合性工作进行讨论、研究、议决等事项的一种会议记录。办公会议记录一般有例行型办公会议记录，即记述例行办公会议情况及其议决事项的会议记录，以及现场办公会议记录，即为解决某重大问题而召集有关方面和有关单位在现场研究、议决或协商的办公会议记录。

专题会议记录是专门记述座谈会讨论、研究的情况与成果的一种会议记录。其主要特点是主题的集中性与观点意见的纷呈性相结合，既要归纳比较集中、统一的认识，又要将各种不同观点和倾向性意见都归纳表达出来。

（四）会议记录的写作

1. 准备工作

记录人员在开会前要提前到达会场，并确定用来做会议记录的位置。安排记录席位时要注意尽可能靠近主持人、发言人或扩音设备，以便于准确清晰地聆听他们的讲话内容。从某种程度上讲，记录人员比一般与会人员更为重要，安排记录席位要充分考虑其工作的便利性。

2. 基本要求

（1）准确写明会议名称（要写全称），开会时间、地点，会议性质。

（2）详细记下会议主席、出席会议应到和实到人数，缺席、迟到或早退人数及其姓名、职务，记录者姓名。如果是群众性大会，只要记参加的对象和总人数，以及出席会议的较重要的领导成员即可。如果某些重要的会议，出席对象来自不同单位，应设置签名簿，请出席者签署姓名、单位、职务等。

（3）真实记录会议上的发言和有关动态。会议发言的内容是记录的重点。其他会议动态，如临时中断以及别的重要的会场情况等，也应予以记录。

记录发言可分摘要与全文两种。多数会议只要记录发言要点，即把发言者讲了哪几个问题，每一个问题的基本观点与主要事实、结论，对别人发言的态度等，做摘要式的记录，不必“有闻必录”。某些特别重要的会议或特别重要人物的发言，需要记下全部内容。有录音设备的，可先录音，会后再整理出全文；没有录音条件，应由速记人员担任记录；没有速记人员，可以多配几个记得快的人担任记录，以便会后互相校对补充。

（4）记录会议的结果，如会议的决定、决议或表决等情况。

会议记录要求忠于事实，不能夹杂记录者的任何个人情感，更不允许有意增删发言内容。会议记录一般不宜公开发表，如须发表，应征得发言者的审阅同意。

3. 记录重点

会议记录应该突出的重点有：

（1）会议中心议题以及围绕中心议题展开的有关活动；

（2）会议讨论、争论的焦点及各方的主要见解；

（3）权威人士或代表人物的言论；

（4）会议开始时的定调性言论和结束前的总结性言论；

（5）会议已议决的或议而未决的事项；

（6）对会议产生较大影响的其他言论或活动。

4. 注意事项

（1）真实、准确。要如实地记录别人的发言，不论是详细记录，还是概要记录，都必须忠实原意，不得添加记录者的观点、主张，不得断章取义，尤其是会议决定之类的事项，更不能有丝毫出入。真实准确的要求具体包括：不添加，不遗漏，依实而记；清楚，首先是书写要清楚，其次，记录要有条理，突出重点。

（2）要点不漏。记录的详细与简略，要根据情况决定。一般来说，决议、建议、问题和发言人的观点、论据材料等要记得具体、详细。一般情况的说明，可抓住要点，略记大概意思。

（3）始终如一。始终如一是记录者应有的态度。这是指记录人从会议开始到会议结束都要认真负责地记到底。

（4）注意格式。格式并不复杂，一般有会议名称，会议基本情况，基本情况包括：时间、地点、出席人数、主持人、缺席人、记录人。会议内容是会议记录的主要部分，包括发言、报告、传达人、建议、决议等。

凡是发言都要把发言人的名字写在前。一定要先发言记录于前，后发言记录于后。记录发言时要掌握发言的质量，重点要详细，重复的可略记，但如果是决议、建议、问题或发言人的新观点要记具体详细。

会议记录的范例

××公司招投标项目会议记录

会议时间：××年××月××日，13:30

会议地点：公司会议室

出席人员：各部门部长

主持人员：王×（公司副总经理）

缺席人员：李×

会议记录：刘×（办公室主任）

1. 主持人讲话

今天主要讨论一下“公司新建大楼的装修公司招投标问题”。

2. 发言

资产部李部长：该大楼刚刚落成，应该在全省范围内招标……

后勤部张部长：根据省市的招投标法律规定……

技术部朱部长：本次招标主要看投标单位的资质及已有的成功案例……

3. 会议决议

经各部门讨论后，达成了一致意见，招投标方案将在10天内完成……散会。

主持人：（签名）

记录人：（签名）

五、会议纪要

会议纪要是在会议记录基础上经过加工、整理出来的一种记叙性和介绍性的文件。包括会议的基本情况、主要精神及中心内容，便于向上级汇报或向有关人员传达及分发。整理加工时或按会议程序记叙，或按会议内容概括出来的几个问题逐一叙述。纪要要求会议程序清楚，目的明确，中心突出，概括准确，层次分明，语言简练。

（一）会议纪要的概念

会议纪要是记载和传达会议情况和议定事项时使用的一种法定公文，是下行文。

会议纪要与会议记录不同，会议记录只是一种客观的纪实材料，记录每个人的发言，而会议纪要则集中、综合地反映会议的主要议定事项，起具体指导和规范的作用。

（二）会议纪要的特点

1. 内容的纪实性

会议纪要如实地反映会议内容，不能离开会议实际搞再创作，否则，就会失去其内容的客观真实性。

2. 表达的提要性

会议纪要是根据会议情况综合而成的，因此，撰写会议纪要时应围绕会议主旨及主要成果来整理、提炼和概括，重点应放在介绍会议成果，而不是叙述会议的过程。

3. 称谓的特殊性

会议纪要一般采用第三人称写法。由于会议纪要反映的是与会人员的集体意志和意向，常以“会议”作为表述主体，使用“会议认为”“会议指出”“会议决定”“会议要求”“会议号召”等惯用语。

（三）会议纪要的分类

会议纪要的种类较多，按照会议的类型，可分为办公会议纪要、工作会议纪要、协调会议纪要、研讨会议纪要等。

1. 办公会议纪要

办公会议也称为例会，多数是机关单位的领导班子成员在每周（或半月、一月等）的固定日期开会，研究机关、单位的工作安排、工作进度等事项。记载这种会议的讨论情况和议定事项的纪要称为办公会议纪要。它是在会议结束后由会议秘书整理成文，经会议主持人签发后生效的文件，是反映机关集体领导活动、主要决策和对日常工作处理情况的一种内部文件。主要用于记载和传达领导的办公会议决定和决议事项。如其中涉及有关部门的工作，可将会议纪要发给他们，并要求其执行。

2. 工作会议纪要

工作会议纪要又称决议性会议纪要、指示性会议纪要。它是以会议形成的决定、决议或者议定事项为主要内容的会议纪要。为解决或协调工作中某些实际问题，召集有关单位和部门召开的专门性工作会议，会后把会议讨论、议定的事项整理成文，要求与会单位共同遵守、执行，就成为工作会议的会议纪要。这种会议纪要的特点是指导性强，会议上确定的工作重点，对工作的步骤、方法和措施的安排，都要求与会单位共同遵守或执行。这种会议纪要的内容有些类似于指示和安排工作的通知，只是发出的指导性意见不是由领导机关做出的，而是由会议讨论议定的。这样的会议纪要，除大家共同遵守的内容外，还常常会有一些工作分工，每个与会单位除完成共同任务之外，还要完成会议确定自己承担的那些工作。工作会议纪要用以传达重要的工作会议的主要精神和议定事项，有较强的政策性和指示性。

3. 交流会议纪要

以思想沟通或情况交流为主要内容的会议纪要，属于交流性会议纪要。它的主要特点是：以统一思想、达成原则共识或树立学习榜样为目的，而不布置具体工作，有明显的思想引导性。一些理论务虚会、经验交流会形成的会议纪要，大多属于这种类型。这样的会议纪要，往往多处采用“会议认为”的说法来表达会议在原则问题上达成的共识。或者将会议上介绍的先进经验以及与会单位的评价、态度作为主要内容。主要用于记载交流性会议所取得的共识以及议定事项，对与会各方有一定的约束力。

4. 研讨会议纪要

这种会议纪要的鲜明特点是并不以共识和议定事项为主要内容，而是以介绍各种不同的观点和争鸣情况为主。研讨会和学术讨论会的纪要多是这种类型。会议开完了，各家的观点也发表过了，但是并没有形成统一意见，当然更谈不上确定什么议定事项，在这种情况下，仍然有必要发会议纪要，以便让更多的人了解会议的情况，了解不同的观点及其争

鸣过程。这对启发和活跃思想是有促进作用的。这类会议纪要的写作要求全面客观，除反映主流意见外，如有不同意见，也应整理进去。

（四）会议纪要的写作方法

会议纪要一般分两大部分。开头第一部分一般应写明会议概况，包括会议进行的时间、地点、届次、组织者、出席和列席人员名单、主持人、会议议程和进行情况以及对会议的总体评价等。第二部分是纪要的中心部分，反映会议的主要精神、讨论意见和议决事项等。根据会议性质、规模、议题等不同，有以下几种写法。

1. 集中概述法

这种写法是把会议的基本情况，讨论研究的主要问题，与会人员的认识、议定的有关事项（包括解决问题的措施、办法和要求等）用概括叙述的方法，进行整体的阐述和说明。这种写法多用于召开的小型会议，而且讨论的问题比较集中单一，意见比较统一，容易贯彻操作，写的篇幅相对短小。如果会议的议题较多，可分条列述。

2. 分项叙述法

召开大中型会议或议题较多的会议，一般要采取分项叙述的办法，即把会议的主要内容分成几项，然后另上标号或小标题，分项来写。这种写法侧重于横向分析阐述，内容相对全面，问题也说得比较细，常常包括对目的、意义、现状的分析，以及对目标、任务、政策措施等的阐述。这种纪要一般用于需要基层全面领会、深入贯彻的会议。

3. 发言提要法

这种写法是把会上具有典型性、代表性的发言加以整理，提炼出内容要点和精神实质，然后按照发言顺序或不同内容，分别加以阐述说明。这种写法能比较如实地反映与会人员的意见。某些根据上级机关布置，需要了解与会人员不同意见的会议纪要，可采用这种写法。

（五）会议纪要的结构形式

会议纪要由首部和正文组成，其中首部包括标题、文号和制文时间，正文包括导言、内容概要、会议成果和结尾。

1. 标题

有两种格式：一是会议名称加纪要，也就是在“纪要”两个字前写上会议名称。如《全国财贸工会工作会议纪要》。会议名称可以写简称，也可以用开会地点作为会议名称。如《京、津、沪、穗、汉五大城市治安座谈会纪要》《郑州会议纪要》。二是把会议的主要内容在标题里揭示出来，类似文件标题式的。如《关于加强纪检工作座谈会纪要》《关于落实省委领导同志批示保护省级文物七级浮屠塔问题的会议纪要》。

2. 开头

简要介绍会议概况，其中包括：

（1）会议召开的形势和背景；
（2）会议的指导思想和目的要求；
（3）会议的名称、时间、地点、与会人员、主持者；
（4）会议的主要议题或解决什么问题；
（5）对会议的评价。

3. 文号格式

文号写在标题的正下方，由年份、序号组成，用阿拉伯数字全称标出，并用“〔〕”括入，如：〔2004〕67号。办公会议纪要对文号一般不做必须的要求，但是在办公例会中一般要有文号，如“第××期”“第××次”，写在标题的正下方。

4. 制文时间

会议纪要的时间可以写在标题的下方，也可以写在正文的右下方、主办单位的下面，要用汉字写明年、月、日。

5. 正文

它是纪要的主体部分，是对会议的主要内容、主要精神、主要原则以及基本结论和今后任务等进行具体的阐述。主要包括导言、内容概要、会议成果和结尾。

（1）导言。导言是介绍会议基本情况，如召开的背景、会议时间地点、与会人员及会议主题或解决的问题等，有时还有对会议的简要评价。

（2）内容概要。内容概要是对会议的主要内容、主要精神、主要原则进行具体的阐述，由“会议认为”开头，写工作的总体情况、重要意义和主要原则等，要简洁明快，详略得当。

（3）议定事项。议定事项通常单独把基本结论、会议成果、议定事项、今后任务逐项列出，由“会议明确”“会议决定”“会议指出”开头，写会议对问题怎么办，工作怎么干等总体上的决策和部署。

（4）结尾。结尾要简单总结会议，一般写法是提出号召和希望。但要根据会议的内容和纪要的要求，有的是以会议名义向本地区或本系统发出号召，要求广大干部认真贯彻执行会议精神，夺取新的胜利；有的是突出强调贯彻落实会议精神的关键问题，指出核心问题；有的是对会议做出简要评价，结合提出希望要求。

（六）会议纪要的写作要领

会议纪要是一种公文，时常起着上传下达会议精神的作用，因此在写作时要注意以下问题。

要从会议的客观实际出发，从会议的具体内容出发，抓中心，抓要点。抓中心就是抓住会议中心思想、中心问题、中心工作。所谓要点，就是会议主要内容。要对此进行条理化的纪要。

会议纪要是以整个会议的名义表述的，是与会者共同意志的体现，因此，必须概括会

议的共同决定，反映会议的全貌。凡没有形成一致意见的问题，则需要分别论述并写明分歧之所在。

（七）会议记录与会议纪要的区别

会议纪要有别于会议记录。二者主要有以下区别。

第一，性质不同。会议记录是讨论发言的实录，属事务文书。会议纪要只记要点，是法定行政公文。

第二，功能不同。会议记录一般不公开，无须传达或传阅，只做资料存档；会议纪要通常要在一定范围内传达或传阅，要求贯彻执行。

第三，载体样式不同。会议纪要作为一种法定公文，其载体为文件，享有《党政机关公文处理工作条例》所赋予的法定效力。会议记录的载体是会议记录簿。

第四，称谓用语不同。会议纪要通常采用第三人称的写法，以介绍和叙述情况为主。会议记录中，发言者怎么说的就怎么记，会议怎么定的就怎么写，贵在“原汤原汁”不走样。

第五，适用对象不同。作为公文的会议纪要具有传达告知功能，因而有明确的读者对象和适用范围。作为历史资料的会议记录，一般不公开发布，只是有条件地供需要查阅者查阅。

第六，分类方法不同。会议纪要种类很多。按其内容，可分为决议性纪要、意见性纪要、情况性纪要、消息性纪要等；按会议的性质，可分为常委会会议纪要、办公会议纪要、例会纪要、工作会议纪要、讨论会纪要等。而会议记录通常只是按照会议名称来分类，往往以会议召开的时间顺序编号入档。对会议纪要的分类，有助于撰写者把握文体特点，突出内容重点，找准写作角度；对会议记录的分类则主要是档案管理的需要。

六、新闻稿

在很多正式的会议之后，都需要对会议写新闻稿，对会议召开的情况进行报道和宣传。

（一）新闻稿的概念

新闻稿也叫新闻报道，就是对新近发生的事实的报道、宣传。新闻的本源是讲究用事实说话，被报道出来的新闻是报道者对客观事实进行主观反映之后形成的观念性的信息，是作者把自己对客观事实的主观理解传达出来而产生的信息。

（二）新闻稿的特点

新闻最基本和核心的特点是真实、新鲜，由此而延伸出新闻稿的特点是内容真实、观点鲜明、反映问题迅速及时、语言论述简洁准确。

1. 内容真实，事实准确

真实是新闻的生命，是力量的所在。事实是它的本源，也是它令人信服的基础。真实，就是事实真实，所写的人物、时间、地点、事情发生发展的经过不能虚构。准确，就是每个事实，包括细节在内都准确无误。

2. 内容新鲜，有价值

新闻贵在新，而且有启迪和指导意义。新闻只有新，才能引起读者的注意，先睹为快。新，不仅要把新人物、新事件、新经验报道给读者，而且要选择有意义、有价值，给人以启迪，有指导性的事物。那种一味追求猎奇的“狗咬人不是新闻，人咬狗才是新闻”的观点，是我们所不取的。

3. 要迅速及时，有时效性

迅速是新闻的价值，新闻报道速度迟缓便会降低新闻的价值，“新闻”变成了“旧闻”。时效，就是速度要快，内容要新。对新人、新事、新情况、新问题，要敏锐地发现，尽快地了解，迅速及时地反映。

4. 简明扼要，篇幅短小

所谓简短，就是“三言两语，记清事实，寥寥数笔，显出精神，概括而不流于抽象，简短而不陷于疏漏”，用笔要简洁利落，内容集中精炼。

（三）新闻稿的写作思路

新闻稿是要将发生的真实的事情，用简明扼要的语句进行描述，因此在写作时要梳理思路，一般可以按照以下的方法进行。

1. 概括事实

任何新闻报道都离不开对客观事实的概括，这不仅因为要用语言传达客观事件的总体情况和来龙去脉，还因为新闻一般要求精炼、简明。对新闻事实的概括要立足全局，抓住特征，正确反映整体。

2. 精选事例

在新闻报道中，结合对事实的概括报道，选择一定的具体事例，既能提示新闻报道的主体，又能使报道生动感人，这些事例不应随便选，而应具有典型性、具有鲜明个性，能够说明问题、能够给人留下深刻印象。

3. 再现场景

再现场景就是将新闻事实的现场情况逼真地描写出来，使人如临其境、如闻其声、如见其人，从而增强报道的说服力和感染力。

4. 对比衬托

在新闻报道中使用对比性材料能够更明确地表达记者要说的话，比如揭示新闻事实的

意义，突出新闻事实的变动等。

（四）新闻稿的写作格式

新闻有“六要素”和“五部分”之说：六要素指时间，地点，人物，事件的起因、经过、结果；五部分指标题、导语、主体、背景、结语。

1. 标题

新闻稿的标题，力求言简意明，平易亲切，准确新颖，富有吸引力。新闻稿的标题，分眉题（又称引题、肩题）、正题（又称主题、母题）和副题（又称辅题、子题）。出现在报刊上有如下几种情况。

（1）多行标题。多行标题，一般有三行，即中间一行是正题，是标题的核心，用来揭示主题或提示重要事实；正题上面一行是眉题，用来引出正题，说明事实，交代背景，烘托气氛，揭示含义；正题的下面一行是副标题，用来补充说明情况或说明正题或依据。如：

经贸部负责人发表谈话（眉题）

希望海峡两岸实现直接贸易（正题）

愿与台经贸主管部门接触协商解决双方贸易中问题（副题）。

（2）双行标题。双行标题有两种写法。其一，出现正题和眉题。其二，出现正题和副题。

如：生命至上人民至上——湖南抗击新冠肺炎疫情纪实。

（3）单行标题。单行标题只有正题。如：春运首日防疫无处不在。

新闻稿的标题是新闻的眼睛，根据新闻主题不同，具体采用哪种标题要酌情而定。

2. 导语

新闻稿的导语，就是新闻稿的第一段或第一句话。它由新闻稿中最新鲜、最主要的事实或精辟的议论组成，以吸引读者。平常所说的新闻稿的结构是“倒金字塔”式，原因就在于此。导语通常采用以下几种写法。

叙述式。简明扼要地写出主要事实、经验，或对全篇事实材料进行综合概括，揭示主要内容。如：时间、地点、人物、事件、结果等。

提问式。把新闻稿中要解决的问题或要介绍的经验、做法以设问的形式提出，然后再用事实作答，如“亲爱的读者，你知道灯芯绒可以做夏天穿的裙子吗？上海绒布厂新生产的许多灯芯绒中，就有这样新奇的品种”。

描写式。对富有特色的事实或有意义的一个侧面，用简练的笔墨进行形象描绘，给读者以鲜明的印象。如“在泡腾片实验中，王亚平将一颗泡腾片放入蓝色水球中，在失重环境下泡腾片不断产生气泡，却始终不会离开水球。王亚平边做实验边解说：‘水球逐渐变成了一个充满欢乐小气泡的气泡球，而且伴随着气泡的产生还有阵阵香气。’”

评论式。对所报道的事实先做出评论性结论，然后再用具体事实来阐明。如“线上交易是目前二手物品的主要交易渠道。据艾媒咨询公布的数据，2020 年二手电商交易规模由 2019 年的 2 596.6 亿元增加至 3 745.5 亿元，约占闲置市场总额的 36%。”

引用式。引用新闻稿中人物深刻而富有意义的语言作为导语。如习近平总书记强调：“全面实施乡村振兴战略的深度、广度、难度都不亚于脱贫攻坚，要完善政策体系、工作体系、制度体系，以更有力的举措、汇聚更强大的力量”。

3. 主体

主体是新闻稿的主要部分。它承接导语，阐述导语所揭示的主题，或回答导语中提出的问题，对新闻稿事实作具体的叙述与展开。写主体要注意如下几点。

主干突出。新闻稿的主体是主干，典型材料要用在主干上。要去头绪，减枝蔓，与主题无关的要舍弃，次要材料要简略。

内容充实。回答导语中提出的问题，其内容必须具体、充实，这样才有说服力。导语提出什么问题，主体就要回答什么问题，这样才能紧扣中心，突出重点。

结构严谨，层次分明。要恰当地划分段落，有条不紊地展开叙述，安排层次有以下几种顺序：一是时间顺序，按事情的发生、发展、结束的先后顺序安排层次；二是逻辑顺序，根据事物的内在联系来安排层次；三是时间顺序和逻辑顺序相结合，这样写严密而有条理，活泼而不紊乱。

4. 背景

背景是指事件发生的历史环境和原因，它说明事件发生的具体条件、性质和意义，是为充实内容，烘托和突出主题服务的。背景既可在主体部分出现，也可在导语或结尾部分出现，位置不固定。

背景材料一般有三类：一是对比性材料，即对事物进行前后、正反的比较对照，以突出事件的重要性；二是说明性材料，即介绍政治背景、地理位置、历史演变、生产面貌、物质条件等；三是诠释性材料，即人物生平的说明、专业术语的介绍、历史典故的解释等，以帮助读者理解新闻稿的内容。

5. 结语

结语是新闻稿的最后一段或一句话。阐明新闻稿所述事实的意义，使读者对新闻稿的理解、感受加深，从中得到更多的启示。

新闻稿的结尾方式有小结式、评论式、希望式等。有的新闻稿，事实写完，文章就止住了，结尾就在事实之中。

（五）会议类新闻稿的写作注意事项

会议类新闻稿是结构最严谨，语言逻辑要求最高的一类新闻稿，这种新闻稿要求作者要将会议精神融入稿件中。这种新闻稿在写作时提炼领导讲话、嘉宾发言的主要内容，还要注意说明会议举办的背景或者举办该会议的意义。写这类新闻稿时，必须注意以下几点。

1. 标题要恰当，符合会议的规格

会议类新闻稿的标题首先要在标题中体现会议的规模、层次，会议的标题要尽量符合会议的规格。比如某高校有一篇关于 EOC 学员学习党代会精神的新闻稿，初稿的标题为“我校召开 EOC 世纪精英学校学习校第六次党代会精神座谈会”，这个标题表述上并没有错误，但对于校内新闻稿来说，这个标题有点名不副实了。这个座谈会是校团委、校学生会组织召开的学生干部座谈会，虽然很重要，但用“我校召开”似乎还不准确。后来修改成“EOC 世纪精英学校举行学习第六次党代会精神座谈会”，因为 EOC 是校团委、校学生会举办的活动，以此为主语，就很好地突出了这两者，又使标题不会言过其实。

2. 导语中要体现会议的名称、举办的地点等要素的全称

导语是全文中最直接、最集中体现会议情况的话语，导语写得好，新闻稿要表达的内容就可以很好地把握了。所以，写导语的时候不能过于省略，而必须正式一点，要把会议全称、举办地点等要素写清楚。比如“2008 年北京奥运会志愿者座谈会”，这是会议的全称，漏掉一个字都不行。会场横幅上的会议名称如此，新闻中就应该原样体现，这是客观性的体现。而举办的地点则要写清楚。

3. 写清出席的领导姓名、职位，注意领导的排序问题

会议一般都有领导参加，而且领导是会议的重点，因此在新闻稿中对出席的领导进行简要的介绍是必不可少的。介绍出席的领导的时候，要特别注意写清楚领导的职位，而且职位要在姓名之前，如“×××公司董事长×××”是常规用法。如果有多个领导出席的话，新闻中还存在介绍领导的先后问题，奉行的原则就是“来宾位于最前，综合级别、资历来排序”，像高校的会议，往往会邀请一些校外的领导出席，只要这些领导是各机关的主要负责人，那么，校外领导就必须放在最前面，体现基本的礼仪。

4. 领导讲话内容的提炼

在会议类新闻稿中，领导的讲话内容是最重要的，但又不能将领导讲话的所有内容都抄进新闻稿中，所以要对这些讲话内容进行提炼。提炼领导的讲话内容要注意措辞，用词简练，要体现出层次感，一些理论方面的提法要准确，要提高理论的高度。领导讲话都比较有逻辑性，将各层次的内容用一两句话提炼出来，再按顺序组合，就能把领导的讲话的精髓囊括了。

5. 介绍会议的程序要有主次

领导讲话结束后，要介绍整个会议的流程，会议上进行的活动可能有很多，这就要求作者要注意分清主次，跟会议主题联系紧密的重点介绍，而一些琐碎的程序则少介绍一些或不介绍，如会议的讨论环节、收看重要的视频资料、表彰环节等都是比较重要的程序，而像分发、收取材料等环节则可略去。

6. 描绘会场气氛

会场的气氛能够让读者了解与会人员对召开此次会议的态度，了解会议的反响，奠定

会议的基调，是宣传会议的一个重要部分。一般情况下，会场气氛往往是热烈的，主要从与会人员的反应中获得信息，如“×××的讲话引起了与会人员的激烈讨论”“全场掌声不断”等。

7. 简要概括举办会议的意义

会议类新闻稿的最后一段往往要简短评论会议的意义，意义同样要注意层次感。最后一段也可以不写意义而是列举与会人员对该会议的反馈，从他们的口中更能真切地体现会议的意义，如《常州市青年志愿者表彰大会在青少年活动中心举行》一文中的最后一段写道：“与会的学生表示，将在这些志愿者先进事迹的鼓舞下，积极投身到志愿服务的工作中，向祖国最需要的地方，昂首前进。”与会人员的反响比起空谈意义显得有说服力。

本章小结

会议沟通源远流长，发展到今天成为企业一种常见的群体沟通方式。如何召开高效的会议，首先要了解会议的相关概念、会议的特征、会议的原则。其次，一场高效的会议需要会议组织者精心策划，会务组人员全心投入。作为会议的组织者，组织工作千头万绪，会前要进行充分的准备，具体事项包括会前明确会议目的、制定会议议程、发布会议通知、预约会议地点、接待参会人员等，会议进行中会议主席把控会议进度和方向，确保会议如期进行，会后要进行决议追踪。最后，会议作为一种正式的沟通方式，相关的会议文稿也有一定的规范。如会前要根据会议目标编写会议议程、提前发布会议通知；会后要整理会议记录，编写会议纪要传达会议精神，有些会议还需要及时迅速地发布新闻稿。会议沟通的时间虽然不长，但是牵涉的组织工作、文稿写作工作却相当复杂，只有充分地掌握会议系列知识，才能组织一场高效的会议。

一、单项选择题

1. 会议沟通是指两个或两个以上的人（其中一个为主持人），为发挥特定功能而进行的一种面对面的（　　）。

   A. 多向沟通　　B. 单向沟通

   C. 下行沟通　　D. 上行沟通

2. 不属于书面形式的会议通知是（　　）。

   A. 请柬通知　　B. 电话通知

   C. 海报通知　　D. 文件通知

3. 营销总监组织下属的业务员召开的会议，属于（　　）。

A. 经营层会议　　B. 部门会议
C. 班组会议　　D. 月度会议

4. 某高校举办了2020年度全院职工春节联欢晚会，这属于（　　）。
A. 经营层会议　　B. 中层会议
C. 年度会议　　D. 月度会议

5. 会议沟通的优点是（　　）。
A. 时间效率低　　B. 推卸责任
C. 产生更好的决策　　D. 专家的压力

6. （　　）决策出现于多数成员同意提案时，它以民主原则为基础，而决策结果不会对反对者造成消极影响时可以使用。
A. 少数服从多数　　B. 权威决策
C. 共识决策　　D. 无异议决策

7. （　　）是指将会议议题按一定的排放顺序以及时间顺序安排的文稿。
A. 会议纪要　　B. 会议议程
C. 会议日程　　D. 会议通知

8. 在会议过程中，记录会议的组织情况和具体内容的文稿是（　　）。
A. 会议通知　　B. 会议议程
C. 会议纪要　　D. 会议记录

9. （　　）是要将发生的真实的事情，用简明扼要的语句进行描述。
A. 会议记录　　B. 新闻稿
C. 会议纪要　　D. 会议议程

10. 新闻稿由标题、导语、主体、背景、结语这五部分组成，其中（　　）是新闻稿的“眼睛”。
A. 标题　　B. 导语
C. 主体　　D. 结语

二、多项选择题

1. 会议沟通的功能有（　　）、交流信息。
A. 交流信息　　B. 给予指导
C. 解决问题　　D. 做出决策
E. 发布权威

2. 会议前的筹备工作包括（　　）。
A. 会议时间的确定　　B. 会议议程的安排
C. 会议地点的选择　　D. 会议场地的布置
E. 会议预算

3. 在召开会议时，会议室座位安排有（　　）。
A. 礼堂型　　B. 宴会型

C. 十字型　　D. 圆桌会议型

E. X 型

4. 会议结束后的后续工作有（　　）。

A. 编写会议议程　　B. 整理会议现场

C. 发布会议通知　　D. 处理会议文件

E. 进行会议总结

5. 组织召开一次大型会议，要对与会人员发布的会议文稿有（　　）

A. 会议通知　　B. 会议邀请函

C. 会议议程　　D. 会议记录

E. 会议纪要

三、简答题

1. 请简述会议主席的五项职能。
2. 简述会议记录与会议纪要的区别。

多领域沟通

学习目标

- 理解跨文化沟通的概念、原则，掌握跨文化沟通的技巧。
- 理解电话沟通的涵义及特点，掌握拨打、接听电话和手机沟通的技巧。
- 理解新媒体沟通的涵义、特点、类型，掌握新媒体沟通的技巧。

导入案例

优惠的谈判起价

马莎：谈判进行得怎样？

甄莉：不是很好，我们位于下风。

马莎：出什么事了？

甄莉：哎。我提了我方的起价，Maruoka 先生什么也没说。

马莎：什么也没说？

甄莉：他就坐在那里，看上去很严肃的样子。所以。我就把价格放低了。

马莎：后来呢？

甄莉：他还是没说话。但是有点惊讶的样子。所以我就把我方的价格降到了底线，再等他的反应。我已经不能再降了。

马莎：他怎么说？

甄莉：他沉默了一会儿，就答应了。

马莎：我们最后还是成交了。你应该开心才是。

甄莉：我也这样想的。但后来我得知 Maruoka 先生认为我们的起价就太优惠了。

（资料来源：https：//wenku. baidu. com/view/9537c7a3b94ae45c3b3567ec102de2bd9605debd. html）

思考讨论：

1. 为什么甄莉要一味地主动降价？
2. 如何理解 Maruoka 先生利用不同文化而采取的交易行为？

思政小课堂

国家认同

所谓国家认同感，是指国民个人承认和接受自己的传统文化和政治身份，对国家产生的归属感。国家认同是一种重要的国民意识，是维系一国存在和发展的重要纽带。国家认同实质上是一个民族确认自己的国族身份，将自己的民族自觉归属于国家，形成捍卫国家主权和民族利益的主体意识。人们只有确认了自己的国民身份，了解了自己与国家存在的密切联系，将自我归属于国家，才会关心国家利益，在国家利益受到侵害时愿意挺身而出，在国家文化受到歧视时个人的感情会受到伤害，才会对国家的发展自愿地负起责任。

在国家认同的同时，也需要进行跨文化交流以了解双方的差异及原因，从而更好为国家、企业服务。案例中的甄莉因准备不足，使谈判最终只能以底线价格成交。

商务人士要在职场中获得成功，必须具备良好的沟通能力，掌握多领域沟通技巧。现代商务人士在职场中出现的错误，70%都是由于不善于沟通造成的；在被解雇的员工中，95%是因为没有处理好人际关系。因此，掌握多领域商务沟通技巧至关重要。本章的内容包括跨文化沟通、电话沟通、新媒体沟通等。

第一节　跨文化沟通

一、跨文化沟通概述

跨文化沟通是指发生在不同文化背景的人们之间的沟通。随着经济全球化进程的加速，跨国、跨文化的交往活动日益频繁，不同文化背景人员的跨国往来与日俱增，大量跨国公司的出现使得劳动力的文化背景多元化趋势日益明显。跨文化交流变得日益重要。

（一）跨文化沟通的概念

从广义上讲，跨文化沟通是指发生在不同文化背景的人们之间的信息和情感的互相传

递的过程，也称为交叉文化沟通或超越文化沟通；从狭义上讲，跨文化沟通专指跨国沟通的行为。跨文化沟通可主要分为以下三个层次。

1. 跨文化人际沟通

跨文化人际沟通是指不同文化背景的个人之间的沟通，沟通双方可以是不同种族、民族和国家的人，也可以是不同亚文化的人。

2. 跨文化组织沟通

跨文化组织沟通是指不同文化背景的两个组织之间的沟通，也包括组织内部不同文化背景成员之间的沟通。跨国经营中的跨文化沟通问题大多发生在这一层面。

3. 国家间的跨文化沟通

国家间的跨文化沟通是指不同国家之间利用各种方式进行的信息沟通。这种沟通不一定是与外国人直接进行沟通。日常接触到的外国音乐、电影、新闻、广播等也是国家间的跨文化沟通的重要形式。

（二）影响跨文化沟通的因素

人们的文化背景、生活习惯、价值观、语言表达技巧的差异造成了沟通的障碍。具体来说，影响跨文化沟通的因素主要有以下几种。

1. 文化符号

文化是人类符号化的行为，文化的形式就是符号。不同的文化具有不同的符号系统。如果说“人类文化的全部意义是人类如何创造和利用符号”的话，那么这里所说的文化符号就是承载文化的符号，即文化载体。“每一种文化的词语都有各自的特征，即怎么用和指什么。”目前世界上有3000多种语言，而有文字的文化超过450种。符号作为人类沟通最重要的手段，在人们创造文化到对于文化的代代相传中起到了重要的作用。

符号主要包括语言符号与非语言符号。语言符号主要指的是书面语言和口头语言。语言的多样性、复杂性以及使用语言的规则差异都使得跨文化沟通相对比较困难，会造成一定的障碍。非语言符号主要指的是语言符号以外，在信息交流活动中能够发挥意指作用的其他符号形式，包括手势、姿态、动作、表情、腔调及身体接触等。常见的非语言符号一般分为四大类：身势语、体距语、副语言、物体语言。非语言符号在交往中常能表达语言所不能表达的思想感情，甚至可以代替语言。非语言符号随着时代的发展得以不断地丰富。在不同文化背景下，语言符号和非语言符号的差异都很大，极易造成商务沟通的障碍。

例如，不同文化背景的人对于身体距离习惯不同。如阿拉伯人与英国人交谈时，英国人往往步步后退，而阿拉伯人则步步趋近。这是因为阿拉伯文化属接触文化，英国文化属非触文化，阿拉伯人习惯于交谈时尽量靠近对方，而英国人则习惯于离对方远一些。再如，身势语所表达的意义有着强烈的民族性。大多数地区都用点头表示肯定，摇头表示否定，但在保加利亚、土耳其、伊朗等国家人们却用摆头动作（和摇头相似）表示肯定，而埃塞俄比亚人用扭头这个半摇头的动作表示肯定。

2. 价值观念

从文化是人们的一种认识和感知的角度看，它由世界观、人生观和价值观三个部分组成。其中的价值观指的是个体或社会对某种特定行为方式或存在状态的一种判断和持久的信念。价值观既是相对稳定的，又是发展变化的，它在很大程度上影响人们的行为方式。同时，他们可能摈弃与其相反的行为。

在现实生活中，不同文化背景的人具有不同的价值观念，相同文化背景的人其价值观念也不尽相同。价值观的差异主要体现在年龄观念、时间观念、自我观念、成就观念等方面。它从潜意识中影响着人们待人接物的行为方式。例如，美国人主张竞争，而日本人则认为竞争会导致不和谐；美国人爱标新立异，而中国人则喜欢遵循传统；西方人崇尚个人主义，而亚洲人则更注重集体主义等。

3. 沟通风格

所谓沟通风格，指的是人们在沟通中采用的方式或者人们如何将自己希望传达的信息传递出去。在世界范围内，尽管沟通过程基本一致，但具有不同文化背景的人们在沟通风格的选择上有很大的差别。沟通风格包括喜欢谈论的话题、喜欢的交往方式、沟通中双方希望达到的深度等。由于商务沟通具有明显的互动性，如果双方的沟通风格相差太大，就会给双方的信息沟通带来影响。例如，美国人说话直截了当，开门见山；而中国人喜欢委婉，犹抱琵琶半遮面。同样是拒绝对方要求，美国人可能直接会说“不”，中国人可能会说“让我考虑考虑”。再如，中国人见面喜欢嘘寒问暖，但在和英美人见面时，对方很忌讳涉及有关个人收入、体重、年龄、宗教信仰、婚姻状况、家庭状况等信息，他们认为这些都是个人隐私。

4. 思维方式

思维方式是指人们在对客观世界进行定义、判断和推理的过程中所惯用的方式或程序。

思维方式因人而异，不同文化背景的个体的思维方式差异会很大。例如，中国人偏好形象思维，而美国人偏好抽象思维或逻辑思维；中国人注重统一，美国人注重独立。

在跨文化沟通中，人们倾向于认为对方的思维方式与自己的思维方式一样。正是这种错误的认识，常常使跨文化沟通难以顺利进行。其原因在于，发送者将由一种思维方式组织起来的语言信息发出之后，接收者以另外一种思维方式去破译或重新组织收到的语言信息，因此很可能发生歧义或误解。

二、跨文化沟通的原则

在跨文化商务沟通过程中商务人员主要应遵循如下基本原则。

（一）相互尊重原则

相互尊重原则是指具有不同文化背景的人们在互相沟通时要有尊重对方文化的意识。

由于人们比较熟悉己方的文化背景，因而该原则更加侧重于要尊重对方的文化。文化是一个复杂的综合体，在很大程度上是历史和环境的产物。每一种文化之所以具有某种形态，必然有其合理性。各国文化虽然存在很大差异，却不存在简单的优劣和对错之分。这就要求商务沟通者在沟通中要注意仔细倾听沟通的内容，尽力去理解他人的感受。要做到这一点，沟通者就要了解对方国家的各方面的情况，包括地理状况、政体、文化、时事等。在沟通中尊重对方的文化，主要体现在尊重对方人格、尊重对方思想感情与语言、尊重对方风俗习惯与宗教信仰等，切忌抱有“民族优越感”而将自己的文化看作唯一正确的东西，从而造成跨文化沟通的障碍。

（二）求同存异原则

由于跨文化沟通发生在具有不同文化背景的沟通者之间，他们的文化差异是必然存在的，甚至沟通双方的文化可能在某一问题上存在严重对立。例如，大多数北美人认同竞争，但日本人认为竞争会导致不和谐。美国商务人士认为成功主要靠个体的成就，对任何超越他人的行为持开明态度，但是在英国与法国，成功更多地与社会阶层有关。求同存异原则在跨国商务谈判中运用得很普遍，双方对不能求同的内容和不能消除的分歧不必强求一致，可以采取保留的做法，并通过进一步磋商达到一定的沟通目的。

（三）入乡随俗原则

入乡随俗原则又称为“属地原则”“因地制宜”原则，即你进入一个地方，应该遵守当地人的做事原则。该原则要求沟通者要注重迎合对方所在地的风俗习惯，在饮食、着装与礼仪等方面对自身做出一定的调整，力求迎合属地文化。比如在墨西哥做生意，为了建立良好的私人关系，在谈生意之前你需要谈谈自己的情况，这一点很重要。然后对方也谈谈自己的情况，而且这样的交往不止一次。这样，墨西哥人才会相信你，并且看重你，乐于与你共事。这是因为，在墨西哥人看来，家庭应该放在首位，而工作是其次的。所以，一旦发生什么事情，他们会放下工作回家。

入乡随俗原则要求我们在沟通中要注意尽可能准确把握民族禁忌。因而，商务人员需要对不同地区、不同国度具体的、特殊的民俗与禁忌有更多的了解，以免在沟通中造成麻烦。但是，“属地”原则并不意味着刻意模仿本地人的行为，而要有自己的特色。

（四）尊重隐私原则

跨文化沟通中的一些误解甚至产生的敌意，有一部分是由于一方不能很好地坚持“尊重隐私”原则所造成的。尊重隐私原则要求商务人员在商务沟通中要注意回避与隐私有关的问题。“十里不同风，百里不同俗”道出了各地文化习俗的差异，也提醒沟通者要注意把握对隐私理解的分寸。尊重隐私，意味着保护好自身隐私的同时务必尊重他人的隐私。比如，在对外商务沟通中，一般交流内容不涉及对方私人收入支出、年龄大小、恋爱婚姻、健康状况、信仰政见、家庭住址、个人经历、所忙何事等相关话题。在西方，女性特别忌讳年龄问题，老年人也会因为“老即没用”等观点而有所忌讳。

值得指出的是，商务人员要注意尽量不过多询问外国人类似于“忙什么”“上哪里去”“从哪儿回来”“怎么好久没见到你”等问题，因为在他们看来，这些皆属个人私事，绝对没有“曝光”的必要。倘若你向别人探听与此相关的问题，对方往往觉得自己被“窥视”，或者触及对方隐私，会采用“顾左右而言他”，甚至缄口不语的做法。

（五）把握适度原则

在跨文化沟通中，文化背景上的差异和商务沟通活动的目的要求沟通者在对待本土文化上要把握一个合适的“度”，即要适度，既不完全固守，也不完全放弃。因而，沟通者既要在一定程度上把握好本土文化，又要善于迎合属地文化以尊重对方。“过”或“不及”都会给跨文化商务沟通造成障碍。

（六）平等交流原则

文化没有严格的优劣之分。平等原则指的是跨文化沟通应当在彼此平等的基础上进行，即沟通者既要在与来自不发达地区的对象沟通时克服文化优越感，又要在与来自发达地区的对象沟通时克服文化自卑感。沟通者不能以自身文化背景为标准，试图去征服、同化甚至灭绝与自身不同的文化。

（七）谨慎对待原则

由于文化差异等原因，沟通者在短期内或通过间接手段准确了解对方的文化主旨是比较困难的。因而，在跨文化沟通中，沟通者可能时不时地会因为自身的一句话语或者某个举动而导致对方的反感、误解。这样的事实提醒人们在跨文化商务沟通中务必谨言慎行，认真对待每一句话或者每一个动作。例如，在中国，人们常用大拇指和食指合拢形成一个圆圈，表达“OK”的含义，这一手势在法国表示“零”，在日本表示“钱”，这些还不至于造成太多的麻烦。但是这样的手势在巴西人看来却非常粗俗。

（八）适应差异原则

在跨文化商务沟通过程中，既然双方都能够充分认识到彼此的文化差异，为了更好地进行商务磋商，沟通者就很有必要在不影响本方基本信仰和习俗的基础上主动向对方学习，了解对方的文化和习俗，以较强的“适应性”获得对方的一定好感和足够的信任。

二、跨文化沟通策略

商务沟通者要消除文化沟通的障碍，首先必须了解文化差异，正确认识文化差异，并在此基础上认同文化差异，从而达到融合文化差异的目的。

（一）了解文化差异

在跨文化沟通中，交流双方不仅需要明确各自文化的特点，更要通过各种途径了解对方国家政治、经济、文化、历史、社会性质、语言特点、生活方式、风俗习惯、地理位置等诸多方面的情况，然后加以比较，以明确在不同的文化中什么是可以做的，什么是禁忌。

文化差异会体现于语言交流中的差异、非语言交流中的差异、价值观念的差异以及思维及行为模式上的差异。而且，不同文化对于非语言信息的阐释差异是十分明显的。这样的差异可能会集中体现在问候、衣着、空间、姿势、肢体动作与礼仪等多方面。不同的思维模式必然会产生不同的行为模式。例如，中国人习惯形象思维、偏好综合思维，具体体现在从整体到局部；欧美人习惯抽象思维，偏好分析思维，体现为从部分到整体。东西方思维模式差异常常是跨国公司跨文化交流和管理中形成冲突的原因。跨文化交流者只有比较客观地、深层次地了解文化差异，才能避免不必要的误解和冲突。要做到这一点，沟通双方都必须练好内功，在了解自己文化的基础上，通过学习和训练提高自己对文化差异的敏感度和认知度。

（二）认同文化差异

跨文化沟通中产生失误和冲突的根源主要是交流双方没有取得文化认同。文化认同是人类对于文化的共识与认可，是人类对自然认知的升华，是支配人类行为的思想准则和价值取向。在跨文化组织中文化认同是相互的，人们需要这种相互的文化认同，以便跨越文化交流中的重重障碍，促进相互的信息、知识、技术共享与合作。文化认同的益处在于：它一方面可以促进以多元文化为特征的跨国公司中不同文化之间的顺利沟通，促进组织内部的和谐与团结，提升组织的凝聚力和竞争力；另一方面又可以确保多元文化的共存，从而提高员工的文化满足感。人们都会有这样的倾向，即觉得自己的文化是最好、最文明的和最优秀的，其他文化都不如自己的文化好，这就是“文化优越感”。这对于不同文化下的顺利沟通与多元文化的共存造成了障碍。文化认同要求沟通者在跨文化沟通中要学会培养接受和尊重不同文化的意识。但是，要做好文化认同并不是件容易的事情。文化认同的过程会受到不少因素的限制，如感知方式的差异、相对僵化的成见、缺乏共感等。

要做到文化认同，主要应做好以下几点：第一，坚持求同存异，善于搁置文化差异，寻求文化共同点。第二，坚持适应差异，善于学习对方文化，提高自身适应能力。第三，打破思维定式，善于开拓思路，坚持客观公正。总之，培养接受、尊重和认同文化差异的意识是拓展跨文化沟通视野的良好开端。文化认同原则可以被认为是指导跨文化沟通的基本原则。

（三）融合文化差异

文化融合强调的是对多种文化的扬弃，其结果是形成一种综合了多种文化精华的新文化，这与文化认同中保留多种文化的共同存在是不同的。可以说，融合文化差异是了解文化差异和认同文化差异的最终目的所在。因此，从消除跨文化沟通障碍的效果看，文化融合是所有对策中最有效的一种。

由此可见，商务沟通者应该通过学习掌握跨文化沟通的理论和知识，善于从文化差异中发现精华，将两种或多种不同文化有机地融合在一起。这样，在与来自不同文化背景的人们交往的过程中，就会在意识上正视、珍视文化差异，在态度上尊重文化差异，在行为上正确表现自己，从而避免文化差异所造成的误会和不信任感，建立良好的跨文化工作关系，做到在新型的文化环境中游刃有余。

为了更好地进行文化差异的融合，除了个人间积极良好的沟通外，主要有赖于跨文化管理者恰当的激励和发掘，设法将潜能优势转化为现实的优势。具体做法如下。

1. 根据不同国家的文化特色，选择合适的管理人员和策略

在这样的过程中，沟通管理者还要细致考虑一下文化层面的影响因素：

（1）个人主义和集体主义；

（2）权力差距；

（3）不确定性的规避；

（4）阳刚与阴柔；

（5）长期导向与短期导向。

也就是说，沟通管理者要注重把握人们对于他人、权威、不确定性、自我、时间等价值观的影响，并根据这些价值观做出沟通方式的调整。

2. 加强跨文化培训与研究

跨文化培训主要目的是加强人们对不同文化传统的反应和适应能力，促进不同文化背景的人之间的沟通和理解。主要内容有文化敏感性训练、语言学习、处理跨文化冲突的技巧等，其中最重要的是加强文化敏感性训练，打破文化障碍，增进文化之间的联系。

3. 全球标准化和本土化策略相结合

从全球文化的明显差异性和节约沟通成本等角度考虑，组织要注重实施本土化策略，正确处理好全球化标准和地方适应性管理之间的关系。这样的做法一方面可以通过全球标准化管理达到节约成本和规模经济的目的，另一方面可以通过本土化策略达到融合当地文化以提高企业管理效益的目的。

总之，了解文化差异、认同文化差异、融合文化差异是构成完整的跨文化沟通不可缺少的因素。

案例 8-1

美国总裁与中国员工的交流

飞利浦照明公司某区人力资源的一名美国籍副总裁与一位被认为具有发展潜力的中国员工交谈。他很想听听这位员工对自己今后五年的职业发展规划以及期望达到的位置。中国员工并没有正面回答问题，而是开始谈论起公司未来的发展方向、公司的晋升体系，以及目前他本人在组织中的位置等，说了半天也没有正面回答副总裁的问题。副总裁有些疑惑不解，没等他说完已经不耐烦了。同样的事情之前已经发生了好几次。

谈话结束后，副总裁忍不住向人力资源总监抱怨道："我不过是想知道这位员工对于自己未来五年发展的打算，想要在飞利浦做到什么样的职位而已，可为什么就不能得到明确的回答呢？""这位老外总裁怎么这样咄咄逼人呢？"谈话中受到压力的员工也向人力资源总监诉苦。

（资料来源：https：//wenku. baidu. com/view/b7e508345ff7ba0d4a7302768e9951e79a896903. html）

案例点评：

在该案例中，副总裁是美国籍，而那位员工是中国籍。显然，对于两个出生于不同的国度的人，思维方式、生活习惯、文化背景、教育程度等多个方面都存在着显著的差异。正是由于这些文化差异的存在，才使得双方沟通交流的过程中产生一系列障碍。案例中"中国员工并没有正面回答问题"，原因可能是多种多样的。

（1）思维方式明显不相同。假设这位中国员工从正面直接回答了副总裁的问题。如中国员工回答："我想在五年之内做到营销部经理的职位。"按照中国人的传统心理，这样的回答违反了中国人一向谦虚、委婉的心理习惯。太直接会暴露出自己很有野心，高傲自大的缺陷。谦虚也可以给自己留有后路，万一做不到那个理想的位置，也不至于丢面子，被人耻笑。恰恰相反，美国人一向简单明了、很直接，这也是他们一贯的思维方式。

（2）价值观的不同。美籍副总裁询问这位员工对于自己未来五年发展的打算及想要在飞利浦做到什么样的职位，这是由于美国人很注重个人在企业的发展状况，通过个人才华的施展和努力来取得在企业的辉煌业绩和达到理想目标，这也许与美国一贯重视个人的发展和个人利益有着莫大的关系，是明显的个人主义思想。而从中国员工的回答来看，基本上是"从集体到个人"，习惯于重视集体，轻视个人。

（3）生活习惯不同。"中国员工并没有正面回答问题"可能是由于员工根本不知道自己希望达到什么位置。大部分中国人似乎没有一个明确的奋斗目标或规划，只是做一点算一点，得过且过的心理。而美国人则做某件事总是事先做好精心的策划，然后在一个明确的目标的指导下去采取行动。而且美国领导也希望自己的员工能在一个明确的目标下努力，只有每一个员工都朝着一个方向前进，整个企业才能有个共同的方向。

（4）教育程度不同。语言障碍、没有理解透彻副总裁所说话语的原意也可能是"中国员工并没有正面回答问题"的原因。中英文之间存在很大的差异，要完全体会英文背后的文化是很困难的一件事。

第二节　电话沟通

一、电话沟通概述

（一）电话沟通的含义

电话沟通与口头沟通的区别在于沟通渠道的不同。相比口头沟通，电话沟通缺少了视觉系统与感觉系统可感知的肢体语言信息。电话沟通通过声音语言和文字语言传递与接收信息，但其传递与接收信息的沟通过程、原理与口头沟通相同。

电话沟通应符合基本沟通程序，即亲和力→察知心理需求→有效表述→促成。在电话沟通过程中，商务人员要重视并正确把握声音语言，不仅要热情、礼貌、吐字清晰，也要有询问、记录、复述，还要有正确的肢体语言，保持端正的姿势、微笑的表情。同时，商务人员需要积极调整心态，信息表达务必简洁、有效、清晰。

（二）电话沟通的特点

电话沟通传递与接收的信息只含有文字信息和语音语调信息，没有肢体语言信息。沟通双方的信息发送、接收过程是立即开展的，信息反馈是即时的。沟通双方需要借助其他信息渠道，如通过自己的听觉器官，借助电话接收对方发出的信息。在电话沟通中，沟通双方是互动的。

1. 电话沟通的优点

电话沟通方便、快捷，是一种成本较低的沟通方式；电话沟通相对于面对面沟通更容易结束对话，也更容易控制对话时间；因无法看到对方的面部表情和身体语言，电话沟通在某种情况下更容易掩饰沟通双方的情绪；电话沟通通常比口头沟通时间短，所以在同样的时间里能传递更多的信息。

2. 电话沟通的缺点

电话沟通由于无法看到身体语言，难以判断沟通效果；一些客户对电话沟通进行的交易缺乏信心，尤其是重要的、复杂的交易；电话沟通在某些情况下很难判断交换信息的真实性；电话沟通使信息在各种角色间传递，但无法与真正的沟通目标对话；电话沟通时间若不恰当，易打扰对方休息或工作。

二、电话沟通的基本技巧

在电话沟通过程中，沟通双方需要掌握一定的技巧。以下主要从拨打电话和接听电话

两个角度进行介绍。

（一）拨打电话

电话沟通时，总有一方是电话的发起者，称之为电话主叫方，其通话过程为拨打电话。

另一方为受话方，其通话过程为接听电话。在整个通话过程中，主叫方拨打电话需要掌握以下一些基本技巧。

1. 准备充分

在电话沟通中，由于时间少、缺乏面对面的交流，双方容易产生误解，电话沟通前的准备工作非常重要。一通电话能否达到沟通目标，与准备工作的充分与否有很大的关系。电话沟通的充分准备可从以下几方面入手。

（1）检查设备。电话设备的可用性是保障电话沟通顺畅的必备条件，因此拨打电话首先需要检查设备是否完好、可用，做好充分的准备，确认使用电话无故障。

（2）准备纸笔。每次通话之前，调试好接听器材，准备好纸、笔，做好充分的准备，对于要陈述和解决的事宜做到心中有数、直入主题。准备纸、笔，将通话中有可能涉及的电话号码、通话要点、个人信息等相关内容列出一张清单，这种办法简单易行，可以避免发话人缺少条理、丢三落四的情况发生。

（3）调整心态。心态决定行为，积极的心态是电话沟通成功的基础。拨打电话前发话人首先要持有积极、热情的态度，应调整情绪、集中精神，以积极饱满的精神状态尽快投入到通话中，给对方展示出良好的精神面貌，重视通话中的“第一声”。一般情况下，电话沟通是“只闻其声，不见其人”的过程，对方根本看不见你，其印象主要取决于你的声音，你的表达能力和音色至关重要。当电话接通时，对方能够听到你亲切悦耳，优美清晰的“第一声”，一定会产生浓厚的兴趣和愉悦的情绪，从而有利于双方通话的顺利展开。

（4）明确通话的目的和内容。一般情况下，拨打电话一定是有目的和原因的，或告知对方某事，或有求于对方，或致问候，等等。向对方发出邀请或通知时，应把话说得简单明确，符合规范。对于电话沟通来说，明确自己打电话的内容、目的或目标尤其重要。拨打电话前，主叫方要清楚自己打算说些什么，并懂得如何适时结束谈话，做到“讲话不跑题”，内容紧凑、清晰、有条理。

2. 考虑时机

拨打电话需要考虑时机，主要应该注意两点：何时拨打电话较适宜及通话时间控制在多长时间内更加合适？

（1）选择时间合理。拨打电话时，时间的选择主要取决于两方面，一是按照双方约定的时间拨打电话，二是选择双方都方便的时间拨打电话。

通常情况下，对于私人电话，拨打电话的时间相对比较宽松，但也要充分考虑对方的生活习惯，以及家中是否有老人、小孩等特殊群体，以免影响对方的休息和生活。一般不要在每日早晨 7 点之前、晚上 10 点之后以及用餐、午休时间拨打电话。

对于公务电话和商务电话，拨打电话时尽量公事公办，要在其上班时间拨打电话，不要占用对方的私人时间，尤其是节假日公休时间。要有意识避开对方的通话高峰时间、业务繁忙时间等。另外，上班时间拨打电话也不能在对方刚上班就打电话，因为通常人们在上班后第一件事情就是计划当天的工作或处理头一天遗留问题，所以这个时间段最好不要打扰对方。同时也应避开在临近下班时间拨打电话，尤其是周末的下班时间，因为对方有可能急于下班，即便打过去也可能因为对方的搪塞和推脱而得不到满意的答复。

另外，拨打电话如果没人接听，要及时放下电话，或许对方正在接听另一个电话，或者对方现在不便接听。如果你的电话铃声固执地响个不停，会造成交往对象的不良印象。给海外人士拨打电话，一定要考虑到时差问题，千万不可不分昼夜。

（2）通话时间合理。一般情况下，拨打电话的通话时间应遵循“通话时间三分钟”原则，就是在打电话时，发话人应当有意识地将每次通话的长度控制在三分钟之内，尽量不要没完没了，东拉西扯，一厢情愿地逼着通话对象和自己共煲“电话粥”。

3. 重视“微笑”

电话沟通中，虽然对方看不到自己，但也必须把良好的情绪传递给对方。在这个过程中，微笑必不可少。微笑是一种无声的语言，却能作为语言的润滑剂，既可以使拨打电话的人心情愉悦，又可以令接听电话的人倍感亲切。电话沟通时，即使一方看不到另一方的表情，但是人类的感知系统仍然可以通过对声音和语调的辨析来感知说话者是否微笑，这是人类的特质。

4. 注重语言表达

（1）表述清晰。在电话里，自我介绍或表述一定要简短清晰，突出主要问题，让对方在最短的时间里能轻松地理解你的话。与对方通话时，要有充分的心理准备，要换位思考，保持心态平和，既要考虑到对方可能做出的积极反应，也要考虑到对方可能出现的冷淡。这种良好的心态会在你的语言、语调中表露出来，虽未谋面，对方也会感到你的自信和坦然，从而留下好的印象。另外，打电话时嘴部与话筒之间应保持 3 厘米左右的距离，这样对方接听电话时才能听得最清晰。

（2）语言规范。拨打电话，简单问候之后应主动自报家门，自报家门通常有四种模式：

①报本人的全名，即电话接通后，向对方说明自己的名字；

②报单位名，有些电话只需要说明拨打电话人所在单位即可，如餐厅、酒店等从事服务性产业的部门或单位；

③报单位和本人名字；

④报单位、姓名和职务。

（3）语调语速适中。电话中只有把握好语速、声调、语气，才能赢得对方的好感，展现出己方的良好素质。

语调能反映出通话者的情绪状态，语音语调的变化能给通话者带来不同的感觉，例如身心疲惫时接听到好友的电话，本来无力和缓的声音会突然高涨，音调上扬，能让通话者感觉到你的兴奋与激动，从而感知自己在你心中的地位，自然心情愉悦；反之，若拨打电话音调下沉，通话者也会有冷淡生疏、不愿说话的感觉。

通话时声音要满怀热忱和活力，适当变换说话的语调。沟通者在交谈过程中还要善于停顿，尽可能避免出现尖叫声和咳嗽声，避免发出怪异的腔调。

（4）善于使用礼貌用语。电话沟通不同于面对面的交谈，它无法附加一些体态语言加深理解，因此在语言交流中善于使用礼貌用语就显得尤为重要。例如，拨打电话通话开始时，以“您好”“早上好”“晚上好”等来问候对方；通话中“请”字常挂嘴边，态度温和，尽量使用谦恭语、雅语，避免使用轻蔑语、烦躁语、斗气语、否定语；通话结束时以“谢谢”“打扰您了”“再见”“晚安”等来结束谈话。

5. 举止文明

通话时应保持端正的坐姿，挺拔的站姿，力求做到举止仪态文明有礼。拨打电话时，应该双手持握话筒，起身站立或上身保持直立，不要把话筒夹在脖子底下，低头干着其他事情，也不要趴着、仰着、坐在桌角、跷起二郎腿等，这些不雅观的举止不仅会影响通话者本人的“电话形象”，而且也会传递给对方不好的通话感觉。

6. 态度规范

在进行电话沟通时，一定要注意调整好自己的态度。热忱、自信和真诚的积极态度更能保证交流的顺利进行。通话双方在电话沟通中看不见彼此的表情，但可以通过谈话感受到对方的态度，因此通话双方如果在态度上文明友好，常常会影响彼此的情绪和心情，进而影响信息的接纳和处理，千万不可因态度问题而使对方搁置电话、置之不理。

7. 礼貌挂机

通话结束时，主叫方应从容告别，礼貌挂机，主要应做好以下两方面。

（1）挂机的次序。通常情况下，拨打电话由主叫方先挂断电话。但出于礼貌，也可以由对方先挂断电话。如果没有紧急情况，在双方通话快要结束时，不要急于挂断电话，避免通话戛然而止。

当通话双方社会地位，工作职位有区别，无论谁是主叫方，通常由“尊者”或“地位高者”先挂电话，如长辈、领导、老师、上司、客户等。若对方为女士，应有礼貌地请女士先挂电话。

（2）挂机的方式。挂电话时动作一定要轻、要稳，应用手轻轻按住切话键，再将话筒缓缓放下，切忌“啪”的一声将话筒重重一扔，这会给对方在听觉上造成非常不好的感觉。

（二）接听电话

接听电话分为两种情况，一种是接听本人电话，一种是代接别人电话。

1. 本人接听

（1）迅速及时接听电话。接电话的时机往往能够树立接电话人以及所在单位的形象，给对方形成大致的印象。

通常情况下，在电话铃声响起三声之内接听是较合乎礼节的。这是与对方电话沟通成功的第一步。如果铃声响了很久都无人接听，对方往往会产生不好的印象。电话铃响一次约三秒钟，时间虽然短暂，可是从心理上讲等待的时间感觉更久，容易使人产生不悦，觉得不被尊重。因此，如果在铃响五声之后才接电话时就要先致款："抱歉！让你久等了。"

另外，不能同时接听两个或两个以上的电话。如果你正在接待客户或朋友，这时需要接听电话，首先应该礼貌致歉，征得对方允许再接听电话。

（2）接听规范。

①程序规范。接听电话时，应养成良好的"三部曲"接听习惯，即问好、自报家门、主动询问。具体而言，接听电话时所讲的第一句话应是问候语，如"您好"。接听所讲的第二句话应报上自己的姓名或者单位，如"我是×××"或"这里是××公司，很高兴为您服务"。如果线路繁忙延误接听，接听电话的第二句话应真心诚意致歉并表示为客户服务的意愿，如"我是×××，抱歉让您久等，很高兴为你服务"。接听电话所讲的第三句话应主动询问对方有什么需要自己帮助解决的，如："请问我能为您做些什么?"

②语言规范。接听电话时应使用标准普通话，电话用语要文明礼貌，内容简明扼要。接电话时，面带微笑，语气应充满热情、真诚，语调应不高不低，语速应快慢适中。接电话时不允许出现"喂"或"你找谁"等非话务用语，尤其不应开口就毫不客气地查问对方，口气咄咄逼人，例如"你是谁""你是哪儿"或"你有什么事"。回答对方咨询时应仔细耐心地解答，尽量避免使用"不清楚""可能"或"大概"等不确定的词语。

③询问规范。对于进行业务咨询等需要长时间交流、解答的对象，应询问其姓氏，如"请问您贵姓?"；在业务受理过程中需要客户的真实姓名时，需在进行说明以后询问其姓名，例如"代订机票、酒店需要留下您的真实姓名，请告诉我您的姓名。"

④记录规范。接听电话时，有时需要做好电话记录，记录完毕，尽量向对方复述一遍，以免遗漏或记错。电话记录是为了方便通话双方而进行的书面记录形式，尤其是对于公务和商务电话，电话记录是重要的工作资料，它不仅有助于完善工作，还可以在关键时刻发挥作用。如遇到法律纠纷时，电话记录就是很有力的证据和参考。正是由于电话记录的重要性，才有了后来的录音电话。录音电话大大提高了电话记录的完整性和真实性，受到现代职场人士的青睐。

（3）确定对方身份。接听电话一定要确认对方的身份，这样才能节约时间，提高沟通的效率，还能提防一些犯罪分子及团伙的诈骗。而且，对于机构或组织而言，了解对方的姓名也是非常重要的事情。

通常，在电话沟通中确认对方的身份可以从自报家门入手。如果接听本人的电话或公司的直线电话，只报自己的姓名和职务即可；如果接听公司总机的电话，报出公司的名称即可；如果接听一个部门经过总机转的电话，只需报部门名称和自己的姓名，不需报公司

名称；直接打进的，除了报部门名称和自己的姓名外，还需要报公司名称。

（4）态度耐心谦和。接听电话与拨打电话同样需要有喜悦的心情、耐心谦和的态度。接听电话时要持良好的心情，这样即使对方看不见你，但是你的欢快的语调也会将其感染，给对方留下极佳的印象。由于面部表情会影响声音的变化，所以即使在电话中，也要抱着“对方能看到我”的态度去应对。

由于人与人文化水平、理解能力以及语言表达的差异，在电话交流中不可能每个通话者都条理清晰、口齿伶俐，尤其是在对方因为心里紧张而出现言语含糊不清时，作为接听方更应该耐心谦和、和颜悦色，消除对方的紧张心理，使双方能够平心静气地进行通话。

（5）仪态文雅庄重。电话沟通中，拨打接听的双方都需要保持仪态的规范端正、文雅庄重。通话时保持端正规范的坐姿或直立挺拔的站姿，会给对方传递出自然动听的声音，而趴在桌子上、左右摇晃，来回走动，边通话边饮食等电话仪态会让对方觉得你很随意，不重视此次通话，没有给予对方足够的尊重，从而会影响沟通的质量。因此接听电话时，即使看不见对方，也要当作对方就在眼前，尽可能注意自己的仪态举止。声音要温雅有礼，以恳切话语去表达，适度控制音量，以免听不清楚，产生误会，或因声音粗大，让人误以为盛气凌人。

（6）礼貌结束。与拨打电话一样，接听电话方也需做到礼貌结束，从容挂机。通话结束时，注意挂机的先后次序和礼貌挂机的方式。挂机的方式上，注意动作轻缓。如果是代表组织或企业处理客户要求，通话结束之后，话务人员应适当使用如“祝您工作顺利”“希望您能拥有美妙的旅程”等祝福语。在与对方互道“再见”后，应当在确认对方已挂断电话后再挂断电话。

2. 代人接听

代人接听通常分为两种情况，一种是转接电话，需要主叫方稍等，然后转接给要找的人；另一种情况是主叫方要找的对象不在，需留言。不管是哪种情况。都应该遵循以下基本原则。

（1）态度积极，大方热情。在办公场合，人们经常会替别人接听电话，这时也需要热情大方礼貌地替人转接或记录留言。转接中，请对方稍候，然后轻放听筒，找来对方要找的人，切勿高声呼喊；如果转接的对象就在身边，可将听筒轻递给对方；如果对方要找的人不在或暂时不方便接听电话，则应委婉地向对方说明情况，请对方稍后再打过来，替他留言或留下对方的电话号码，以便回电。

（2）尊重隐私，询问适度。转接电话或者代接电话既要礼貌客气，又要具体周到，不可将个人信息过分透露。代人接听电话时，一定要做到尊重隐私，适度问询，需要留言或记录电话号码时，不要刨根问底询问对方。另外，不要将他人的行踪说得非常具体，比较恰当得体的说法是：“对不起，他有事刚走开，您一会儿再打过来或者留个电话。我帮您转述，好吗？”

（3）内容准确，记录完整。帮他人代接电话时，留言内容应做到准确清晰，记录完整，将重点重复以便对方确认，并且询问对方事情的紧要程度，以及完成的时间节点，以免耽误他人的工作。代人接听电话需要做好电话记录。记录信息应简洁、明了，包括“5W”和“1H”要素。

“Who”，即“什么人”。它应当包括对方的姓名、单位、部门、职务、电话号码等。在记录总机转接电话或外地电话时，分机号码、电话区号、国家代码皆不可缺少。

“When”，即“什么时间”。它应当包括对方打来电话的具体年、月、日、时、分。必要时，还需记下通话所用时间的长度。

“Where”，即“什么地方”。它应当包括对方所在的地点，以及接听电话者当时所处的具体位置。

“What”，即“什么事情”。它主要是指通话时双方讨论的具体事情。

“Why”，即“什么原因”。它所指的是通话的主要原因，或者双方所讨论的某些事情的前因后果。

“How”，即“如何去处理”。它一般指的是进行电话记录的一方事后对记录所做的处理。

(4) 传达及时，信息有效。转接电话速度注意尽量在10~15秒内保证被转接电话有人接听，或者需代找对方接听电话，应尽快联系上对方接听电话，不可让主叫方等待时间过长。进行转接电话业务时，一般不需要过多地进行询问。

代人接听电话，主叫方留下电话号码或相关留言时，应尽可能及时联系到要找的人并将信息及时有效地传递给他，以免耽误双方的重要事宜。例如，在传达电话内容前，清楚地表达“您好！××公司的××先生打来电话找您，他留了电话，请您回电。”要把对方的消息，简洁、迅速地传递给对方。

（三）手机沟通的技巧

在日常交往中，商务人员使用手机时要注意以下几个方面的技巧。

1. 适时关闭手机

在参加商务会议或商务洽谈时，为不干扰会议或洽谈的正常进行，出于对别人的尊重，应适时关闭手机，或视情况将其调到静音或振动状态。在餐桌上，关掉手机或把手机调到振动状态也是必要的，避免他人就餐被烦人的铃声打扰。

2. 通话音量适中

接听手机时，不能大声喊叫或旁若无人地讲话，应该尽量将声音压低，只要对方能听清楚即可。

3. 选择合适的地点

最好不要在公共场合如楼梯、电梯、路口、车站和人行道等人来人往的地方接打手机。

4. 注重礼仪

使用手机时应注重礼仪，如不要在别人注视你的时候查看短信；宴请客户或与同事共

进工作餐时，尽量不要使用手机。如果电话响了要说一声“对不起”，然后以最短的时间到洗手间接电话。当着客户的面打电话会使客户不知所措，是一种不礼貌的行为。

5. 恰当设置手机铃声

注意选择合适的铃声，对个性化铃声的使用应注意场合。

手机铃声也不能调得过大，以离开座位两米可以听见为宜，有些人的铃声过于刺耳，甚至让人心跳加速，这是一种对他人的干扰。

6. 注意安全

为防止手机丢失，可将手机放置在随身携带的手袋或公文包；在参加会议时，可将其暂交于秘书、会务人员代管。与人坐在一起交谈时，可将手机暂放手边、身旁和背后等不起眼处，但不要对着正在沟通的客户，不要把手机挂在脖子上、腰上或拿在手中。

手机安全还包括不宜将手机号码随便告诉他人，探问不熟悉的人的手机号码也是失礼的。一般不宜将手机借给不认识的人使用，随意地向别人借用手机也是失礼的。

案例 8-2

客户的投诉电话

一日，某公司的员工小王接到了客户徐总的电话。

客户：你们公司的效率怎么那么差？

小王：徐总，您好！很抱歉，我姓王，能否告诉我究竟是什么原因让您如此生气？

客户：上个月跟你们公司订了一台裁纸机，说好了是上个星期五送货，今天这都星期三了，我还是没有看到货，你说我能不生气吗？

小王：徐总，真是抱歉。延误了贵公司的工作，我马上帮您查出货单。这是本公司的疏忽，我会立刻向主管反映此事，麻烦您给我贵公司的电话号码以及订单号码，查完出货单，我会马上给您回电话，请您不要生气，耐心等我一下。

（几分钟后……）

小王：徐总，您好！我是××公司的小王，刚刚是我接了您的电话，我已经帮您查过了。您订的裁纸机，因为缺少了一个小零件，所以延误了送货的时间。本公司未能及时告知您，这是我们的疏失，我已经跟经理汇报了，经理也已经亲自下达命令给生产科，保证这星期五以前一定把机器给您送过去，经理会亲自到贵公司向您致歉。再一次表示歉意，真是给您添麻烦了。

（资料来源：https：//wenku. baidu. com/view/29b9a8b3b9f3f90f77c61b1a. html）

案例点评：

电话在现代社会中不仅仅是人际沟通交流的主要工具，也是企业经营管理的重要手段。规范的电话沟通能够树立和展现企业的良好形象。处理投诉或抱怨的电话在企业的商务活动中不可避免，但有些企业的部分员工会把这一类的电话视为“烫手的山芋”，不愿及时接听，这往往使客户不满。案例中小王对于客户的投诉电话能及时接听、耐心倾听、诚恳道歉、妥善解决，最终消除客户的不满，挽回客户对本公司的信任。可见，电话沟通需要规范的程序和必要的技巧。

第三节 新媒体沟通

新媒体是利用数字技术，通过计算机网络、无线通信网、卫星等渠道，以及电脑、手机、数字电视机等终端，向用户提供信息和服务的传播形态。从空间上来看，“新媒体”特指当下与“传统媒体”相对应的，以数字压缩和无线网络技术为支撑，利用其大容量、实时性和交互性，可以跨越地理界线最终得以实现全球化沟通的媒体。

一、新媒体概述

（一）新媒体的内涵

广义的新媒体包括两大类：一是基于技术进步引起的媒体形态的变革，尤其是基于无线通信技术和网络技术出现的媒体形态，如数字电视、IPTV（网络电视）、手机终端等；二是随着人们生活方式的转变，以前已经存在，现在才被应用于信息传播的载体，例如楼宇电视、车载电视等。狭义的新媒体仅指第一类，基于技术进步而产生的媒体形态。

实际上，新媒体可以被视为新技术的产物，数字化、多媒体、网络等最新技术均是新媒体出现的必备条件。新媒体诞生以后，媒介传播的形态发生了翻天覆地的变化，诸如地铁屏幕、写字楼大屏幕等，都是将传统媒体的传播内容移植到了全新的传播空间。这种变化包含如下特征。

首先，数字化的出现使大量的传统媒体加入到了新媒体的阵营，这一改变主要呈现为媒体的技术变革，不论是内容存储的数字化，还是传播的数字化，都大幅度提升了媒介的传播效率。

其次，媒介形态也因新技术的诞生而呈现出多样化应用，网络电视、网络广播、电子阅读器等均将传统媒体的内容移植到了新的媒介平台上。

可以从以下四个层面理解新媒体的概念。

（1）技术层面：利用数字技术、网络技术和移动通信技术；

（2）渠道层面：通过互联网、宽带局域网、无线通信网和卫星等渠道；

（3）终端层面：以电视、电脑和手机等作为主要输出终端；

（4）服务层面：向用户提供视频、音频、语音数据服务、连线游戏、远程教育等集成信息和娱乐服务。

（二）新媒体发展历程

根据新媒体使用主体及受众群体的变化，新媒体的演进历程可划分为精英媒体阶段、

大众媒体阶段以及个人媒体阶段。

1. 精英媒体阶段

在新媒体诞生之初的相当一段时间内，仅有为数不多的群体有机会接触新媒体，并使用新媒体传播信息，这部分人多数是媒介领域的专业人士，具有较高的文化素质及社会阶层，因此这一时期是精英媒体阶段。

早期使用新媒体的人群在媒介受众群体中属于少数派团体，他们具有前卫的媒介传播意识，也掌握着更先进、更丰富的媒介资源，是新媒体的第一批受益人群。

2. 大众媒体阶段

当新媒体大规模发展并得到普及时，其发展历程就进入到了大众媒体阶段。直至今日，以手机等移动媒体为主的新媒体已为广大受众所享有，利用新媒体传递知识、信息也成为媒介传播的一种常态。

由精英媒体向大众媒体发展，离不开媒介技术进步所带来的传播成本的下降，新媒体以更低廉的传播成本、更便捷的传播方式以及更丰富的信息传播内容成为一种大众媒体，其传播的内容及形式从某种程度上甚至改变了人们的生活方式以及对媒介本质的理解。

3. 个人媒体阶段

伴随着新媒体技术的不断发展及普及，以往没有占据媒体资源和平台，且具备媒介特长的个体，开始逐渐通过网络来发表自己的言论和观点，通过平台展示给受众，这是个人媒体阶段到来的一个标志。

（三）新媒体的特点

以数字技术为代表的新媒体，其最大特点是打破了媒介之间的壁垒，消融了媒体介质之间，地域、行政区之间，甚至传播者与接受者之间的边界。新媒体还表现出以下几个特征。

1. 媒体个性化突出

由于技术的原因，以往所有的媒体几乎都是大众化的。而新媒体却可以做到面向更加细分的受众，可以面向个人，个人可以通过新媒体定制自己需要的新闻。也就是说，每个新媒体受众手中最终接收到的信息内容组合可以是一样的，也可以是完全不同的。这与传统媒体受众只能被动地阅读或者观看毫无差别的内容有很大不同。

2. 受众选择性增多

从技术层面上讲，在新媒体平台，人人都可以接收信息，人人也都可以充当信息发布者，用户可以一边看电视节目、一边播放音乐，同时参与对节目的投票，还可以对信息进行检索。这就打破了只有新闻机构才能发布新闻的局限，充分满足了信息消费者的细分需求。与传统媒体的“主导受众型”不同，新媒体是“受众主导型”。受众有更大的选择，可以自由阅读。

3. 表现形式多样

新媒体形式多样，各种形式的表现过程比较丰富，可融文字、音频、画面为一体，做到即时地、无限地扩展内容，从而使内容变成“活物”。理论上讲，只要满足计算机条件，一个新媒体即可满足全世界的信息存储需要。除了大容量之外，新媒体还有“易检索”的特点，可以随时存储内容，查找以前的内容和相关内容非常方便。

4. 信息发布实时

与广播、电视相比，只有新媒体真正无时间限制，随时可以加工发布。新媒体用强大的软件和网页呈现内容，可以轻松地实现 24 小时在线。

新媒体交互性极强，独特的网络介质使得信息传播者与接受者的关系走向平等，受众不再轻易受媒体“摆布”，而是可以通过新媒体的互动，发出更多的声音，影响信息传播者。

（四）新媒体的类型

1. 手机媒体

手机媒体是借助手机进行信息传播的工具。随着通信技术、计算机技术的发展与普及，手机已逐渐成为具有通讯功能的迷你型电脑。手机媒体是网络媒体的延伸，它除了具有网络媒体的优势之外，还具有携带方便的特点。手机媒体真正跨越了地域和电脑终端的限制，能够做到与新闻同步；接受方式由静态向动态演变，受众的自主地位得到提高，可以自主选择和发布信息，信息的及时互动或暂时延宕得以自主实现，使得人际传播与大众传播完满结合。

2. 数字电视

数字电视就是指从演播室到发射、传输、接收的所有环节都是使用数字电视信号或对该系统所有的信号传播都是通过由“0”和“1”数字串所构成的数字流来传播的电视类型。数字信号的传播速率可达每秒 19.39 兆字节，如此大的数据流的传递保证了数字电视的高清晰度，克服了模拟电视的先天不足。

3. 互联网新媒体

互联网新媒体包括：网络电视、微信、微博、视频和直播等形式。

网络电视是以宽带网络为载体，通过电视服务器将传统的卫星电视节目经重新编码成流媒体的形式，经网络传输给用户收看的一种视讯服务。网络电视具有互动个性化、节目丰富多样、收视方便快捷等特点。

微信是腾讯公司于 2011 年 1 月 21 日推出的一个为智能终端提供即时通信服务的免费应用程序。目前已有微信公众号、微信小程序、微信支付、微信广告、企业微信等功能。微信支持跨通信运营商、跨操作系统平台通过网络快速发送免费（需消耗少量网络流量）语音短信、视频、图片和文字，用户也可以使用共享流媒体内容和基于位置的社交插件

“摇一摇”“朋友圈”“公众平台”“语音记事本”等服务插件。

截至 2016 年第二季度，微信已经覆盖中国 94%以上的智能手机，月活跃用户达到 8.06 亿，用户覆盖 200 多个国家和地区。此外，各品牌的微信公众账号总数已经超过 800 万个，移动应用对接数量超过 85 000 个，微信广告收入增至 36.79 亿人民币 ，微信支付用户则达到了 4 亿左右。

微博（分享简短实时信息的社交平台的统称）是指一种基于用户关系信息分享、传播以及通过关注机制分享简短实时信息的广播式的社交媒体、网络平台。微博允许用户通过 PC、手机等多种移动终端接入，以文字、图片、视频等多媒体形式，实现信息的即时分享、传播互动。

视频指将一系列静态影像以电信号的方式加以捕捉、记录、处理、储存、传送与重现的各种技术。网络技术的发达也促使视频的纪录片段以串流媒体的形式存在于互联网上并可被电脑接收与播放。流媒体平台主要包括爱奇艺、腾讯视频、优酷、哔哩哔哩等，短视频平台主要有抖音、快手、西瓜、火山等。

直播（live Streaming）是指在现场随着事件的发生、发展进程同步制作和发布信息，具有双向流通过程的信息网络发布方式，其形式可分为现场直播、演播室访谈式直播、文字图片直播、视音频直播或由电视（第三方）提供信源的直播。随着互联网络技术的发展，直播的概念有了新的拓展和发展，更多的人关注网络直播，特别是视频直播生态链。用户可通过网络信号在线收看体育赛事及其他重大活动、新闻等，这让大众有了广阔且自由的选择空间。直播平台有斗鱼、虎牙、花椒、丫丫等。

4. 户外新媒体

户外新媒体是新近产生的，有别于传统的户外媒体形式（广告牌、灯箱、车体等）的新型户外媒体。户外新媒体以液晶电视为载体，如楼宇电视、公交电视、地铁电视、列车电视、航空电视、大型 LED 屏等，主要是新材料、新技术、新媒体、新设备的应用，或与传统的户外媒体形式的相结合，使得传统的户外媒体形式有质的提升。

二、新媒体沟通原则

在互联网技术和信息技术快速发展背景下，新媒体应运而生。新媒体技术手段的运用也是推动信息传播速度和效率发生质的飞跃的重要手段。新媒体沟通要注意以下几个原则。

（一）坚持“以人为本”原则

新媒体沟通一定要考虑受众的需求。媒体快速变化和受众的需求发生变化紧密联系在一起。受众需求引发科技、信息的发展，传播内容的变化，受众需求使媒体内容生产和分发形成了变量。受众需求和媒体的发展总是相辅相成的，受众对于信息的需求其实正是媒体在内容生产、内容分发方面慢慢匹配的过程。新媒体未来发展之路肯定还与受众的需求息息相关，未来受众会更个性化，新媒体发展会更合乎个性化。

（二）注重构建共情的沟通环境的原则

随着信息爆炸时代的到来，获得消费者的注意力已成为现阶段传播媒介主要关注的目标。传播媒介要寻找企业和目标消费者间具有的连接点，推动共情的沟通环境的建立，以此达到吸引消费者注意力、获得认同和共鸣的目的。对于沟通环境，除了要体现企业形象内涵外，还要强调与目标群众心理需求的契合性，推动由企业化向个人化的迈进，这是创造共情的重点与关键。以个人生活角度来讲，企业形象是可有可无的，如果企业采取硬性灌输与宣传的方式并不会收获良好的效果。对此，企业应将关注点放在企业文化和消费者个人生活共同点探索上。企业形象传播与消费者间关联越是紧密，那么必然会带动消费者共情感的增强，传播效果也能提升。

（三）激发消费者的传播兴趣的原则

互联网背景下，个人既具有信息接收者的身份，又具有信息传播者的身份。以往，民众信息传播主要是借助人际传播来进行的，而当下社交媒体的出现使得人际传播置于公共空间中，民众不仅可以在受众和传播者身份间自由转换，而且其传播范围和效果也有了显著的提升。北京大学陈刚教授是沟通元这一概念的提出者。沟通元就是基于一个可复制的共同的基本价值要素，在不同语境中可以不断扩散变异的文化基因。其中“可复制性”和“共同的基本价值要素”决定了沟通元的不断扩散性。沟通元之所以能不断扩散，是因为人们具有某种相似的文化背景和价值认同，在这样基本的价值观认同的基础上，人们寻找某种可把握的、可复制的元素进行再次传播。其中每一个个体在传播扩散的过程中，都会呈现基于个体文化背景和特殊理解的“变异性”，形成沟通元扩散的多样性、丰富性和复杂性。沟通元对吸引消费者注意力和关注度以及参与度等都具有重要意义，对此，企业也可以借助与目标人群沟通的方式建构起丰富的沟通元。沟通元被企业抛出后，具有无限复制等特点，既有助于消费者对其理解的建构与深化，又促进了传播范围的扩大，是强化传播效果的重要措施。就本质角度来讲，此种方式弱化了消费者和企业间存在的利益界限，强化了两者在情感上的联络，激发了消费者的传播兴趣，提升了传播效果。

（四）积极应对负面舆情的原则

新媒体时代企业形象变动性较强，且受消费者反馈影响较大。与大众传播时代相比，互联网传播时代下信息传播速度极快，传统的以退为进、遮遮掩掩的沟通方法并不适于当下时代发展。对此，企业要充分发挥形象监督部门的作用，更好地对大众舆情进行掌握，从而在遇到危机时能够合理且及时地应对，防止因负面舆情扩散对企业形象带来不利影响。

三、新媒体沟通技巧

商务人员利用新媒体进行企业形象构建与传播或与客户沟通时要注意以多样化表达为手段的内容构建、建设协同式传播矩阵及时尚、娱乐元素的介入。

（一）注意以多样化表达为手段的内容构建

1. 视觉从静态到动态的丰富

随着媒介技术的发展，媒介传播工具不断丰富，企业形象及信息的传播活动从报纸、广播、电视、杂志走向网络、生活圈，走入千千万万百姓家。传播内容逐渐丰富，从文字、图片、音频到动画、视频，形式多样，传递的信息量也越来越大，传播符号从单一向融合符号传播过渡。

新媒体兴起之前，企业更多的是在报纸、杂志等纸质媒体传播企业信息和形象。单纯的文字内容较枯燥乏味，虽然能给受众自行发挥的空间，但若文笔不出彩，很难达到传播预期，纯音频内容亦是如此。图片元素信息量较大，也很直观，能帮受众节省部分脑力和阅读时间，引导观众直接到想要表达的地方。视频包含文字、声音和动态画面，传递的信息最为丰富，且动态画面能有效吸引受众的注意力，这种传播形式充分调动了受众的视觉和听觉，使受众对企业传播信息有更立体的认识，以此构建受众脑海中企业的形象。

2. 融入“微文”“萌文化”的创作形式

企业通过传播活动构建其在大众心中的形象，在传播内容的创作上，应注意与企业的目标消费群一致。如奶粉企业，其消费群体是有婴幼儿的家庭，那么其传播的内容可以适当的围绕奶粉的使用、婴幼儿营养摄入、如何照顾婴幼儿等方面延伸拓展，让受众感受到企业的专业、用心、良心和真诚，便于与受众建立信任关系，建构良好的企业形象。为吸引受众阅读，在内容写作时要融入“微文”“萌文化”等网络创作形式，为消费者服务。

（1）“微文”，为目标消费群创作。微文，释义为微博文章（微小说也是其中的一种）。微文的特点是篇幅短、内容高度凝练、传播性强。微文写作已逐渐形成一套特有的话语表达方式和写作风格，契合了当下年轻人的审美和阅读心理。换句话说，在新媒体上流传广泛的微文，是创作者为了在粉丝间有效传播而写就的创意文本，它具备网络特有的话语方式和写作特征，真实、短小精悍、有吸引力，激起广大网友共享、共鸣的涟漪。

站在大众的角度和立场去思考、去写作，是在网络空间生存的准则。严肃呆板的腔调经常被调侃，率性活泼的文风更受大众欢迎。在此背景下，往常严肃正经的官方机构都不再端着架子，而是积极调整姿态，以亲切生动的口吻进行文宣工作。以中国气象局 2016 年 11 月 21 日发布的一则微博短文为例（如图 8-1 所示）。

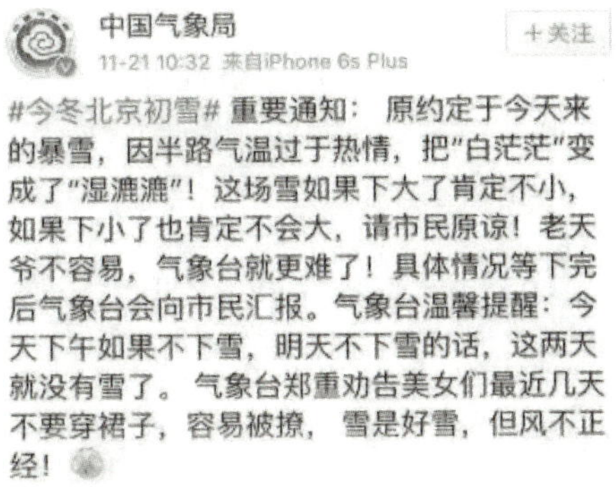

中国气象局 ＋关注
11-21 10:32 来自iPhone 6s Plus

#今冬北京初雪# 重要通知：原约定于今天来的暴雪，因半路气温过于热情，把"白茫茫"变成了"湿漉漉"！这场雪如果下大了肯定不小，如果下小了也肯定不会大，请市民原谅！老天爷不容易，气象台就更难了！具体情况等下完后气象台会向市民汇报。气象台温馨提醒：今天下午如果不下雪，明天不下雪的话，这两天就没有雪了。气象台郑重劝告美女们最近几天不要穿裙子，容易被撩，雪是好雪，但风不正经！

图 8-1　中国气象局 2016 年 11 月 21 日微博截图

综观电视、报纸等平台发布的气象预报，基本都诉诸冰冷生硬的数据。但在中国气象局的这则博文中，采用拟人等修辞手法叙事，幽默跃然纸上。更有网友留言说“小编是好小编，就是爱开开小玩笑”“微博是好微博，但小编正不正经就不知道了”，在微博上形成了善意、亲切、有趣的沟通和互动。

微文创作，一方面要注重找寻受众情感上的共鸣点，通过讲述人生经历、生活感悟等，与大众在情感上产生联结。2016 年《中国社交媒体影响报告》数据显示，微信社交平台的“心灵鸡汤”文章更受欢迎，在 50 个最热门公众号中有 19 个是情感类账号。心灵鸡汤可以满足大众情绪激励或情感抚慰的需要，因而在社交媒体大行其道。

另一方面，微文创作要多一点“干货”。信息的价值性和实用性是大众获取信息的基本动力，“干货”才是网上最具有号召力的标识，“微文”写作当关注百姓日常。微信公众号“大手牵小手”专注儿童教育相关领域，其粉丝都是育有幼儿的家长。其发布的文章有明确的问题意识，且针对性很强，所提供的“干货”能为家长解答在育儿过程中出现的问题和疑惑，网罗了一批忠诚度很高的粉丝。如《细数三年来给娃报兴趣班的历程，兴趣和坚持哪个更重要？》一文，聚焦家长普遍关注的儿童教育问题，问题剖析客观中肯、切中要害，以令人信服的亲身经历现身说法，引起共鸣。

（2）“萌文化”与“萌创作”。在创作中适当融入“萌”元素，可以提升受众阅读的趣味性，强化记忆和加深印象。“萌文化”在网络空间日渐声势浩大。“萌”代表着可爱、轻松、愉悦，“卖萌”已成为当下广受青少年喜爱的一种新社交手段，“萌创作”也应运而生。它既包括“萌思维”在内容创造方面的应用，也涵盖“萌表达”对语言、风格方面的影响，区别于主流文化刻板、严肃的论调。

（二）建设协同式传播矩阵

就大众传播时代来讲，电视、广播等是企业形象传播过程中的重要载体。随着互联网时代的到来和网络融合的不断升级，社交媒体属性有所强化，传播由固有的单向传播逐步向多元化、人际传播所迈进。以往消费者接收到信息后则意味着传播行为的结束，而现阶

段消费者接收到信息后则可以作为传播者的身份将其进行二次传播。在此背景下，企业也要加大协同式传播矩阵的建立，以传播内容为依据合理选择具有立体化且多元化的传播方式，同时，还要注重各类资源的充分调动，以此确保沟通信息的传播效果。

1. 新旧媒体结合使用

企业运用新媒体技术手段塑造自身形象的同时，也不要忽略了传统媒体，它们仍有巨大的生命力和不可小觑的影响力。电视、广播依然拥有着庞大的收视群体，报纸、图书和杂志等传统纸质媒介也有着自己固定的受众群体，聚沙成塔、集腋成裘，这些群体也不可忽略。

制定恰当合理的信息建构和传播方案，结合使用传统媒体和新媒体手段，使企业的传播活动到达更多的消费者和目标消费群体，有助于巩固和提升企业形象。例如：网易云音乐继地铁热评后，又出热评书籍，从手机、电脑屏幕走下网络，走入大众生活圈媒体，走进图书，余热不消。2017 年 3 月，杭州地铁一号线和整个江陵路地铁站贴满的网易云音乐热评的画面还未淡出，2018 年 3 月网易云音乐携手人民日报出版社出版的图书《听什么歌都像在唱自己》已面世。该书从网易云音乐 4 亿用户原创的 5 000 条点赞数高的歌曲热评中精选摘录的 200 余条打动人心的评论，排版形式如随时写下心情的手账本，简约实用。评论既有专业的音乐评论，也有温馨感人的治愈小文，每一位读者都能从中找到感动。毋庸置疑，地铁热评使更多人知晓了网易云音乐 App 和音乐热评，让其拥有了更多的用户群体。《听什么歌都像在唱自己》至今销量不错，也是建立在其用户的基础上，用户才是该书的原创作者，这点很好地勾连了消费者的共情。

2. 微博、微信助力企业短期形象建构与传播

传统的企业形象构建往往是单方面的，传播是单向线性的，受众处于被动接收位置。而在新媒体时代背景下，受众既是信息的生产者和传播者，也是信息的消费者，具有充分的独立性和自主性。因此企业开展传播活动时，要充分考虑受众的需求和心理。

（1）提供有价值内容，进行议程设置。企业在进行形象构建和传播时，要注重传播内容的实用性和价值性，主动进行议程设置。首先，企业可以提供限时抢购、优惠券、赠品等作为宣传与吸引受众的手段，在短时间内迅速聚集受众的关注；其次，企业可以根据目标受众群体特性，生产他们感兴趣、有需求的新闻资讯、生活窍门等；此外，可抓住社会热点和企业特色主动进行议程设置，发起有现实意义、互动性强的话题讨论。如蒙牛集团发起“美好青春我做主，红丝带青春校园行”公益活动，并在微博、微信上及时发布该事件的最新情况、上传图片和视频，既能引导公众关注大学生健康成长，也体现了蒙牛企业的社会责任感。

（2）与时俱进，满足受众需求。社会心理学家马斯洛的“需求层次理论”认为，人的需求按等级可分为生理上的需求、安全上的需求、情感和归宿的需求、尊重的需求和自我实现的需求等五大类需求。而今人们基本的生理和安全需求已不成问题，大众的需求演

变为更高级别的非物质层面的需求。为了满足当下受众的个性化、多样化需求，企业的微博、微信需要专人进行专业化管理，从界面设计到传播内容，都要突显其个性和特色。而实现这一目标的前提和基础是对受众心理的深度剖析和对受众需求的充分了解，以及精准化推广。一般而言，前期企业可以开展一些活动塑造企业形象，中期持续与粉丝交流互动，后期借助分析软件、大数据等技术工具进行关键人物、重要观点和用户数据等方面分析，总结经验和问题，为后面的行动和制订方案奠定基础，形成良性循环。

（3）借力意见领袖，进行裂变式传播。二十世纪四十年代美国总统大选时，拉·扎斯菲尔德发现，很多选民获取候选人信息不是通过大众传播媒介，而是来自其中一部分选民，据此提出了二级传播理论。在这个传播过程中，信息通过大众传播媒介，首先到达部分选民（即“意见领袖”），这部分选民再把他们接收的信息传达给受他们影响的人。在新媒体时代，名人、明星、企业家们在某种程度上扮演了大众“意见领袖”的角色。如《时尚芭莎》发布明星慈善夜的微博，被 TFBOYS、杨幂等明星转发，赢得众多粉丝的关注和二度转发，裂变式地传播开来，这就是“意见领袖”效应。企业传播的信息如果能够得到名人、明星的评论、转发，对企业形象的建构与传播无疑是一种高效加速剂。

3. 网络视频专注企业长期形象建构与传播

在新媒体时代，发达的网络在企业与受众之间搭建起一座即时连接、高效沟通的桥梁，丰富多样化的媒介平台和传播渠道为网络视频提供了持续传播、裂变式传播的途径。网络视频已成为一种崭新的、为大众所喜闻乐见传播方式。视频的制作要注意以下两点。

（1）突出故事情节，进行情感推介。对企业而言，制作视频的初衷在于建构企业形象和获得受众的情感认同，而不是打广告。相较于单调的企业基本知识普及宣传片或填鸭式的广告植入，时下的受众更喜欢有情节、有故事的内容的传播。而利用视频传播企业形象关键点在于：注重故事的情节性与所要传递信息的关联性。虽然技术的发展改变了人们的认知方式以及接收信息的方式，但是内容为王依旧是新媒体沟通的关键，尤其是企业形象构建的关键所在。在技术水平相当的情况下，讲述一个好故事则是制胜法宝。在充分把握受众脉搏与需求的前提下，将深入人心的剧情与企业形象相互联系，既能够提高知名度又能深化企业形象。“999 感冒灵”2018 年感恩节推出的视频短片《有人偷偷爱着你》，选取真人事件改编，将“抑郁症患者欲割脉的发问”“买杂志却被粗暴拒绝赶走的姑娘”“疲于奔波却又被交警拦下的白领”“配送即将超时却被白眼赶下电梯的外卖小哥”“深夜被陌生男子拍照的失意醉酒美女”“剐蹭豪车后被骂的收破烂大爷”等六个反转故事串联，先抑后扬，先无情地揭开了生活冷漠的一面。“这个世界没有想象中的那么好，但似乎……也没那么糟”，又通过这六个故事展现来自陌生人的善意和小温暖，最后点明主旨“这个世界，总有人偷偷爱着你”，让人觉得即使在寒夜心底也是温暖，巧妙地表达了“999 感冒灵”对大众的温情关怀，建构和提升了其在大众心中的良好形象。

（2）增强受众参与性，实现互动传播。“使用与满足”理论突出强调受众在传播活动

中的主体性和能动性，在指向目标消费群体的企业传播行为中，更加要重视目标受众的地位。例如企业进行视频制作时，要充分调动受众的积极性、参与度，让受众深入到企业形象建构和传播的各个环节，这样有利于增强用户黏性，培养其品牌忠诚度和情感意识。伊利在打造《平凡人的奥林匹克》系列微电影时，发布网络招募令，开放民间搜集平台，号召大家讲自己的奥运故事。随后再把征集到故事喷绘在印有伦敦城市标识的双层巴士上，让视频跨出电脑、手机屏幕，从线上走向线下，通过整合传播渠道实现视频价值的最大化。

（三）借助时尚、娱乐元素提升受众的体验

新媒体时代的信息沟通传播既要注重线上内容创作，也要通过线下活动策划弥补网络沟通在受众体验上的不足，同时，无论是线上信息传播还是线下活动组织，都需要借助时尚元素和娱乐环节提升沟通信息的体验感。以科普讲座为例，它具有组织方便、受众性广、教育性强、内容灵活等特点，是青少年科普活动最常见的形式之一。它可以按照娱乐活动的风格和方式进行策划和组织，还可以增加时尚元素来改变科普讲座和科学家在青少年头脑当中的刻板印象。在讲授的过程中还可以加入实物演示、群体讨论、体验参与等环节，提升科普讲座活动的传播效果。例如，重庆科普作家协会在重庆图书馆和重庆少年儿童图书馆开展的青少年科普讲座“一本杂志诞生的奥秘”，讲座除了包含开本计算、色彩混合、激光照排、装订方式等科普元素外，还专门将时尚、娱乐与生活元素融入其中。为此，该讲座还设计了具有娱乐气息的体验环节。参与者可以在现场近距离观察、触摸印刷胶片和金属印版，从而增强对激光照排技术的理解。尤其是随着 5G 时代微视频传播和全民直播时代的到来，具有体验特征的线下活动将为新媒体传播提供丰富的内容素材。

案例 8-1

一则新闻引发的快速传播

2017 年 5 月 9 日 13 时许，河南滑县的一位患者突发颅内动脉瘤破裂出血，通过航空救援的方式，患者及时转院至河南省人民医院介入科实施“全脑血管造影+动脉瘤栓塞术”。这一新闻在河南省人民医院的“河南福音省医”微信官方公众号上一经推出，1 天内阅读量突破 3 万，读者留言 100 多条，互动热烈。随后，中央电视台新闻频道在 5 月 11 日中午的新闻直播间栏目中，以“突发脑出血直升机紧急救援”为题进行了报道，时长近 3 分钟。河南省内近 20 家主要新闻媒体和国内近百家网站纷纷报道或转载了这一消息。一个常见病例，因为其救援手段的不寻常，经媒体报道便迅速引发社会各界的普遍关注。

（资料来源：http：//www. fx361. com/page/2018/1204/4567300. shtml）

案例点评：

河南省人民医院在省内首次航空救援患者这一事件能够快速传播，正是以动态事件为

核心的新媒体传播典型案例。这类传播的特征和方法可以概括为：突出现场感，讲好一个完整的故事，注意报道结构和叙事节奏，力争文字、图片、视频立体实现。

本章小结

跨文化沟通是指具有不同文化背景的商务沟通者之间互相传递信息、交流知识和理解情感的过程。跨文化沟通是企业等组织走向世界的必要环节，跨文化沟通正在成为经济全球化背景下企业组织的常态沟通。文化符号、价值观念、沟通风格、思维方式等差异是影响跨文化沟通的因素。跨文化沟通需要遵循相互尊重、求同存异、入乡随俗、尊重隐私、适度把握、平等交流、谨慎对待、适应差异八大基本原则。跨文化沟通的主要策略是了解文化差异，认同文化差异，融合文化差异。

电话是现代社会人际沟通的重要工具之一，也是企业经营的必要桥梁之一。电话沟通应掌握基本的技巧，拨打电话时，要做到准备充分、考虑拨打时机、重视微笑、规范语言表达、举止文明、态度规范、从容告别、礼貌挂机。接听电话时，分为两种情况，一种是本人接听电话，应做到迅速及时地接听、规范接听、明确对方身份、态度谦和、仪态文雅和礼貌结束；另一种情况是代别人接听电话，这时应做到态度积极、大方热情、尊重隐私、询问适度、内容准确、记录完整、传达及时、信息有效。手机沟通作为当今社会商务人士的必备选择，也要注意基本使用技巧。

新媒体沟通是利用数字技术，通过计算机网络、无线通信网、卫星等渠道，以及电脑、手机、数字电视机等终端，向用户提供信息和服务的传播形态。它具有媒体个性化突出、受众选择性增多、表现形式多样、信息发布实时的特点。新媒体沟通要注意以多样化表达为手段的内容构建、建设协同式传播矩阵、借助时尚娱乐元素提升受众体验等技巧。

一、单项选择题

1. 跨文化沟通中交际策略是交际者为了保证交际能够顺利进行，达到某种交际目的而采取的一种有意识有计划的措施或技巧，（　　）是最重要的策略之一。

   A. 入乡随俗　　B. 礼貌友好

   C. 自尊自重　　D. 机智幽默

2. “丝绸之路”曾作为连接中西方的重要通道发挥着重要的作用，不发挥的作用主要指（　　）。

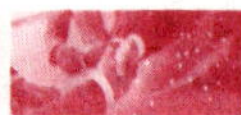

A. 贸易作用　　B. 军事作用

C. 外交作用　　D. 文化交流作用

3. 明确在不同文化中什么事可以做的，什么是禁忌，体现了跨文化沟通中（　　）的策略。

A. 识别文化差异，合理预期　　B. 理解对方文化，发展共感

C. 弱化文化冲突，求同存异　　D. 借助适合外力，化解纷争

4.（　　）是中国、日本、韩国、朝鲜等东方国家传统的、普遍使用的一种表示敬意的礼节，它可以用来表示问候、欢迎、谢意敬意、歉意和祭拜。

A. 拥抱　　B. 鞠躬

C. 握手　　D. 亲吻

5. 人们下意识地用本民族的文化标准和价值观念来指导自己的言行和思想，并以此为标准来评判他人的言行和思想，被称为（　　）

A. 文化迁移　　B. 文化定势

C. 逆文化迁移　　D. 逆文化定势

6. 电话沟通时，拨打电话的合适时间为（　　）。

A. 工作日主要工作时间　　B. 私人时间

C. 非工作日　　D. 工作日特殊时间

7. 电话通话过程中，以下说法正确的有（　　）。

A. 为了不影响他人，不使用免提方式拨号或打电话

B. 为了维护自己的形象，不边吃东西边打电话

C. 为了尊重对方，不边看资料边打电话

D. 以上说法都正确

8. 关于接打电话的细节，下列说法错误的是（　　）。

A. 通话过程简单、明了　　B. 语速要快、传达信息量多

C. 多用尊称　　D. 频繁应答对方

9. 在职场很多人习惯使用电话沟通方式，在此过程中难免接到对方打错的电话，在这种情况下比较有效的做法应该是（　　）。

A. 直接挂断电话　　B. 礼貌问好说明情况

C. 大声叱喝　　D. 拒绝处理

10. 拒绝处理是电话销售的重点和难点，下列错误的应对话术是（　　）。

A. 先生您太客气了……

B. 不好意思，也许我选了一个不恰当的时间……

C. 我与领导商榷后再回复您……

D. 我很忙，没有时间……

11. 商务人员利用新媒体进行企业形象构建与传播或与客户沟通时要注意以（　　）表达

为手段的内容构建、建设协同式传播矩阵及时尚、娱乐元素的介入。

A. 多样化　　　　B. 单一化

C. 复杂化　　　　D. 简单化

12. （　　）一般是指用 Flash 的方式将音频、视频、图片、文字及动画等集成展示的一种新媒体，因展示形式有如传统杂志，具有翻页效果。

A. 报纸　　　　B. 传统杂志

C. 电子杂志　　　　D. 新闻客户端

13. 进行微文创作，要注重找寻受众情感上的（　　），通过讲述人生经历、生活感悟等，与大众在情感上产生联结，也就是通称的“鸡汤文”。

A. 热点　　　　B. 关注点

C. 焦点　　　　D. 共鸣点

14. 新媒体沟通具有媒体个性化突出和（　　）特点。

A. 受众选择性增多　　　　B. 表现形式多样

C. 信息发布实时　　　　D. 以上都是

15. 新媒体沟通技巧中建设协同式传播矩阵包括（　　）。

A. 新旧媒体结合使用

B. 微博、微信助力企业短期形象建构与传播

C. 网络视频专注企业长期形象建构与传播

D. 以上都是

二、多项选择题

1. 跨文化沟通的原则主要包括（　　）。

A. 尊重原则　　　　B. 平等原则

C. 属地原则　　　　D. 适度原则

2. 从下面哪些符号可以判断一个人的文化背景？（　　）

A. 头发颜色　　　　B. 眼睛颜色

C. 语言　　　　D. 饮食

E. 宗教信仰

3. 以下属于电话沟通的优点（　　）。

A. 实时性　　　　B. 控制性

C. 双向性　　　　D. 经济性

4. 接听电话时，应遵照如下要求（　　）。

A. 微笑接听电话

B. 主动问候对方

C. 铃声一响立马迅速拿起电话接听

D. 尽可能迅速、准确地回答对方问题

5. 可以从（　　）理解新媒体的概念。

A. 技术层面　　B. 渠道层面

C. 终端层面　　D. 服务层面

三、简答题

1. 简述新媒体的特点。
2. 新媒体沟通的技巧有哪些？

参考文献

[1] 谷静敏，穆崔君．商务沟通与礼仪［M］．东营：中国石油大学出版社，2016.
[2] 黄漫宇. 商务沟通［M］．北京：机械工业出版社，2006.
[3] 张海军，戚牧. 商务沟通与礼仪［M］．北京：科学出版社，2020.
[4] 于保泉，魏克芹. 沟通技巧［M］．北京：北京邮电大学出版社，2016.
[5] 张晓明. 商务沟通与礼仪［M］．北京：中国水利水电出版社，2013.
[6] 武洪明，许湘岳. 职业沟通教程［M］．北京：人民出版社，2011.
[7] 周雅璐. 论新媒体时代企业形象传播策略及实施路径［J］．视听，2019（12）：228-229.
[8] 林雪涛，杨柳. 新媒体时代科普创作与传播策略［J］．传媒，2019（21）：61-62.
[9] 万苏雅. 新媒体时代企业形象构建与传播策略研究［D］．海口：海南师范大学，2017.